ECONOMICS & MANAGEMENT

高等学校经济管理类核心课程教材

管理沟通

主　编◎冯云霞　朱春玲　沈远平
副主编◎武守强　徐一凡

Managerial Communication

中国人民大学出版社
· 北京 ·

前言

PREFACE

20世纪90年代以来，管理沟通就被国内大多数商学院列为MBA和本科生的必修课程。从企业组织角度看，组织目标的实现、组织成员行为的协调、绩效管理、文化管理、危机管理和跨文化管理等都离不开沟通和协调。管理沟通是组织系统攘外安内的重要抓手，是组织管理体制的重要组成部分。对于管理者主体而言，理解组织目标、将组织目标上传下达、提高员工绩效水平、理解组织文化等都需要进行系统的沟通和协调。

本书以心理学、组织理论、管理学原理、人力资源管理、组织行为学和修辞学等学科和理论为基础，系统介绍管理沟通的基本原理、策略，组织内沟通的内涵、策略和方法以及跨文化沟通等内容。

本书的几位主编长期在商学院或管理学院任教，负责管理沟通课程的讲授工作，有丰富的教学经验。另外，他们也活跃在企业一线，常年担任企业管理顾问，对企业组织实践、管理者的经验世界有着深入的洞察和认识。总体而言，本书具有以下几个特点：

时代性。本书的案例均来源于作者在企业的调研和采访。从企业的管理实践活动和经理人的领导过程中，可以看到技术、跨文化、代际、组织变革等要素对组织管理和管理沟通的深刻影响。除此以外，本书还汲取了管理、沟通、组织研究等方面最前沿的成果。

体系性。本书以企业组织为本，围绕组织目标、成员的协作意愿和沟通三要素，系统介绍不同场景下的管理沟通知识体系、管理者能力的培养和沟通技巧的训练。

场景性。本书紧紧围绕组织和管理的本质，基于场景构建管理沟通的知识体系。肯尼思·伯克（Kenneth Burke）认为：沟通是对场景的策略性应答。场景的建构、辨识和理解对管理沟通的效果至关重要。本书选取纵向沟通、横向沟通、绩效管理和沟通、会议管理和沟通、冲突管理和沟通、组织文化管理和沟通、危机管理和沟通、跨文化管理和沟通等典型场景，全面介绍管理者在组织内和不同主体进行沟通时要关注的原理、机制和时机等。

实用性。考虑到管理者或潜在管理者沟通能力的提升不仅与理论有关，还与实践有关，本书介绍了很多公司的管理沟通实践，帮助读者将理论和实践有机联系起来。本书还在每章安排了案例，设有案例思考题，帮助读者学以致用，提高能力。

反思性。沟通力和领导力关系密切。领导力的产生与沟通主体对自身经验的反思、经验的重构以及再排序是密不可分的。在学习过程中，读者根据对他人经验、自身体验的不断梳理，以及沟通原理和脉络的熟练掌握等，持续进行内化、对标、优化和练习。

本书共10章。第1章和第2章是全书的基础，主要介绍管理沟通的基本原理、发展脉络以及策略等。后面8章是管理沟通在组织常见场景中的应用。

本书适用于商学院本科生及MBA、EE和EMBA等学生的教学，也适用于企业内部的管理培训和所有希望提高管理沟通能力的学习者。

感谢历年来学习管理沟通课程的各类学生，从他们身上作者学到了很多；感谢中国人民大学商学院的各位同事，让作者有机会和国内同行交流学习；感谢中国人民大学出版社的编辑为此书付出的辛勤劳动；感谢冯艺先生，本书的图表绘制都是他的功劳；感谢家人给予的无条件支持。

冯云霞

目录

CONTENTS

第1章 管理沟通概论

本章思维导图

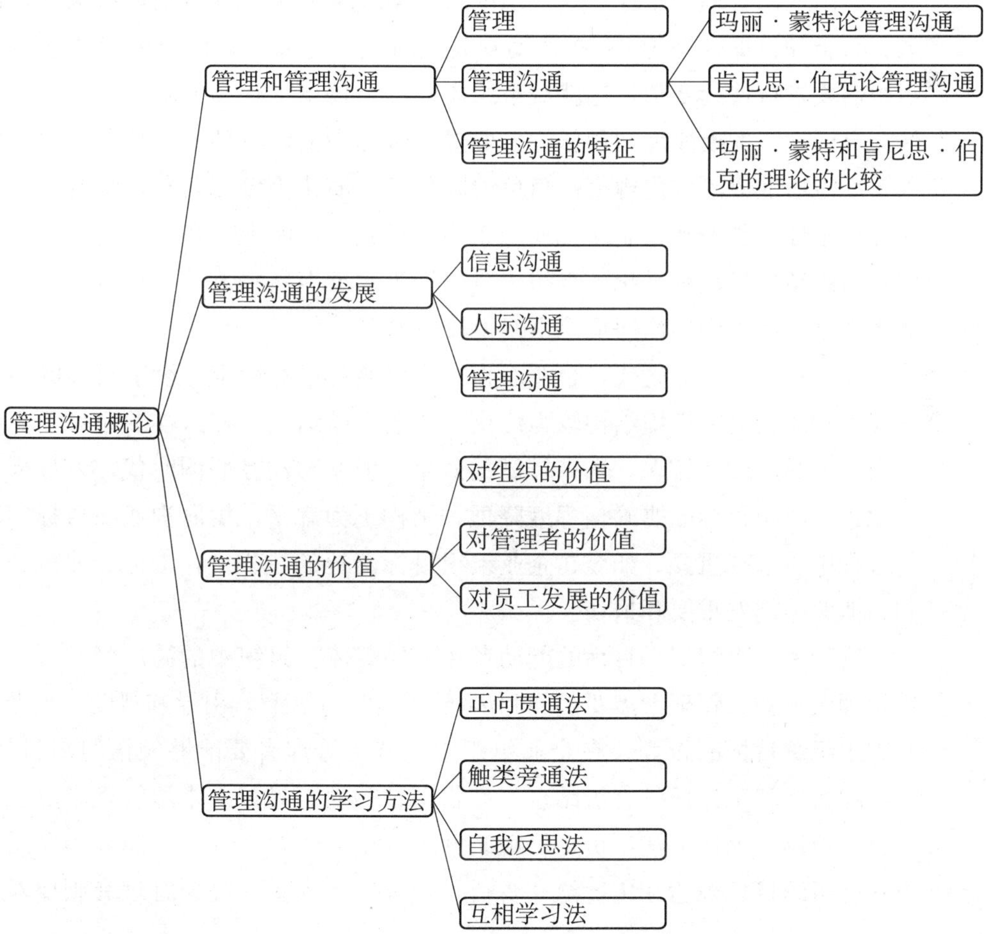

本章要点

◎ 管理
◎ 沟通
◎ 管理沟通
◎ 组织沟通
◎ 管理者角色
◎ 管理沟通学习

组织尤其是企业组织创立以后，要设立组织目标和组织结构，以便开展连续的经营和管理活动。在经营和管理活动过程中，组织主体即管理者和员工每天都要进行大量沟通和协调工作。沟通和协调伴随着企业组织的成长日益丰富和多元化。沟通和协调对于企业组织的发展和管理者的职业成长都有很大的价值。

美国现代管理学家德鲁克（Drucker）认为管理者重要的活动有沟通、协调、整合和目标管理等。① 在移动互联网时代，外部经营形势的变化使企业组织需要进行持续变革，这就对组织内部能力提出了较高要求。组织的适应性、灵活性、发展速度和创新能力要进一步加强。面对环境尤其是客户的要求，反应速度逐渐取代规模；角色清晰化日渐演化为多元角色；整合和专业化并行不悖；创新和控制交叉使用于不同场景。事实上，在当今的企业组织中，组织结构日趋扁平化，组织成员的知识水准有所提高，信息流通的速度大大提高，组织中的沟通形态也变得较为丰富。

在大规模的工业时代，企业面临的外部形势相对稳定，组织目标的明确化程度相对较高，组织结构较为传统，即金字塔结构。在这样的条件下，组织内部的纵向沟通较多，也有较高的效率。但在移动互联网时代，外部环境变化快，组织目标的明确化程度降低，结构更为扁平，横向沟通在目标实现的过程中越来越重要。如今在企业组织目标落地的过程中，沟通、协调、谈判、博弈等越发重要和迫切。

管理者是组织实现目标的能动者和主要载体。组织中的高层管理者、中层管理者和基层管理者需要协同和沟通，提供“诱因”，引导和帮助员工做出有利于组织目标的行为。在企业组织中，基层管理者要能够领悟组织目标，将组织目标和工作任务有机结合，并将事情做对、做好。中层管理者要注意整合、协调，上传下达，负责将组织目标转化为认知资源，并能够用合适的方式将组织目标表达和传递给“听得见炮火”的人员。高层管理者则要对组

---

① 彼得·德鲁克．卓有成效的管理者．北京：机械工业出版社，2019.

织未来有预判，提出明确开放的价值主张，并能够通过结构、制度、权威等方式将组织价值主张和目标传播开来；他们还需要关注群体规范的建立和维持，以及组织文化的建构、传播和触达等。总而言之，管理者的沟通活动对其职责的履行、与他人的协同、目标的实现都是极其重要的。

1.1　管理和管理沟通

自德鲁克的《管理实践》发表以来，管理就成为一门学科。实际上，管理实践催生了管理知识和理论。[①] 经过不断发展，管理的内涵和外延日益丰富。到了当下的知识经济社会，由于全球化、互联网化和智能化的实现，管理的作用和价值就更重要了。每个社会都存在各种各样的组织和组织管理。随着组织成员受教育水平的提升以及组织目标的动态变化，组织对管理者协调和沟通的要求也有新的变化。

1.1.1　管理

管理的含义很丰富。在管理学发展史上，随着时代背景的变化、人和组织关系类型的变化、组织外部体制基础和技术的变化，管理的内涵也日趋丰富和多元化。在本书中，我们依托于组织来讨论管理。在组织中，尤其是企业组织中，管理就是基于目标，管理者主体有意识的协调行为和过程。它是组织的一种职能。离开了组织，离开了目标，管理就成了无源之水、无本之木。

从广义的角度看，管理是维护组织及其秩序的自觉努力和精心策划。从狭义的角度看，它是围绕目标和任务对人群的协调和沟通。按照巴纳德(Barnard）的思想，管理的职责就是提供各种诱因（如生物的、物质的和说服的）来协调组织和其成员的目标，从而使个人目标和组织目标之间产生链接和交集，最终统一行动，实现组织目标。[②] 管理的任务是采取持续的、相关的措施，在个体意愿和组织目标之间建立有机联系，通过合适的分工协作体系、规则、制度和惯例来帮助组织实现目标。从这个意义上看，管理也就是有计划、有目标、有步骤的组织管理。一般来说，管理涉及事情或任务的

---

① 彼得·德鲁克．德鲁克论管理．北京：机械工业出版社，2019.

② 切斯特·巴纳德．组织与管理．北京：机械工业出版社，2016.

时候，其含义有计划、组织、控制等；当它和人有关的时候，就意味着联合、说服、指挥、博弈和倾听等。在组织尤其是企业组织中，管理是围绕组织目标而展开的一系列协调性活动的总和。

管理的属性是多重的。根据明茨伯格（Mintzberg）的主张，管理是科学与艺术和手艺的结合体。[①] 当管理的对象为事情的时候，其科学的一面就显现出来；当它面向人和人群的时候，就有一定程度的艺术和想象；管理是通过管理者的行为、言谈、姿态而产生的，管理主体的经验很重要，因此它又是手艺。只有通过对经验的重构，管理者的管理水平才能提高。管理者总是要根据实际场景分析面临的格局，考虑带领的人群等，来进行洞察、区分、研判、分析和整合。管理水平和管理者的认知能力有关，也和管理者的行动能力有关。优秀的管理者能够做到知行合一、举一反三和破局造局。

1.1.2 管理沟通

《管理行为》的作者赫伯特·西蒙（Herbert Simon）认为，沟通是一种程序，借此程序，组织成员将其所决定的意见传递给其他成员。[②] 在巴纳德看来，组织中的关键要素有三个：成员的协作意愿、组织目标和沟通。只有信息沟通才能将前两者联系和统一起来。因此，信息交流是实现组织目标的基础。

在本书中，我们将基层、中层和高层管理者对应的工作内容，以及不同工作内容所需要的沟通策略和内涵进行了区分。管理沟通实际上是一个多维度的概念。对基层管理者而言，沟通的内容尤其重要，很多时候表现为“就事论事”的信息沟通；对中层管理者而言，沟通的侧重点与“关系”建构、人际整合、纵向和横向的链接有关，内容和形式都很重要；对于高层管理者来说，在多变的环境中为成员指明方向、建构意义、营造氛围是其沟通的重点。

在本书中，我们认为管理沟通是基于组织场景，管理者进行组群互动、求同存异、组合性使用策略、建构意义，并引发统一行动的动态、循环往复的过程。

1. 玛丽·蒙特论管理沟通

玛丽·蒙特（Mary Munter）认为，沟通是沟通主体和客体的互动过

① 亨利·明茨伯格．管理工作的本质．杭州：浙江人民出版社，2017.

② 赫伯特·A. 西蒙．管理行为．北京：机械工业出版社，2013.

程。[1] 在这个过程中，有以下沟通要素：沟通者（主体）、受众（客体）、信息、媒介（沟通渠道）、文化情境（沟通氛围）和反馈。沟通者指的是主动发起沟通意愿和过程的主体方，可以是个体，可以是部门或者组织。在这个要素中，沟通目标、沟通风格和可信度等是需要关注的主要方面。受众指的是听众、读者、会议参与者等，在这个要素中，其背景、动机、态度和对信息的掌握程度是关键。信息则是指沟通内容，其中信息类型、沟通者想强调的重点以及信息的组织方式等对沟通效果有重要影响。媒介又称沟通渠道，在组织情境中，有邮件、会议、微信、口头、书面或者正式与非正式等不同的分类。文化情境或者沟通氛围的内涵很丰富，涉及不同国家、不同行业、不同组织、不同部门、不同性别等。反馈则是指受众将反应、认知、信息等传回给沟通者。

图 1－1 反映了上述六个基本沟通要素以及相互之间的关系。

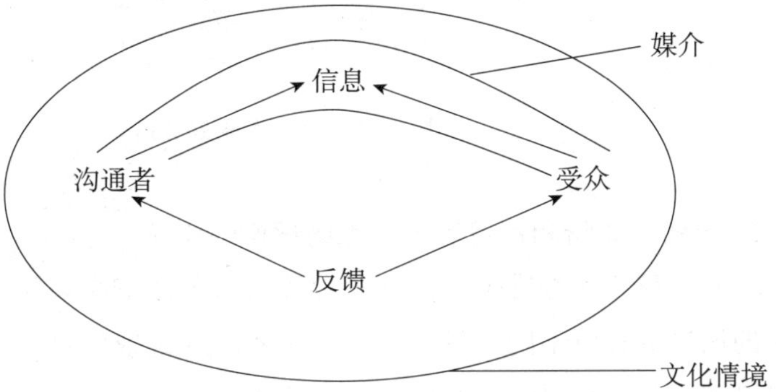

图 1－1　管理沟通六要素

2. 肯尼思·伯克论管理沟通

肯尼思·伯克（Kenneth Burke）是美国著名修辞学家和沟通专家，他在管理沟通方面的理论独树一帜，对管理者很有价值。在他看来，沟通的前提是认同，在沟通过程中，认同是说服的前提。他认为沟通是对别人反应的反应，是沟通主体对情境的策略性应答。他所提出的戏剧五要素论对管理沟通的概括很精辟。[2] 这五个要素分别是行动者、行动、场景、方式方法和沟通目的。在伯克看来，管理沟通不仅仅是主体和客体进行信息交流的过程，更是沟通者互为主体、建构意义和求同存异的过程。这五个要素是共存和共生的，它们犹如五个指头和手掌的关系，彼此独立但又统一。比如，教书这个行动就蕴含教书者、教室、教书的方法以及教书目的。其次，伯克认为这

① 玛丽·蒙特，林恩·汉密尔顿．管理沟通指南：有效商务写作与演讲：第 10 版．北京：清华大学出版社，2014.

② 鞠玉梅．肯尼思·伯克新修辞学理论述评——戏剧五位一体理论．外语学刊，2003（4）.

几个要素之间的关系不是一成不变的，而是变化和流动的。同一个事件，不同的行动者所强调的重点其实不一样。而且，要素之间的关系是可以转化的。最后，每一个要素并没有自己固定或稳定的本质内核，其定义特性由它和其他要素构成的一系列“比配关系”来确定，并随着这些关系的变动而变动。

图 1－2 反映了上述五个戏剧要素及其相互之间的关系。

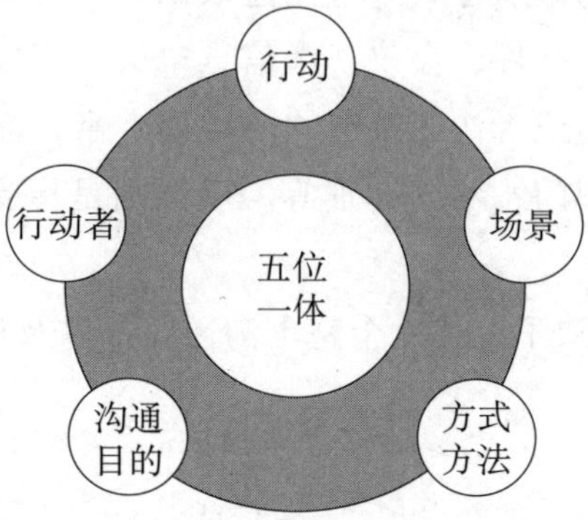

图 1－2　管理沟通五要素

3. 玛丽·蒙特和肯尼思·伯克的理论的比较

玛丽·蒙特和肯尼思·伯克对管理沟通关注的重点不同，他们的理论所适用的场景也有所不同，各有特点。前者的理论或解释视角适用于沟通场景相对稳定、角色相对清晰的情况。蒙特比较强调沟通过程中主体和客体的区分。在蒙特看来，沟通过程就是由主体发动并传递信息给客体的一个过程：由主体发出信号、客体接受的一个过程。

在伯克看来，沟通的本质是认同。在他的观察视角中，认同有三类：同情性认同、对立性认同和误同。沟通主体要基于场景对其情境的客观性进行判断和洞察，在此基础上进行组群定位，选择沟通的内容和形式，求同存异。

关于沟通的目标或者目的，两位学者的看法也有差异。蒙特认为管理沟通的目标是清晰的，资源和手段也是相对稳定的。伯克则认为沟通的目标不一定很明确，往往是在主体间建构意义和形成认同的过程中，通过反复博弈、磋商、沟通达到相对平衡。

如果管理者的沟通情境比较单一，沟通内容以信息确认为导向，沟通者之间的关系较为稳定，蒙特的理论较为适用。如果沟通情境较为多元化，沟通内容面向较多利益相关群体，沟通者关系格局处在演化和调整状态，主体间的沟通目标差异大，那么伯克的修辞沟通思想更为适用。

1.1.3　管理沟通的特征

在组织尤其是企业组织中，有效的管理沟通具有以下特点。

1. 目标导向

在组织中，管理沟通必须服务于组织目标，必须以效果和效率为重。在沟通过程中，面向不同沟通对象，依据与沟通对象的关系性质，管理者要明确组织目标和沟通目标。比如和不同员工进行沟通，有时是告知信息，有时是说服劝解，有时是统一指挥，有时是咨询变通，这些沟通目标最终都要服从于组织目标，即统一行动、互相协作。

2. 内容清晰

沟通是对别人反应的反应。首先，根据沟通对象的认知、期待以及背景等要素，沟通者要将信息进行适度转化，即要用对方熟悉的语言进行沟通，保证信息传递的清晰性。其次，在沟通时要控制信息总量，因为沟通对象的注意力保持时间、对信息的消化能力有限。

3. 渠道恰当

在企业组织中，在沟通目标了然于胸、沟通内容清晰明了的情况下，沟通渠道的选择很重要：是纵向、横向、斜向，还是网络？管理者对此必须心中有数。面对不同场景、不同受众诉求、不同时间节点等，沟通主体要有的放矢，将目标、内容和渠道有机整合，聚集力量，为组织形象建构和商业目的的达成提供支持。

4. 建构和传递意义

在管理沟通过程中，沟通场景并不是一成不变的，而是动态变化的。在这些动态的沟通场景中，沟通主体需要敏锐观察涌现出来的线索或事件，提供解释和意义建构。要和不同沟通对象进行社会性互动，形成一定的意义共鸣。在意义建构的过程中，寻求“桥墩”、找到“交集”是重中之重。

5. 整合和创新

沟通的本质在于求同存异。在求同的过程中，沟通主体的整合力和创造力至关重要。实际上，认同有三种：对立性认同、同情性认同和误同。在沟通目标比较清晰的情况下，寻求沟通主体之间的意义共鸣需要有创造力。

6. 循环往复和动态调整

在组织场景中，管理沟通从来就不是一蹴而就的，而是循环往复、持续调整的动态过程。它是一个进行中的事件。在管理场景中，沟通主体认识到管理沟通的这一动态性、反复性很重要。

1.2 管理沟通的发展

第二次世界大战后，企业组织的实践变化很大，管理学和组织理论随之发生了很大的变化，企业组织中管理沟通的内涵和方式也发生了变化。因此，根据企业经营环境的变化，要及时调整组织目标，以及组织内部的结构、沟通方式、管理控制和文化重点。

在泰勒（Taylor）倡导的科学管理中，管理范式多是自上而下进行的，管理沟通较为关注信息层面的内容，侧重点在“事情”上。[①] 到了霍桑实验[②]阶段，人际关系管理学派崭露头角，沟通的重点与“人”和“关系”更为相关。到了知识经济时代，沟通的重点更加复杂和多元，在“事情”和“人际”的基础上，赋能授权[③]管理、沟通主体互为主体性、意义给赋和意义传递成为管理沟通需要关注的重点。

1.2.1 信息沟通

在科学管理和古典组织管理理论发展阶段，企业的边界很清楚，外部环境的变化相对较慢，在组织内部，管理层和员工之间的权力距离较大，组织内的下行沟通较为重要。在此阶段较典型的理论就是马克斯·韦伯（Max Webber)[④] 的管理理论。他将组织看作“上了润滑油的机器”，其存在的价值是降低成员的个人化和特殊化。在韦伯看来，组织成员的互动应该以理性准则为指导，以流程为依据，以任务为主轴，而不能受个人情感的影响。组织中的沟通行为也要严格以理性的、非个人化的方式自上而下进行。在同时代，法国管理学者法约尔（Fayol）出版了《工业管理与一般管理》一书，他所提

---

① 弗雷德里克·泰勒．科学管理原理．北京：机械工业出版社，2014.

② 霍桑实验是管理心理学中的一个著名实验，是关于人群关系运动的实验研究。1924—1932 年在美国芝加哥郊外的西方电器公司霍桑工厂进行了一系列实验，发现工人不是只受金钱刺激的“经济人”，个人的态度在决定行为方面起重要作用。

③ 赋能授权（empowerment）是近年来应用较多的商业术语，意思是授权给企业员工，即赋予他们更多额外的权力，尤其是自主工作的权力，使员工在从事自己的工作时能够行使更多的控制权。

④ 马克斯·韦伯，德国著名社会学家、政治学家、经济学家，他对西方古典管理理论的确立做出了杰出贡献，被后世誉为“组织理论之父”。

倡的沟通是等级链沟通和跳板沟通。[①] 作为法国人，法约尔青睐的组织结构为金字塔结构。在此基础上，他倡导组织内部信息传递和沟通遵循“等级链”和“统一命令”原则，即在由最上级到最下级各层权力联成的等级结构中，沟通以等级链的方式进行。作为特例，同级之间可以采用“跳板”进行横向沟通。

1.2.2　人际沟通

在管理思想发展过程中，心理学家功不可没。随着社会经济条件的改善，成员的参与性、积极性变得日益重要。梅奥（Mayo）[②] 和巴纳德等人认为，组织中的人并不一味是机械的，而是有情绪和交往需求的社会人。在组织结构的安排中，不仅有以任务、流程为中心的正式组织，还有基于情感、认同的非正式组织。基于这样的分析，管理沟通开始重视人际沟通、横向沟通、群体规范、文化建构以及意义传递等。以巴纳德为代表的社会系统学派所创建的理论尤其符合当时的管理实践。他将组织看作一种社会系统，是一种人与人之间互相作用的协作体系。组织的存在及其活动是以沟通为条件的。个人协作意愿和组织共同目标只有通过沟通才能联系和统一起来。没有组织内部的信息沟通，组织就无法了解成员的协作意愿及强度，就无法统一和协调组织成员为实现组织目标而采取合理的行动。经理人员的职责在于提供各种“诱因”，其中包括说服的诱因，来使个人目标和组织目标有一定程度的“交集”。[③]

作为富有管理经验的管理学者，巴纳德认为以下沟通原则很重要：组织成员要了解信息的沟通渠道；组织成员要有正式的信息沟通线路；必须依照正式的路线沟通信息，在沟通过程中不要跳过某些层级，以免产生矛盾和误解；沟通的路线必须尽可能直接便捷；沟通中心的各级管理人员必须是称职的；组织工作期间信息沟通的路线不能中断；信息沟通应该有权威性；等等。

在分析正式组织的同时，巴纳德还强调非正式组织对组织成员行为的影响。

20 世纪 70 年代，社会系统学派又有了新的发展。加拿大学者明茨伯格提出了经理角色理论。[④] 他的博士论文专门研究经理人员花费时间的方式和

① 亨利·法约尔．工业管理与一般管理．北京：机械工业出版社，2013.

② 梅奥为美国管理学家，是早期的行为科学——人际关系学说的创始人。梅奥主持的霍桑实验及其对霍桑实验结果的分析对西方管理理论的发展产生了重大而深远的影响，使西方管理思想进入行为科学管理理论阶段。

③ 巴纳德．经理人员的职能．北京：中国社会科学出版社，1997.

④ 明茨伯格．经理工作的性质．北京：中国社会科学出版社，1986.

活动的类型。他发现管理者很爱用口头交谈方式，并且重视同外界和下属的信息联系。差不多在同一时期，管理大师德鲁克在其《管理：任务、责任和实践》这本跨时代的专著中，也明确提出管理就是在组织内部和外部进行信息联系，管理者的职责包括加强组织内的信息沟通和联系。① 另外，他还提出沟通是知觉，沟通是期待，沟通不只是信息交流那么简单，沟通需要各位共同努力。

20世纪80年代，企业文化理论开始兴起，其中的代表人物是麻省理工学院的教授埃德加·沙因（Edgar Schein）。他认为文化和领导力是一体两面的，文化的功能是帮助组织攘外安内。通过企业文化建设、价值观的倡导、外显物的使用，文化能够起到引导、凝聚、协调、激励和控制等功能。文化能够作为沟通抓手，帮助员工领会公司战略和目标、协调部门关系、营造积极氛围、协调企业和社会的关系等。②

1.2.3 管理沟通

到了20世纪90年代，信息技术和互联网的发展、全球经济一体化以及后现代社会的到来，使得企业组织的经营生态发生很大变化。组织结构越来越扁平化，组织成员的知识水平显著提高，网络技术和移动互联网为沟通活动提供了便利和条件。

赫伯特·西蒙（Herbert A. Simon）认为管理的本质是决策。作为计算机专家，他早就提出"没有沟通，管理过程就不会影响个人的决定"。在他看来，沟通是一种双向过程，包括信息从组织的各个部分向决策中心传递，也包括信息从决策中心向各个部分传递。在企业组织中，信息传递途径又可分为两种：正式的和非正式的。在正式沟通中，有直线信息联系和职能，如水平或参谋信息联系。这一类沟通形式表现为通知、指示、会议传达与布置等。非正式沟通则能够有效补充正式沟通。西蒙认为管理决策时所使用的情报大部分是由非正式信息传递的。③

肯尼思·伯克则更有洞见地指出沟通是对场景的策略性应答，即对别人反应的反应。在他看来，沟通的前提是认同。沟通的本质是五要素之间互相作用的过程。④

野中郁次郎则是从知识管理的角度来考察管理沟通。在他看来，知识管

① 彼得·德鲁克．管理：任务、责任和实践（第一部）．北京：华夏出版社，2008.

② 埃德加·沙因．组织文化与领导力：第4版．北京：中国人民大学出版社，2014.

③ 赫伯特·A.西蒙．管理行为．北京：机械工业出版社，2013.

④ 邓志勇．修辞理论与修辞哲学：关于修辞学泰斗肯尼思·伯克的研究．上海：学林出版社，2011.

理是一个复杂系统的过程，而不仅仅是由上到下的权力链。知识管理过程就是沟通和转化过程。这个沟通和转化过程有四个方面，即社会化、外在化、综合化和内化。其中，社会化指的是将显性知识转化为隐性知识的过程，沟通的路径主要是通过共同工作等方式进行经验分享，很多时候要依赖非语言沟通方式。外在化指的是将隐性知识转化为显性知识，主要通过比喻和类比来进行。综合化则是将显性知识进行扩散和进一步归纳整理。在综合化的过程中，沟通主体要将现有的不同载体的知识分类、整理与加工以达到知识系统化。内化则是指显性知识再转化为隐性知识，主要依赖于“做中学”，或者是在行动中学习。①

德鲁克认为，知识管理由获取知识、传递知识和使用知识三个部分组成。企业传递知识有两种基本方法：编码法和人员法。编码法指的是企业将所需知识编辑存储在一个完善的数据库中，并采取一系列措施使每个员工都能方便地接触和使用其中的信息。人员法则是将知识和特定个人紧密结合，知识的传递主要通过人与人之间的交流，在这种情况下，企业的注意力应集中在鼓励知识沟通并为之创造条件上，而不是试图对这些知识进行编纂和存储。

查尔斯·萨维奇（Charles M. Savage）在前人的基础上推出了《第 5 代管理》。他认为，在知识经济时代，企业的经营观念、目标设定、结构变革、行为特征、管理制度、技术方法、文化氛围等都要朝着适应和应对不确定性的方向去整合。为了适应 VUCA——易变性（volatility）、不确定性（uncertainty）、复杂性（complexity）、模糊性（ambiguity）的变化特点，企业的管理方式也要更权变、更开放、更有机。在这种情境下，企业的沟通和客户需求的捕捉及满足、互联网所提供的便利以及自媒体创建的方便性都有密切的联系。②

1.3　管理沟通的价值

管理沟通作为组织三要素之一，对组织成员有很大价值，能够帮助他们理解共同目标，有效协同，是组织的基础。对管理者而言，管理沟通是其主要工作手段和内容，有助于其把握原则、选择策略、使用方法和积累经验，更好地协同人员、进行人事匹配，取得绩效。对职场人士而言，管理沟通是帮助其理解目标、调节自身的有力武器。

---

① 野中郁次郎，竹内弘高．创造知识的企业．北京：知识产权出版社，2006.

② 查尔斯·M. 萨维奇．第 5 代管理．珠海：珠海出版社，1998.

1.3.1 对组织的价值

根据巴纳德的思想，（企业）组织的三要素是组织目标、成员的协作意愿和沟通。[①] 沟通相当于桥梁，能够引导、劝服、激励员工行为，使员工个人目标和组织目标尽量一致。通过沟通等方法，组织中的管理者能够帮助员工更清晰地领会和理解组织目标，掌握做事情的方法，与他人有效协同，从而统一行动，努力实现组织目标。另外，组织目标的落地要靠组织结构设计和制度设计来实现。组织结构和制度规定是信息沟通的正式手段，它们对信息沟通有很大的规制和加强作用。信息的传递、综合和运用能够有效协同不同来源的力量，保证组织战斗力。除此以外，组织目标的实现要靠“意义”和“文化”来凝聚和约束组织成员。文化的建构、传播和抵达要有很好的沟通设计。无论是文化内容的提炼、传播形式的选择还是传播频次的设计，管理者都要进行谋划和平衡。故事、仪式、英雄、口号等都是传播和沟通载体，它们能够和物质资源的分配共同作用，引导成员心往一处想，劲往一处使。

除了结构性、文化性的沟通策略以外，组织中的沟通还涉及权力和控制等方面。实际上，通过反复沟通，让成员理解组织边界、组织禁忌、组织升迁路径以及荣誉体系，对协同行为和意愿也有很大的撬动作用。

总之，沟通对于组织目标的实现是极其重要的，沟通与结构设计、文化导向以及组织控制有机结合，从而使管理者协同个人努力，沿着组织目标的方向聚集，帮助组织提高效能，形成组织战斗力，为组织可持续发展提供动力来源。

1.3.2 对管理者的价值

管理者的日常管理工作大多和沟通相关：他们参加各种会议，要去倾听；他们在年底述职，需要演讲；他们接受指令，要完成书面报告；他们参加培训，要阅读大量资料；等等。对管理者来说，沟通的作用具体体现在：第一，无所不在的沟通活动能够帮助管理者履行职责和任务。管理者能够通过沟通深入理解组织目标并围绕目标的实现部署措施。第二，沟通能够促进外部资源和关系的协同。管理者代表组织对外交往，树立组织形象，传递组织声音，能够协同不同利益相关方的力量，促进组织发展。第三，整合组织成员的意愿和努力，打造良好的团队，营造良好的部门氛围，提高员工积极性，提升组织

---

① 巴纳德．经理人员的职能．北京：中国社会科学出版社，1997.

整体作战力。第四，在出现冲突的时候，沟通能够促进主动斡旋，防患于未然，及时止损，为组织争取主动权。第五，沟通有助于管理者提升领导力。领导力的提升有利于管理者创新和变革。在面临不确定性的时候，通过主动判断、识别、捕捉关键信息，管理者能够帮助组织抓住经营机会，规避经营风险。

1.3.3　对员工发展的价值

员工加入组织，既有经济方面的需求，又有价值认同和职业发展的需求。通过沟通这个抓手，员工能够有以下收获。首先，加入组织以后，员工会接受培训，沟通能够加快员工的组织社会化过程，促使员工尽快融入组织。其次，在上岗以后，员工要接受绩效考评，主管会就其考评结果和员工进行反馈和沟通。该沟通和反馈过程能够帮助员工改善绩效，找到职业发展的更好路径。再次，组织文化的传播对于员工理解组织、克服困难，和组织形成情感共同体大有好处。其中的规范、习惯、仪式等能够帮助员工找到价值认同和意义。最后，员工彼此之间的沟通有利于团队的形成，增强组织的凝聚力及员工的归属感。

1.4　管理沟通的学习方法

管理沟通是一个多层次的概念，它既和技巧、能力有关，也和环境、目标、场景、策略等有关。因此，该课程的学习方法也是立体和丰富的。总体而言，管理沟通的学习方法有以下几种。

1.4.1　正向贯通法

通过概念、理论体系和知识层面的梳理来学习管理沟通。本书会介绍管理沟通的理论，帮助读者系统掌握组织内沟通如纵向沟通、横向沟通、绩效沟通、文化沟通等，以及组织间沟通如品牌沟通、危机沟通和跨文化沟通等方面的原理、策略和技巧。

1.4.2　触类旁通法

这类方法是从问题出发，通过分析问题和解决问题的方式来进行学习。

在本书中，每一章都配有案例和案例思考题，帮助读者理论联系实际。通过案例分析、角色带入，读者能够触类旁通，内化理论知识，提高沟通水平。

1.4.3 自我反思法

在管理者的职业生涯中，领导力和沟通力的提升是做好管理工作的关键，而这必须通过沟通者自身经验的积累以及经验的重构来实现。在学习过程中，读者要形成反思习惯，善于"诉诸于己"，以不断优化自己的思维模式，提高自我效能和情商。定期复盘自己的经验，并将经验转化为能力是提升沟通力的有效方法。通过理论学习以及案例讨论，读者可重构自己的沟通经验。

1.4.4 互相学习法

好的管理源自实践。提升沟通能力需要大量的实践、复盘和练习。只有通过和他人或群体的互动，学员之间互相学习，以人为镜，才能切实提升能力。

□ 思考题

1. 什么是管理？什么是沟通？
2. 在玛丽·蒙特看来，管理沟通是什么？
3. 在肯尼思·伯克看来，管理沟通是什么？
4. 请比较玛丽·蒙特和肯尼思·伯克的管理沟通理论的异同。
5. 管理沟通的发展经历了几个主要阶段？
6. 管理沟通的价值是什么？
7. 如何有效地学习管理沟通？

□ 案例

H&C技术股份有限公司的会议制度

临近月底，又是H&C技术股份有限公司（简称H&C）召开产品线评审会的时候了。走在H&C苏州总部的办公楼里，可以看到每隔几间办公室就有一间会议室，而且会议室总是座无虚席。随着公司产品线数量的增多和公司规模的不断扩大，H&C 近年来管理上的特点就是会议多。每个月有产品线评审会，还有总经理办公会、研发和监控例会、解决各种问题的会议等。这些会议已经成为 H&C 不同部门、不同层级成员之间进行常态化沟通的惯例。事实上，公司高层希望通过会议沟通的方式使战略的制定、部署和落地更高效。

H&C 的子公司逐渐增多，分布在全国各地，高频率、高密度沟通的需求很难通过面对面会议的方式来满足，因此视频会议成为 H&C 连接分散于各地的员工的重要渠道。视频会议已经成为 H&C 人熟悉的沟通方式之一。

公司背景

H&C 成立于 2003 年，专注于工业自动化控制产品的研发、生产和销售，它的定位是服务于中高端设备制造商，以拥有自主知识产权的工业自动化控制技术为基础，以快速为客户提供个性化的解决方案为主要经营模式，实现企业与客户的共同成长。公司的主要产品有低压变频器、高压变频器、一体化及专机、伺服系统、PLC、HMI、永磁同步电机、电动汽车电机控制器等，主要服务于装备制造、节能环保、新能源三大领域，产品广泛应用于电梯、起重、机床、金属制品、电线电缆、塑胶、印刷包装、纺织化纤、建材、冶金、煤矿、市政、汽车等行业。公司在低压变频器市场的占有率在国产品牌中位居前列，其中一体化及专机产品在多个细分行业处于业内首创或领先地位。作为国家高新技术企业，H&C 掌握了高性能矢量变频技术、PLC 技术、伺服技术和永磁同步电机等核心平台技术。公司拥有专利 213 项，其中发明专利 16 项，实用新型 154 项，外观专利 43 项。

近年来，H&C 成长迅速，不仅内部产品线增加到 13 条，覆盖工控行业的主要产品类型，而且对外扩展速度加快，通过合资、兼并、收购、联盟多种形式进行企业扩张。如在电梯行业，公司与 J 电梯企业合资成立了苏州 M 控制技术有限公司，实现了核心技术共享及产品升级，迅速垄断了电梯市场的此类产品。

业务模式

作为高科技创新公司，H&C 的制胜之处在于，总是能以最快的速度、最高的质量、最优惠的价格来更好地满足客户多快好省的需求。在 H&C，人们津津乐道的业务模式叫作“非标模式”。非标模式的全称是非标准化模式，也就是持续不断地挑战行业中现有的标准产品，把握客户的独特要求，进而生产出更加符合客户实际需要的新产品，并在新产品的基础上进行大规模推广。凭借非标模式，最初“非标准的”一体化电梯产品已经成为 H&C 在业界最广为接受的产品类型。然而，要始终坚持非标模式，就必然会对公司创新和生产的速度及成本提出挑战。为了同时实现多快好省的目标，H&C 采取了模块化的运营模式。以研发为例，公司的研发总部行使研发平台的功能，进行基础研究和创新，把大的产品分解成小的模块来进行设计和生产。具体到每一条产品线，再以产品线部门为系统集成者，以研发平台提供的模块为原型，在此基础上进行组装和二次创新。通过部门有效协同，实现业界领先的创新速度，并有效控制创新成本。

视频会议

在快速成长和扩张过程中，H&C管理层发现其业务模式对管理沟通提出了更高的要求。H&C的产品线总监张伟对此深有感触。他分管的部门承担着产品线投资分析、市场调研与需求管理、战略流程设计、产品规划与技术储备等任务，对产品开发、销售、成本核算、风险控制进行全生命周期管理。与此同时，他还要负责产品线相关人员的日常协调与管理工作，并拥有较大的绩效管理权限。在H&C，每一条产品生产线都是一个独立的利润核算中心，需要动员各个部门进行配合，这就需要大量的跨部门沟通。但是，H&C的经营模式决定了很多产品线的日常运行与公司总部是分开的，空间距离大大妨碍了面对面的沟通。基于这样的情况，H&C不得不思考如何通过其他的沟通方式来推动业务模式的实现，并兼顾效率和质量。

2010年以前，公司主要通过电子邮件、OA系统以及类似于QQ的即时通信软件进行沟通。2010年，H&C开始大规模引入视频会议技术，在全国各地的子公司安装了视频会议设备。自此，视频会议成为H&C的重要沟通渠道。之所以选择这个时间点，一是有沟通需求；二是2010年公司上市，在资金上有了主动权；三是公司需要重视管理，做到"力出一孔"。

视频会议一经引入就获得了公司员工的广泛好评。以往要与异地的工作伙伴召开会议，只能通过电话的形式。电话沟通中大家虽能听到彼此的声音，但是在讨论研发方案时无法看到对方的图纸，极其不便。视频会议上线后，各地的参会者可以共享Word，PPT，Excel等，大型的3D图纸也能够实时呈现，极大地提高了会议讨论的效率及会议质量，能够现场解决实际问题。不管是哪个层级的员工，都可以在线预约视频会议室。

为了保证视频会议的稳定性，H&C的IT部门抽出专人对视频会议网络加强维护。IT部门会定期收集大家对视频会议设备使用的意见，统计分析网络不稳定的时段和频率，加以改进。例如，公司有意识地控制视频信号传输的带宽，最大限度保证文字和数据的清晰度，而不太在乎是否能看清人像。因为人像识别越清晰需要越大的带宽，可能会对网络稳定性有一定影响。在安全性方面，IT部门会采取防火墙设置、流量监控和加密传输等手段。

IT部门的苦恼

谈及视频会议设备使用的便利性，IT部门的经理王强说："设备应用的傻瓜化是接下来要解决的首要问题。"所谓傻瓜化是指如果只按一个按钮就可以方便快捷地使用视频设备，将对提高视频会议的使用效率和效果都起到积极作用。比如说，目前在使用视频设备时总是需要事前调试：视频设备在连接终端笔记本电脑时，电脑的分辨率调到1 024×708以下才能够正常投影出去。这样简单的一个操作，总有人咨询，公司不得不为每个会议室安排一位秘书，会议成本因此提高。公司也试图建立一些标准，明确各种接口、接线的使用方法，但没有多少人愿意仔细阅读这些复杂的技术语言。IT部门也做了宣传和培训，但仍有人不了解。于是经常出现会议超时的现象，令下一个预订用户受到影响。此外每个用户需要更换电脑，调试设备，花很多时间。视频会议往往涉及分散在不同地区的会议室，一个会议室的延迟导致其他的会议室也要无谓地等待。经理王强十分苦恼。

案例思考题

1. 案例中H&C公司目前的沟通问题是什么？
2. 该公司在协调不同地区的会议时采用了哪些措施？
3. 会议沟通只与IT部门有关吗？公司其他职能部门应该起什么作用？
4. 该公司要提高沟通效率的话，是否应该增设特定角色？或者赋予某些部门额外的职责？
5. 此案例给你的启发是什么？

第2章 管理沟通策略

本章思维导图

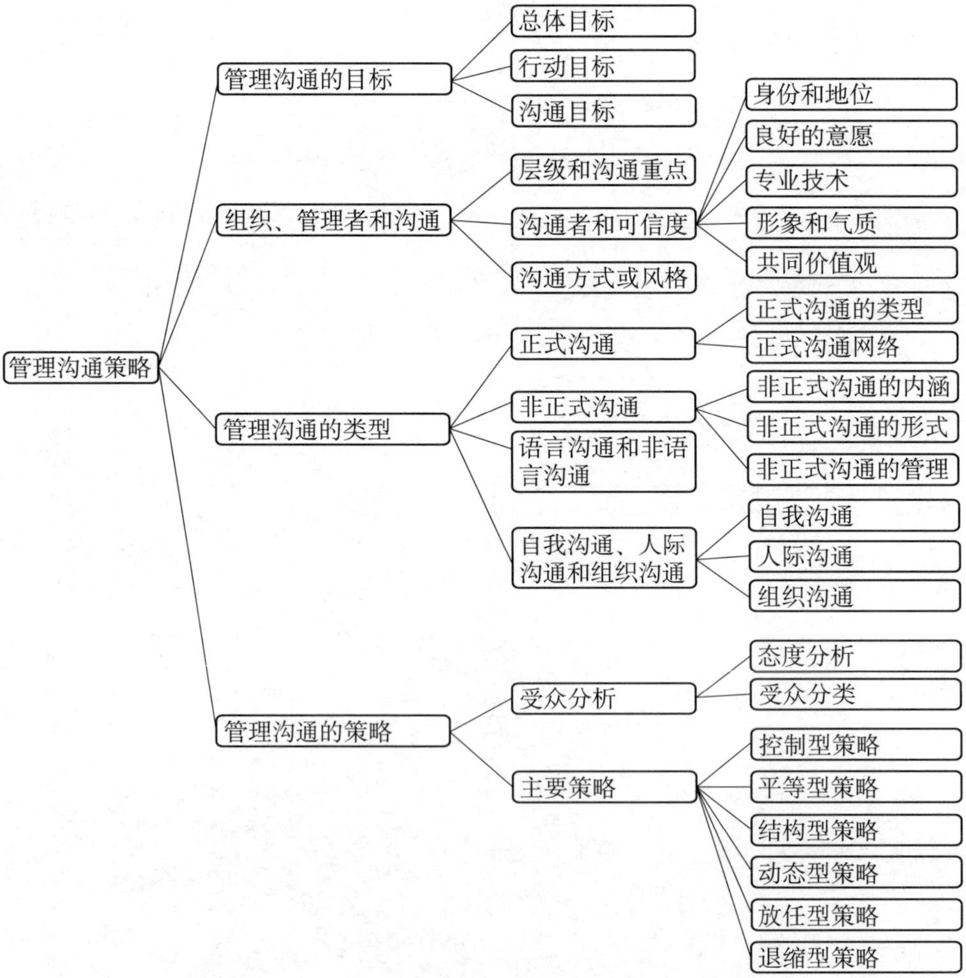

本章要点

◎ 管理沟通的目标
◎ 沟通者的可信度
◎ 沟通风格
◎ 层级和沟通重点
◎ 管理沟通的类型
◎ 管理沟通的策略

巴纳德认为，组织的三要素是组织目标、成员的协作意愿和沟通。由此可见沟通在组织中的核心作用。管理者要有意识地采取沟通行动，来引导、整合、控制成员的努力和行为，使得成员能够统一行动，为实现组织目标而努力。本章专门介绍在组织尤其是企业组织中，管理者需要掌握的沟通目标和策略，其中包括管理者对组织目标的理解、沟通类型、不同层级的沟通重点以及沟通策略等。

2.1 管理沟通的目标

管理沟通是组织和环境、组织成员间进行信息、情绪、身份等传递、反馈、建构和处理的过程。在这一动态过程中，既有组织主体和客户进行交易的信息传递，也有其进行形象建构的传播表达，更有管理者和不同利益相关者进行的信息交流和协同整合。沟通是组织的基础，只有通过管理者进行循环往复、动态建构的沟通过程，才能将个体成员的意愿和努力统一到组织目标上。在这个过程中，沟通主体对组织目标、沟通目标以及沟通类型和策略要有清晰的认知，这样才能进行有效沟通。

对于管理者而言，沟通的原则是要为组织目标服务。组织目标作为一个复合性概念，有其宏观、中观和微观层面。组织目标的宏观层面和组织面临的竞争、未来发展的需求有关，表现为愿景、战略和使命等。组织目标的中观层面和组织战略目标的部署有关，表现为部门绩效目标、管理者关键绩效指标（KPI）的考核等。组织目标的微观层面则较为明确，更多地和成员个人目标或动机有关。

在管理沟通过程中，沟通目标也可以分成三个层次，即总体目标、行动目标和沟通目标。

2.1.1 总体目标

这是管理沟通的宏观目标。对于高层管理者而言，这个目标大多数情况下和组织目标高度重合，它需要调动资源和专门的职能，进行有效策略组合才能实现。对于中层管理者而言，沟通的总体目标必须围绕组织目标的落地来进行理解和设计，比如不同部门的绩效目标、阶段性的重点等。

2.1.2 行动目标

行动目标指的是实现总体目标的主要步骤。在设定过程中，沟通的行动目标具有具体、可度量以及时间要求等特点。例如，每周二下午召开部门例会，各部门通报上一周工作情况和本周的工作计划，以及与其他部门的工作联系。

2.1.3 沟通目标

在行动目标的基础上，沟通目标则更为细化，如通过××日的邮件通知员工考核的时间、地点和参与方等。

2.2 组织、管理者和沟通

管理沟通是对情境的策略性反应，它是一个动态的、持续的、循环往复的意义建构过程。在这个过程中，沟通主体应该了解所发出信息的力量；应该对信息接收者有洞察，对沟通目的有辨析，对沟通场景有预判，这样才能达到预设的沟通目的。在企业组织中，围绕组织目标，不同层级的沟通主体即管理者所从事的任务、面临的矛盾、实现的目的会有所不同。比如，高层管理者更关注和环境有关的事务，如政策、资源、机遇与风险以及对未来的研判和预测等；中层管理者更关注组织目标的实现方式、员工积极性的调动，以及 KPI 的完成；基层管理者则更关注岗位目标的实现，学习有效地追随，准确领会上司的命令和指示并加以执行。不同管理层级在沟通目的、内容和方式等方面的侧重点也不相同（见图 2－1）。

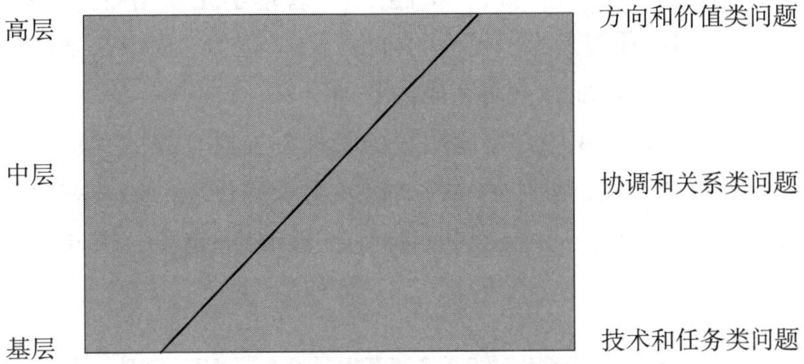

图 2－1　管理层级对应的侧重点

2.2.1　层级和沟通重点

如图 2－1 所示，如果沟通者是高管，他要关注的场景大多和经营环境、政府关系、竞争形势、客户需求有关。这就说明，其沟通内容大多和体制性的内容相关，涉及多元利益相关群体的制衡。高管的沟通场景往往具有不确定性、动态性和模糊性等特点。

高管的沟通内容涉及组织整体的方向预测、企业的使命愿景和价值观。与此同时，高管又要在组织内部进行资源分配、目标协同、战略部署等。因此，他们的沟通形式呈现多样化：有的时候要以命令形式进行沟通，有的时候要很耐心地倾听，有的时候要善于咨询等。由此看来，高管要善于扮演多元化角色。在这个“场景”或“社会世界”中，其沟通大多和“概念化能力”有关。他要善于“无中生有”，善于在模糊性中找到秩序，即善于在员工感觉模糊的时候进行意义建构和传递。

在中层管理者的沟通世界里，他的情境大多和关系以及整合有关。他的沟通内容大多涉及对组织目标的理解和转化、关系网络的搭建、员工积极力量的整合、绩效达成和战略落地等。他对商业模式、组织结构、文化特点、员工不同群体的特征、流程特点等要有洞察和了解。中层管理者需要链接高层和基层的活动和信息，其中人际交往能力和沟通协调能力尤为重要。在实际工作中，中层管理者尤其要关注企业文化和氛围。如果一个组织的文化氛围较为开放、坦诚、客观，那么沟通过程就会比较流畅、真实和有效；如果文化氛围较为封闭、单向和主观，那么信息扭曲程度会较高，沟通效果会打折扣。

对于基层管理者而言，沟通内容大多和任务、岗位、流程等有关。沟通的内容以信息传递为主，管理者要关注任务的完成情况。除此以外，基层管理者还要关注提升自身的“追随力”。管理学先知玛丽·福列特（Mary Follett）指出：顺服是为了更大的自由。[①] 在沟通过程中，基层管理者要学会领会上司的话语，配合上司完成任务。

总之，在组织中，不同层级的管理者要对自身的角色、所在的岗位、所面临任务的性质、人际关系模式以及组织和环境的关系有洞察，学会判断和分析。在此基础上，要依据具体情境进行合理定位，求同存异，以实现有效沟通（见图 2-2）。

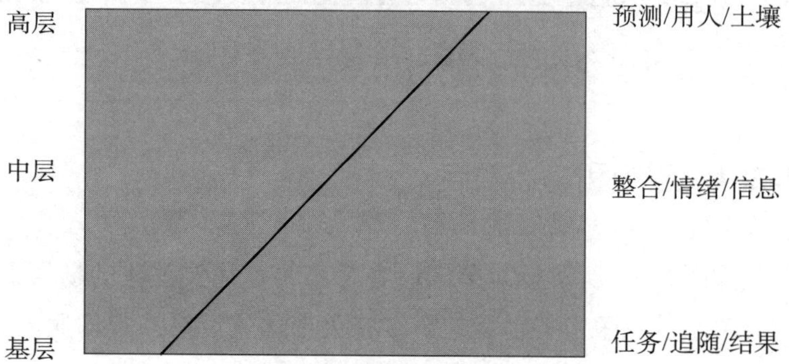

图 2-2 层级和沟通重点

2.2.2 沟通者和可信度

可信度指的是信息内容本身的真实性以及信息传递者的可信赖度。一般来说，接收信息的一方对发送信息的一方产生信任以后，往往会更愿意接受信息内容，其沟通态度也将更积极。

在玛丽·蒙特看来，沟通者可信度受到五类因素的影响，分别是身份和地位、良好的意愿、专业技术、形象和气质、共同价值观。[②]

1. 身份和地位

这主要是指沟通者的职位等级和头衔高低。与沟通对象相比，沟通者的身份和地位较高，其沟通的影响力就较大，并具有较高的可信度。一般在建立初始可信度时，要重点强调沟通者的身份和地位。

2. 良好的意愿

这主要是指沟通者个人良好的人际关系、良好的“长期记录”和给人的信赖感。我们可以理解为沟通者在沟通对象心目中的印象和口碑，这个因素

① 玛丽·帕克·福列特．福列特论管理．北京：机械工业出版社，2013.

② 玛丽·蒙特．管理沟通指南：有效商务写作与演讲：第8版．北京：清华大学出版社，2010.

对于建立后天可信度具有较好的效果。

3. 专业技术

这主要是指沟通者的专业知识水平或某一领域的专业能力，其中包括专业工作经验和经历。这一因素在建立初始可信度和后天可信度时都可以运用。特别是在说服对方时，利用专家及其专业技术特长能达到预期的目的。

4. 形象和气质

这主要是指沟通者的外貌形象和内在气质。在沟通过程中，若沟通者能够借助肢体语言或语言技巧增强个人的感染力，让沟通对象有喜欢自己的欲望，会有利于建立沟通者的初始可信度，给人留下良好的第一印象，为建立后天可信度奠定基础。

5. 共同价值观

这属于文化范畴。强调共同价值观是一种文化认同策略，目的是让沟通对象感觉到“我们是一起的”。一般用于沟通开始的时候，与沟通对象建立共同点和相似点，有利于后续工作的展开，沟通对象也容易接受其观点和思想。

2.2.3 沟通方式或风格

当沟通者面向不同对象时，或者沟通对象处在不同发展阶段时，所采取的沟通方式是有差异的。在确定了沟通目标之后，沟通者就要选择适当的沟通方式或风格。

一般来讲，人际互动的过程中有四种典型沟通方式或风格：告知、说服、征询和参与。对沟通者来讲，这四种沟通形式是基于自身所掌握信息的多少和受众参与程度的高低划分的（见图 2-3）。

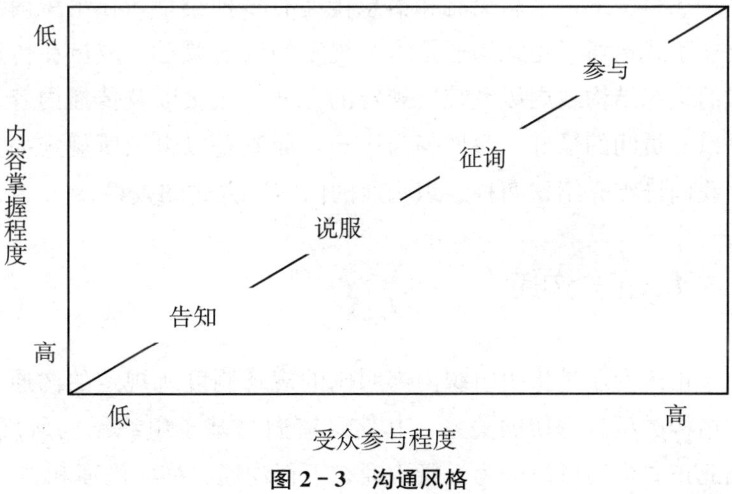

图 2-3 沟通风格

（1）当受众参与程度较低，而沟通者对信息内容的掌握程度高时，所采用的沟通方式是告知或者命令。这种方式的特点是信息内容和渠道较清晰。

（2）当受众参与程度有所提高，沟通者对信息的掌握程度有所下降时，则会采用说服方式，即一方要对另一方进行劝服、游说，才能让另一方有所行动。

（3）当受众参与程度进一步提高，沟通者对信息的掌握程度进一步下降时，则会采用咨询或征询的方式。沟通者会主动放低姿态，采取聆听的沟通方式，来和受众方进行互动和切磋。这种沟通方式或风格的特点是受众参与程度高，沟通者对沟通内容了解较少，因而需要倾听、互动才能达到沟通效果。

（4）当受众参与程度很高，沟通者对基本信息的掌握程度较低时，则会采用参与方式，即一方要主动要求另一方参与，才能使沟通产生效果。这种沟通方式或风格的特点是受众参与程度很高，沟通者则让渡权力，采用共情方式进行整合性沟通。

如图 2-3 所示，在管理过程中，沟通者可以根据场景、对象和阶段的不同采用不同的沟通方式或风格。不同的沟通方式是服务于相同的沟通目标的。

2.3 管理沟通的类型

组织中的沟通是将协作意愿和组织目标加以结合的重要桥梁。个人协作意愿和组织共同目标只有通过信息沟通才能联系和统一起来。内部沟通和信息交流是实现组织目标的基础。

在组织中，信息交流和信息传递有多种类型。在组织内部，有正式沟通与非正式沟通。正式沟通是组织规定的沟通渠道，成员在传递信息时遵循正式的组织结构或层级系统所规定的方向、频次以及传播内容。非正式沟通则是以成员间的爱好、习惯等为主导，而不是以组织所规定的方式进行的。下面我们详细介绍这两种组织沟通的内容、方式和效果。

2.3.1 正式沟通

正式沟通是指由组织内部明确的规章制度所规定的沟通方式，它与组织的结构类型有密切的关系，其信息流向是基于组织结构所规定的层级关系。据此正式沟通可以分为上行沟通、下行沟通、横向沟通和斜行沟通。

1. 正式沟通的类型

（1）上行沟通。这是组织成员通过一定渠道和管理决策层进行信息交流、意义共享、统一行动和实现目标的一个沟通过程。下级依照组织规定，向上级提供正式的书面或口头报告、请示、建议等。对组织而言，上行沟通的价值很大。首先，能让上级了解企业存在什么问题；其次，员工会有成就感；最后，能够帮助组织进行创新。比如，日本企业鼓励员工提出合理化建议，以优化产品、满足顾客需求等。

（2）下行沟通。这是组织中的信息和目标从较高管理层级向较低管理层级流动的一个过程。这是较为典型和传统的组织沟通类型。一般以命令和告知的方式传达上级组织或由上级决定的政策、计划、规划等信息。这是组织分解目标、统一思想和行动以及一致对外的重要沟通形式。

（3）横向沟通。横向沟通是指组织内部同一层次的不同部门之间的沟通。横向沟通的侧重点在于协调、谈判、交换和联盟。这种沟通有助于部门之间和员工之间任务的协调、信息的共享、问题的解决和冲突的化解以及误解的消除。横向沟通必须是有组织的，按照组织规定、工作流程、沟通制度进行，否则会削弱组织正式沟通的权威性。

（4）斜行沟通。斜行沟通是指组织内部不同层次的不同部门之间的沟通。比如参谋人员拥有职能职权，会进行这种沟通。沟通方式主要为指导、咨询和参与。

总体而言，正式沟通的优点很明显，如比较正式稳定，信息的内容和形式能够预测，有很强的权威性，是组织减少不确定性的重要手段。但是缺点也很明显，如信息在不同层次传递时可能发生扭曲，还有可能传播速度慢、效率低。

2. 正式沟通网络

在组织内的沟通过程中，岗位之间的信息交流有结构化特征。信息沟通的有效性和网络形态关系密切。美国管理专家莱维特（Levitt）根据实验提出了五种正式的沟通网络：链式、环式、Y 式、轮式和全通道式（见图 2-4）。

（1）链式沟通网络。这是假设在由 5 个人组成的群体中进行双向信息交流的方式。在组织中，这隐喻 5 个等级的层次，层级间的信息交流采用上情下达和下情上报的形式。其优点是传递速度快，解决简单问题效果好。缺点在于：第一，信息经过层层传递容易失真。即如果不同层级信息接受者和传递者之间没有一套共同话语和规范，信息传递过程容易出现过滤、扭曲、隐瞒等问题。第二，处于最低层次的沟通者只能进行上行沟通，满意度低。第

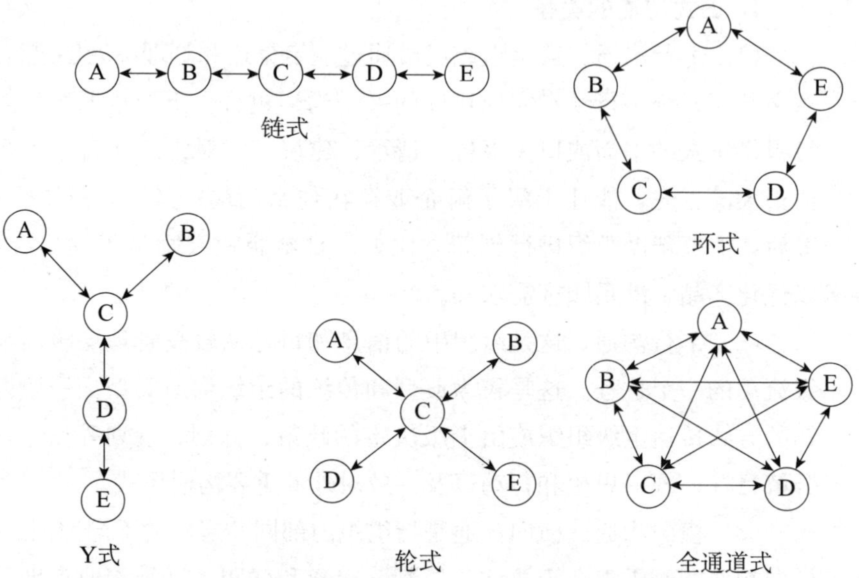

图 2-4 五种正式沟通网络

三，每个成员的沟通面狭窄，彼此沟通的内容分散，不易形成群体共同意见。总之，这种方式不利于培养群体凝聚力。此种沟通方式适用于规模大、需要分层授权的组织，比如大型的学校、医院或企业集团。

(2) 环式沟通网络。这是一种较为封闭的沟通方式。这表示组织内的 5 个人之间进行一次联络和沟通，每个人都可以和旁边两个人同时沟通。在组织中，环式沟通能够帮助组织高层与基层之间建立信息的回路。其优点是小组成员地位平等，每个人都有沟通对象和沟通网络；组织内民主气氛较浓，团体成员的满意度较高，士气较高，有利于调动积极性。这种沟通模式的缺点是组织的集中化程度和领导人的权威程度较低；沟通速度较慢，精确性不够高；信息易于分散，往往难以形成中心。组织中的决策机构、咨询中心、研发机构以及项目小组等适合采用环式沟通模式。

(3) Y 式沟通网络。既有正 Y 式，也有倒 Y 式。这是一种纵向沟通形式，表示四个层次的信息逐级传递的过程。第二层级的 C 处在沟通的中心位置，同时有两个上级。在这种沟通形态中，处于信息沟通枢纽位置的部门或管理者起着非常重要的作用。Y 式沟通网络倒置，则成为倒 Y 式。这时表明一个主管通过第二层级如秘书或者助理和三个下属进行沟通。在这种情况下，掌握信息最多的人往往成为权力最大的人，层级高的管理者有时候会面临失控的风险。总之，采用 Y 式沟通模式，沟通的集中化程度较高，解决问题速度较快，但组织成员的满意度较低，易造成信息曲解或失真。由于信息沟通枢纽 C 在信息传递中起着重要作用，因此沟通中真正的权力集中在 C 那里。

（4）轮式沟通网络。这属于控制程度较高的沟通类型。由一人控制着与其他 4 个人的沟通。这个人是各种信息的汇集点和发布点，而其他成员之间几乎没有任何沟通。在组织中，这种网络相当于一个主管领导直接管理几个部门。这种沟通网络集中化程度高，解决问题的速度快，对领导人的预测能力要求较高。但是缺点在于其他成员之间没有沟通，信息很不对称，对政策的贯彻落实会产生不利影响。在危机时期或者任务重要而又紧急的时候，这种沟通模式是可取的。

（5）全通道式沟通网络。这是一个开放式的沟通网络，各成员之间都能够进行沟通，相互了解，互通信息。这种沟通模式的集中化程度低，中心性不强。由于组织各成员都能相互交流信息，因此成员的满意度较高。这种沟通网络比较适合团队作业、技术攻关和矩形结构的组织。但是，该沟通模式也有缺点，主要在于沟通渠道多，易造成混乱，同时也会限制信息的接收和传出能力，而且信息传递费时，影响工作效率。

2.3.2　非正式沟通

任何组织都存在非正式沟通现象。非正式组织主要依靠利益、情感、习惯等力量进行维持，其作用有好有坏。因此，在组织管理中，管理者要善加利用，因势利导，发挥其积极作用，抑制消极作用，避免破坏作用。非正式组织管理得法，能够提高员工满意度和绩效，其中两个最重要的管理手段是适应和引导。非正式组织是组织难以遏制的现象，只要有晚会、咖啡间、食堂、抽烟区，就容易有非正式组织。对于管理者来说，直面客观存在是唯一可取的态度。在此基础上，只要善加引导和管理，可以将其作为对正式网络的补充，或者和正式组织的“领导人”适度合作，进行核心控制。更重要的是，可以用组织目标加以引导。在管理过程中，还要进行适度的情感维持，以在效率和情感之间保持平衡。

1. 非正式沟通的内涵

在组织中，很多信息是通过非正式渠道进行传播的。其信息量、传播速度和准确性值得关注。由于非正式沟通主要依靠口头传播，既有上行沟通，也有下行沟通，更有横向沟通和斜行沟通，所有传播速度快，但是准确性较差。在非正式沟通中，小道消息是一种主要表现形式，通常被称为“葡萄藤”，形容非正式沟通像葡萄藤一样，枝繁叶茂，随处延伸，富有弹性，但有时不计后果。

2. 非正式沟通的形式

非正式沟通的形式有四种：单线式、流言式、随机式和密集式（如图 2－5

所示)。

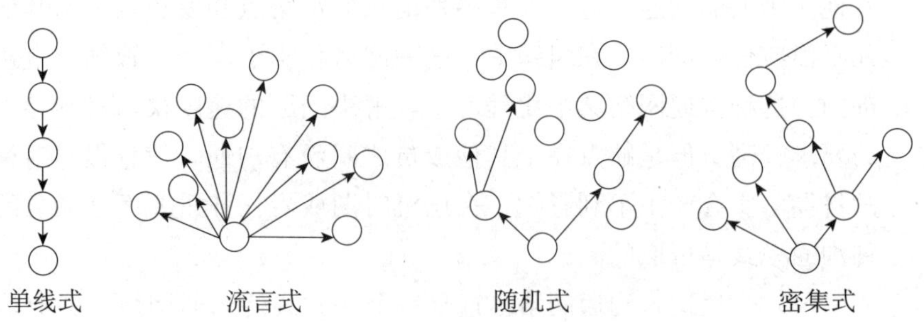

图 2-5 四种非正式沟通

无论是什么形式的非正式沟通，都具有一些共同的特点：消息越新鲜，人们谈论得就越多；与人们的切身利益关系越密切，人们就越关注；人们所熟悉的人和事容易传播；在发生变化令人们处在不确定环境中时，如有组织变革、人事变动、突发事件等，人们更关注事态的发展和变化。非正式沟通形式的选择主要是由传播者在组织中的社会关系所决定的。

3. 非正式沟通的管理

由于非正式沟通具有形式不拘、直接明了、速度快，能够满足人们对信息需求等特点，因此它在满足组织成员的心理和情感的需求以及增强人们的感情联络上有一定积极意义，而且可以和组织内正式沟通起到互补的效果。然而，由于其具有信息传播难以控制、信息在传播中容易失真、浓厚的情绪化等特点，容易在组织里形成不利于组织目标实现的小团体、小圈子，影响组织的凝聚力和团结。因此，组织要对这类沟通活动加以管理。

要明确非正式沟通的地位，它不能取代正式沟通，永远都处在辅助的位置上。因此，作为管理者，首先要做好组织的正式沟通，营造良好的组织文化，建立良好的人际关系。非正式沟通发挥作用的基础是组织中良好的组织文化和人际关系。其次，管理者应该了解、适应和整合非正式沟通，使其有效地发挥应有的作用。最后，管理者要不断提高管理能力，对非正式沟通实施控制、加以利用。控制非正式沟通主要包括：控制非正式沟通的信息源；控制非正式沟通的信息内容，保证其不影响组织的正常运作；控制非正式沟通信息流动的方向和频率，并能够及时通过正式沟通减弱或消除其影响。利用非正式沟通，组织要明确利用的目的和目标，用管理的方法对非正式沟通进行计划、组织、领导和控制，达到利用非正式沟通对管理产生积极作用的效果。

2.3.3 语言沟通和非语言沟通

这是根据沟通的媒介进行的分类。语言沟通指的是使用正式语言符号进行的沟通，分为书面沟通和口头沟通。书面沟通指的是借助文字进行信息的传递和交流，比如布告、通知、书信、刊物、咨询报告等。其优点在于不受时空的限制，具有正式性和规范性，容易被复制；缺点则在于沟通效果未必好，有的时候不够灵活。

非语言沟通指的是借助语言符号、口头表达以及文字以外的符号系统进行的沟通，如姿势、表情、眼神、形体动作、身体接触以及服装等。它可以加强、扩大语言手段的作用，也可以弱化、抵消语言手段的效果。

2.3.4　自我沟通、人际沟通和组织沟通

这是根据沟通主体的沟通对象来划分的。在组织中，如果管理者是沟通主体，就要持续进行自我沟通、和他人的沟通以及代表组织对外沟通。针对不同对象，沟通的内涵有所不同。

1. 自我沟通

人贵有自知之明。在日常生活和工作中，管理者要学习进行自我管理，包括管理自己的时间、长处、情绪、知识等。在自我管理过程中，自我沟通是重要的环节。了解自己的个性、了解自己在别人眼中是什么样的、提高情商、应对压力、建立关系、优化思维等都和自我沟通密切相关。自我沟通与反思习惯和反思方法有关：它有助于管理者定期复盘，将自身经验作为观察对象，逐步实现主我和宾我的分离，培养自我意识。自我沟通和反思有助于管理者站在客观立场反观自己，并能够建构和锤炼自己的个性，提高自我效能，持续进步。

自我沟通的时候，可以借助“约哈里之窗”（Johari Window）来进一步了解自己、建构自己。“约哈里之窗”是由美国心理学家约瑟夫·勒夫特（Joseph Luft）和哈里·英厄姆（Harry Ingham）提出的心理学理论，揭示了自我意识的不同层次。根据“自己知道和自己不知道”“别人知道和别人不知道”两个维度，将自我分成四个区域（见图 2-6）。

	自己知道	自己不知道
别人知道	开放自我： 自己和别人都知道的自我信息	盲点自我： 自己不知道但别人知道的自我信息
别人不知道	隐匿自我： 自己知道但别人不知道的自我信息	未知自我： 自己和别人都不知道的自我信息

图 2-6　约哈里之窗

开放自我区域一般是指自己知道、别人也知道的信息，比如性别、名字、

籍贯、身高等。这其中一部分信息是公开的，如性别、名字等，另一部分信息则取决于个人对信息透露的程度。盲点自我区域是指自己不知道但别人知道的信息。这往往是指个人没有意识到但别人一目了然的方面，比如个人不自觉的行为，尤其是态度和表现等。隐匿自我区域则指自己知道但别人不知道的秘密。这往往是个人有意隐瞒的信息，即在沟通过程中不愿意为他人了解的内容，如个人的愿望、心愿、好恶等。未知自我区域包括自己和别人都不知道的关于自己的事实。这是个人尚未开发、有待发掘的领域。在自我沟通中，沟通者要注意区分这四个不同的区域，选择合适的自我沟通方式，以便更好地了解自己。

2. 人际沟通

人际沟通指的是人与人之间的联系、互动和交流。一般而言，企业管理者每天花费约 70%的时间和不同的人比如上司、下属、同事、客户、政府部门工作人员等沟通。人际沟通和人脉网络的搭建对管理者协同员工行为、完成组织目标有很大的作用。如果人际沟通做得好，部门或团队则会形成好的氛围，逐步建立规范，还能帮助成员提高凝聚力。但如果沟通不力，团队氛围会大打折扣，执行力也会受到影响。由此看来，人际沟通对团队效率、员工满意度等均有很大影响。

在进行人际沟通的时候，要注意沟通的多层次性。一般来说，只要是人际互动，就会涉及信息、情绪和自尊三个层次，这三个层次往往是同时存在的（见图 2-7）。

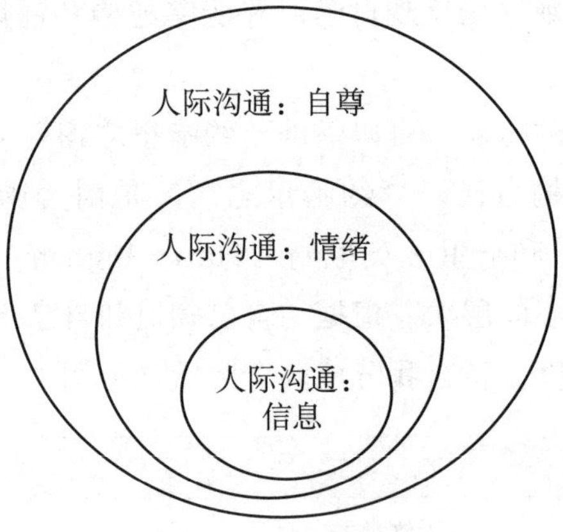

图 2-7 人际沟通的层次

人际沟通的信息层次有三个内涵：真相、意图和过失。首先，在沟通过程中，我们以为的真相往往并非真相，可能只是我们对真相的假设。其次，信息背后的意图有时也会裹挟在人际互动中。要警惕的是，有的时候，对方的意图可能和我们的自我建构有关，即我们自己才是意图的缔造者。最后，人际交流时，信息常被过滤或者扭曲，对此我们容易误判，认为过失在他人，而不在自己。

人际沟通过程中，除了信息，往往还夹杂着情绪。在职场上，人们以为沟通时只涉及信息而不涉及情绪。殊不知，这个认识就类似于假定一出歌剧没有音乐，是不对的。所以，人际沟通过程中对于情绪的认知、区分、管理格外重要。

除了信息、情绪，还有对沟通主体自尊的关注。在人际沟通中，如果对自尊有考量，往往能够带来主体间的认同和不失控。

3. 组织沟通

组织沟通的主体是组织，它的特点是非个人化和理性的。组织沟通和组织目标实现、组织声誉建构、组织危机处理、组织文化传播有关。组织或者部门会进行大量的信息传播、声誉构建以及各种沟通事件的处理。其主要沟通方式和人际沟通不同，其中有会议制度、结构安排、文化建构、管理策略等。组织沟通在很多时候要借助符号、仪式、故事、英雄人物等加以传播。

在组织沟通场景中，第 1 章提到的伯克的理论很有帮助。另外，本章 2.4 节会重点介绍组织管理沟通的策略。

2.4 管理沟通的策略

策略是精心计划的产物。策略性沟通要求沟通者对沟通目标、受众群体、沟通氛围等加以研究，进行设计和运筹。不同的沟通情境下，目标、受众、策略均不同。本节从受众的角度来探讨组织中的沟通策略。

2.4.1 受众分析

在管理沟通场景中，信息接收者又称为读者或听众。管理沟通的主要目的是使听众（读者）更好地理解和接受沟通的内容，达到预期目标。在管理沟通过程中进行受众分析时，以下方面很关键。

1. 态度分析

“他们的态度如何”主要是预测和分析沟通对象在沟通过程中可能发生的情感反应。这种情感反应一般包括两个方面。一是信息接收者对信息发送者的情感反应。同样的信息由不同的人发送可能会产生不同的效果。因此，如果要让对方接受你的信息，必须先让对方接受你这个人。如果对方对信息发送者采取排斥态度，那么，不管该信息有多重要，对方可能都不会接受。二是对信息本身的情感反应。对信息接收者而言，发送者的信息所属的优先级程度如何？信息内容是否引起他们的兴趣？这些信息对他们所关注的事情和利益将会产生何种程度的影响？对于兴趣较高者，可以直接引入主题，不必花太多的时间去激发他们的兴趣；对于兴趣较低者，而且是必须沟通的对象，则需要沟通技巧来激发他们的兴趣。

在群体沟通中，可能存在三种持有不同态度的人：支持者、中立者和反对者。首先要预测和分析这三种人在群体沟通中所占的比例，然后根据比例选择沟通策略。

对于支持者或中立者，需要强调信息中的利益部分以加强他们的信念。

对于反对者，要注意使用以下技巧：将要求限制在可能范围内最小的程度，如一个项目的部分，而不是整个项目；对可能的反对意见给予回应。首先，预测他们的反对意见可能是什么，他们反对的理由是什么，这与他们的利益关联度如何。其次，将可能的反对意见列举出来，并有针对性地解释或驳斥。这样要比在可能的反对者提出反对意见后再回应更有说服力。再次，列出信息接收者可能同意的几个观点，如果他们赞成其中的几个关键之处，那么他们接受沟通者整体思想的可能性会更大。最后，让他们同意和承认问题确实存在，就问题的认识达成一致，然后提出解决问题的建议和意见。对于可能的反对意见，不能简单地驳斥和回击，也不能采取压制和强迫的方式让对方接受，那样会起到相反的效果。了解和分析可能反对的原因，采取相应的沟通策略才是上策。反对的原因是多方面的，不仅仅涉及各自的利益，任务的繁重程度也有可能影响到接收者的态度。如果所要完成的任务过于繁重和复杂，接收者可能会有畏难情绪而不愿意接受。在这种情况下，我们可以采取分解任务、分段实施的方法，最终达到完成整体任务的目的。

2. 受众分类

"他们是谁"主要是分析沟通对象，充分了解沟通对象的类型和特征，并确定沟通的重点。一般可以将沟通对象分为个体和群体。由于个体沟通与群体沟通存在一定的差异，对沟通对象的个体和群体的分析方法也有所不同。

（1）个体沟通对象分析。对沟通个体的分析主要是了解他们的年龄、性别、兴趣爱好，教育层次、专业知识背景、社会阅历，以及他们的价值观念、期望和态度等。

（2）群体沟通对象分析。对沟通群体的分析主要是了解群体特征、立场以及群体文化，包括他们的共同规范、传统、行为方式和标准、价值观念等。

在管理沟通活动中大多数的沟通都是群体沟通，或沟通过程会涉及许多沟通对象，因此，如何将沟通对象进行分类，并确定重点沟通对象至关重要。在群体沟通中，沟通对象一般分为五类：

第一类是主要听众，是指那些与信息内容有密切关系的人。一方面，要求这些听众能够正确理解信息内容并做出所期待的反应和反馈；另一方面，他们还要与沟通者保持直接的联系和联络。

第二类是次要听众，是指那些与信息内容有一定关系的人。沟通的目的只是要求他们了解信息的内容，做出一定的协作和配合性的反应和反馈。

第三类是守门人，是指信息传递过程中那些将信息转述给最终接收者的中间人。如果在沟通过程中存在守门人，就要考虑守门人是否会因为某些原因造成信息失真或封锁信息。

第四类是意见领袖，是指那些在听众中具有强大的非正式影响力的人物。他们往往会左右人们对信息的理解和态度。

第五类是关键决策者，是指那些可以影响整个沟通结果的沟通对象。他们可能是决策者，也可能不是，但他们可以对决策产生重要影响。

3. 背景信息

“他们了解什么”主要分析沟通对象对信息内容和背景知识了解和掌握的情况。该分析视角有助于了解以下信息：

首先，受众已经了解和掌握了哪些背景知识？他们对这些背景知识的需求程度如何？背景知识对理解新信息起着非常重要的作用。如果信息沟通对象已经了解和掌握较多的背景知识，而且需求程度不高，我们就不需要对背景知识做详细介绍，而是直接进行信息内容的传递；反之，则要花时间进行背景知识的介绍和必要的解释。

其次，受众需要了解和掌握哪些新的信息内容？他们对这些新的信息内容的需求程度如何？对这些新的信息内容的了解和掌握需要从两个方面来分析，一方面是沟通主体期望沟通对象了解并能够理解的新的信息内容，另一方面是沟通对象期望自己得到的新的信息内容。在沟通活动中，这两方面可能会出现偏差，需要沟通主体协调沟通对象的信息需求，将自己期望沟通的内容传递给对方，并得到正确的理解。

最后，受众在沟通风格、渠道或形式等方面的偏好是怎样的？沟通的内容很重要，沟通的形式也很重要。沟通方式会在很大程度上影响沟通对象对信息内容的接受和理解。

4. 激励或者引发

无论信息接收者的态度如何，在沟通过程中都要注意引起他们的关注，提高他们的动机水平。以下是组织中可以运用的沟通技巧。

（1）诉诸利益。利益激励是最基本的激励方式之一。利益可分为物质利益和精神利益、有形利益和无形利益、长远利益和近期利益等不同类型。无论是哪一种，沟通过程的重点在于强调信息中可能使听众受益的要点，让他们明白和理解自己是受益者。除此以外，沟通者必须清楚利益是对方所需要的，只有这样才能起到真正的激励作用。一般来讲，沟通者可以从四个方面进行利益激励：具体实惠的利益；有助于个人职业发展或任务完成的利益；有助于自我实现和工作满意度提高的利益；可使团队获益的利益。

（2）借助沟通者的可信度。前面我们讨论了影响沟通者可信度的各种因素。当信息接收者对主题不是特别感兴趣的时候，使用可信度激励的作用比较明显。以下几个技巧值得关注。其一，借助共同价值观和共同立场。在沟通开始阶段，强调共同价值观能够引起接收者的情感共鸣。在此基础上，对方容易接受沟通者的观点和思想。因此，从寻找与听众的共同点开始，引发他们的同理心是非常重要的人际关系认同技巧。这种认同技巧一般有兴趣与志向认同、身份教养认同、籍贯同乡认同、观点情感认同、遭遇经历认同等。运用人际关系认同技巧的目的在于获得对方的好感，得到对方的认可，从而树立其可信度，为以后的沟通铺平道路。其二，借助良好意愿和互惠的原则。这种技巧是基于人们常有的投桃报李、礼尚往来的心理，让听众明白，只有在给予利益的前提下才能获得利益，或只有通过自己的让步才能争取他人的让步。在人际交往过程中，人们的思想往往受互惠互利原则的影响，因而即使不太情愿也会主动让步或不期然地获得利益。其三，借助有奖惩权的职务地位。这在管理过程中较为常见。斯金纳的激励理论对人的行为描述稍显极端，但在惯常管理过程中却较为有用。在权力距离较大的企业组织，这种技巧比较有效。

（3）巧妙安排信息结构。无论是口头沟通还是书面沟通，沟通者所确定的信息结构会对信息传递的结果产生影响。组织有策略性的信息结构将会对受众产生积极作用，反之，将会产生消极影响。一般的信息结构包括开头、正文和结尾三部分。

开头或开场白部分是信息沟通的关键。能否在开场的 10 秒内吸引住受众，将决定沟通的成败。开场白是引入主题的前奏，通过怎样的方式引出主题，一直保持受众的兴趣，同样非常重要。

在正文部分，即信息内容的主体部分，要注意结构的安排。比如，如果主体内容较多，先安排哪个主题内容，后安排哪个主题内容？构成整体内容的逻辑关系如何确定？这些问题要纳入考虑范围。如果是一事一议，也要注意信息组织结构的巧妙安排。

最后是结尾部分，这对激励受众也很有价值。在这个部分，沟通主体一方面要做到前呼后应，总结信息的主题思想，加深印象；另一方面，要提供必要的行动指导，简化受众对沟通目标的实现步骤，提出简便的检查措施，这对受众实施后续的行动具有很好的激励作用。

2.4.2　主要策略

在对受众进行详细分析的基础上，沟通者可以进行策略选择和组合。总体而言，有六种沟通策略。

1. 控制型策略

管理者会限制或者想要控制别人的想法或者做法。这种沟通策略是单向的，反馈很少。如果沟通目的在于澄清基本信息，这种策略是适用的。在沟通之前，管理者就已经想好内容，沟通时就是要“逼人就范”。

这种策略适用于紧急情况，比如进行危机沟通时，沟通者没有时间进行双向交流，必须向大众进行简要、清晰、及时的说明。另外，当管理者和没有经验的员工进行沟通时，需要给后者明确的指令和要求。除此以外，动力不足或者依赖性强的员工也能接受这样的沟通策略。

当然，这种策略有负面影响。在沟通中，受众一般会对被控制感到厌烦。另外，在知识经济社会，如果沟通主体想要控制他人，这种想法一般能够被人识破，并不可取。

2. 平等型策略

这种策略鼓励双向交流。管理者并不强求拥有所有信息。信息的发送与接收较为均衡。通过交流沟通，能够形成双方共同理解的氛围。

这种策略适用的情境和控制型策略刚好相反。管理者在做团队建设时或者是需要加强和成员的关系时，可以采用这种策略。如果团队倡导参与式管理风格，这种策略尤其有用。它能极大地鼓励员工尤其是知识型员工积极完成任务。除此以外，在组织变革的时候，这种沟通方式对于调节员工行为也有一定的积极意义。

当然，这种策略也有负面影响。如果员工不老练、知识缺乏或能力不足，这种沟通方法不会奏效。另外，如果情况紧急，这种方式也不会奏效。

3. 结构型策略

在沟通过程中，管理者采用这种策略是为了建立秩序，有组织、有计划地提供指导。如果组织对标准化、流程化要求高，这种策略比较合适。

在企业组织中，有的时候需要设定目标、进行工作安排或者要求员工在规定时间内完成任务等，结构型沟通方法能够协助管理者完成上述任务。常规任务的完成也可以采用这种策略。

如果沟通场景比较敏感或者沟通主体容易感情用事，这种策略是不合适的。任务很简单，环境很稳定时，这种策略也不合适。

4. 动态型策略

和控制型策略不同，这种策略往往给员工很大的发挥空间。它通过特殊的外部事件激发员工的活力和动力，使其想方设法地解决问题。在采用这种沟通策略时，需要组织中有良好的信任氛围。

5. 放任型策略

在管理者需要咨询或者需要鼓舞员工信心时，通常会采用这种策略。但是，只有当沟通的另一方愿意承担责任时，这种沟通策略才会有效。对于管理者而言，这种策略的使用要很警觉，尤其是不能逃避责任。如果员工本身依赖性较强又没有安全感，这种策略显然不妥。依赖性强的人会认为放任型经理较为软弱，犹豫不决。这种策略往往和其他策略结合使用，在合适的时候针对合适的人才有价值。

6. 退缩型策略

这种策略意味着管理者对沟通过程不加以管理，效果一般很差。但是，如果权威人士要求对关键信息保密，这时可以采用此种策略。另外，在当事人情绪化时，这种策略可作为权宜之计。

表 2-1 对上述六种沟通策略的特点以及适用场景进行了归纳。

表 2-1 沟通策略

沟通策略	沟通特点	适用场景
控制型	单向的、命令式的	紧急；员工能力不足
平等型	双向的	减少变革的阻力；知识型员工
结构型	精确的指导	需要清晰的信息；日常任务
动态型	简短的、行动导向的	环境变化快；挑战型员工
放任型	顺从别人的要求	授权；员工很能干
退缩型	不重视谈话主题或者随意改变主题	避免冲突；员工有情绪化倾向

□ 思考题

1. 在组织中，管理沟通的目标是什么？

2. 在一个组织中，不同层级的沟通重点有什么区别？主要内容是什么？
3. 管理沟通的类型有哪些？
4. 沟通者可信度指什么？
5. 人际沟通过程中，要重点考虑哪些因素？
6. 如何进行受众分析？
7. 管理沟通的主要策略有哪些？

□ 案例

老同学的故事

王鹏和李律是大学时代的好友，两个人曾经住在一个宿舍。本科毕业以后，李律去法学院攻读法律硕士学位，王鹏则回到家乡经营父亲留下来的家业——混凝土产品业务。在这期间，他们一直保持联系。

当王鹏的家族事业已做得风生水起时，李律才开始和政府机构合作处理法律方面的事务，接着又去从事贸易，但他一直没有找到适合自己发展的地方。

王鹏 33 岁结婚，在家乡有很大的宅子和庭院，并育有一儿一女。李律 35 岁才结婚，但两年不到就离婚了。两个人的友谊没有随着时间的变化而冲淡，他们经常在电话里谈家常。

后来，王鹏的父亲患癌症去世，王鹏就成了公司的首席执行官。当他了解到李律想换一种活法的时候，就力邀李律加盟他的公司。李律了解到王鹏很想将业务扩大到全国，甚至扩大到海外，但苦于没有人才。王鹏还和他讲：父亲身体不好的那几年，公司有些走下坡路。王鹏认为，李律的能力、动力和人脉有助于公司快速转型。在这样的情况下，两个大学老友一拍即合。李律欣然接受邀请，任公司高级副总裁。

王鹏的公司在一个二线城市，共有 300 多名员工。公司的员工大多来自本地，彼此很熟悉。他们对公司的产品很有信心，对公司也很忠诚。这些产品都是大型预制的零部件，从桥梁用品到仓库用品。公司最近为机场生产了曲线屋顶，王鹏和机场项目的建筑师、工程师合作很密切，他的办公桌上就摆放着一个曲线屋顶的迷你模型。这个机场项目给他带来很多新的想法：公司应该进行拓展，扩大定制范围，提高混凝土产品的质量，朝环保的方向探索。他还设想，公司的一些成熟业务可以向海外市场拓展，在国内市场则朝着高端产品和高级工艺的方向发展。

两个人合作初期，李律既是王鹏的顾问，也经常协调王鹏和其他经理之间的矛盾。李律对自己很有信心，认为自己是一个很好的改革促动者，能够将王鹏的想法落地，并很快看到成果。在这期间，他解雇了几个绩效较差的员工。他也意识到公司的经理人员对他的态度有些躲闪和不满。

李律到公司半年左右的时候，王鹏建议将公司的销售外包给更有经验的渠道商，而且要求李律在年底时将这件事情运作成功。李律和公司销售经理讨论外包方案，销售经理却有不同的看法。李律这才意识到销售业务其实和公司其他部门的业务有着千丝万缕的联系，比如销售部门和营销部门的负责人是父子关系，销售部门和研发部门的员工有的是父女关系。但李律对这些复杂的人际关系没有兴趣，他只想和销售经理讨论业务上的变化。这些分歧让公司的事务运行变得艰难起来。

在这个节骨眼上，王鹏的立场有些奇怪。他有的时候直言不讳地指出李律的做法过于严厉，有的时候又半开玩笑地说老同学对公司文化不了解。还有一次，他指责老同学侵犯了自己作为一把手的权威。但发火过后，他又约李律一起吃午饭，聊同窗时的一些趣事。

矛盾的爆发是在公司的一个高管会议上。李律是会议的主角，他一直在强调公司组织结构的变动情况，并说组织结构的调整能够让研发、销售和营销几个部门分开，使公司的运营更加顺畅。他同时还强调公司混凝土生产要更注重环保，因为国家经济在转型，对环保的要求会越来越高。当他问大家有没有问题时，整个会议室鸦雀无声。

突然，56 岁的公司元老李大燕站了起来，将一张纸摆在王鹏面前："这是我的辞职信，王总，如果你想让我们大伙儿辞职，我想我应该带这个头。"

接下来，会议室炸开了锅。李大燕和几个早就窝着火的公司元老将矛头转向李律。他们直接对王鹏说，李律并不适合在公司干，他的工作方法简单粗暴，公司完全被他拖着走，王鹏父亲和王鹏的影响几乎不见了。他们认为李律开除员工也令公司的氛围压抑。事实上，公司的大多数员工有些消极怠工，感觉自己在公司的前途很渺茫。

李律也很吃惊，他茫然地看着王鹏，希望老同学能够为自己撑腰。谁知道，王鹏根本不看他，而是很关切地看着李大燕那拨人。

李大燕说："李律做事太简单，这样下去，公司的现金流都会受影响。如果他不改变工作作风，我们这些老家伙都会离开。"

王鹏见状只好宣布会议结束，并要求李律去他办公室谈一下。一走进王鹏的办公室，两个昔日的同窗好友就吵了起来。李律说道："今天，我太需要你的支持了，你却不理我。你利用了我。"他尽量用平静的口气说话，但内心很愤怒："为了来你这里，我扔下很多东西。我不能就这么甩手离开。"

王鹏也是怒火冲冲："李律，我让你来，是想帮助你摆脱困境。你来这里有更大的发展空间，但我没有想到你这个聪明人对人性是多么无知。你一直在犯错误，难道你自己不知道吗？每次你留下的烂摊子都要我去收拾，你却得意忘形，以为一切都是你的功劳。有的时候你根本就不把我放在眼里。"

案例思考题

1. 当李律变成王鹏的手下以后，他应该如何定位自己？老朋友之间的沟通方式和同事之间的沟通方式有哪些相同之处，又有哪些不同之处？

2. 在整个事情的发展过程中，王鹏作为一把手存在哪些管理上的问题？他要协调的主要矛盾有哪些？对不同组群应该如何沟通？

3. 作为老员工，李大燕应该如何定位自己？其沟通水平和技巧应该如何提高？

4. 作为咨询顾问，你会给李律提供什么建议，帮助他“吃一堑、长一智”，提高沟通能力以便有更好的职业发展？

5. 本案例对你有什么启发？

第3章 纵向沟通

本章思维导图

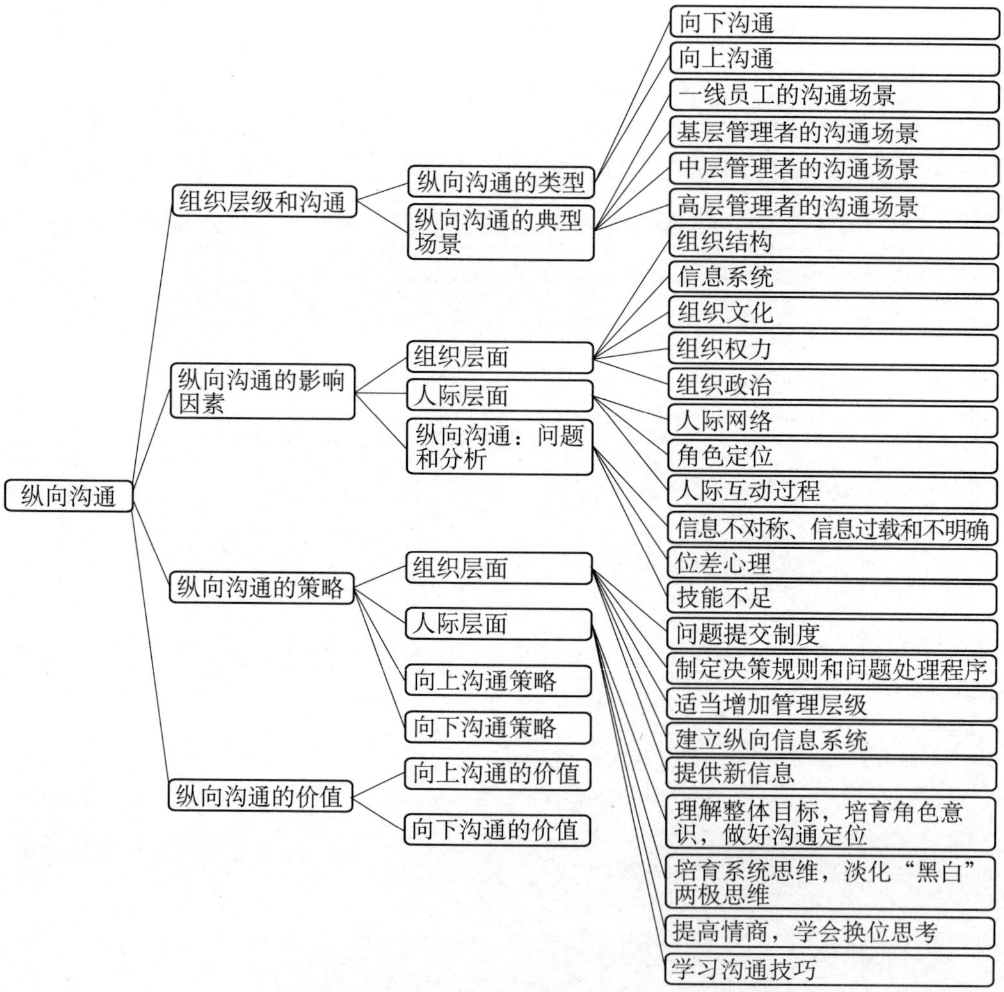

本章要点

◎ 组织层级
◎ 纵向沟通的类型
◎ 纵向沟通的影响因素
◎ 纵向沟通的策略
◎ 纵向沟通的价值

企业组织中，组织结构和层级是沟通常用的正式渠道。在层级组织中，沟通主体的角色关系一般是确定的。组织中的上下级关系对组织中的纵向沟通如向上沟通和向下沟通有规定。组织中横向的角色关系决定了组织中的横向沟通，这将在第 4 章讨论。组织中的正式层级结构对角色沟通的渠道、内容、方式都有规定性作用。

3.1　组织层级和沟通

组织尤其是企业组织中，组织目标、组织结构等对人际沟通的影响较大。组织职位和组织内角色会对组织成员的信息理解、价值判断以及沟通效果等有影响。上司的领导风格和沟通特点对员工积极性、绩效水平等有影响，而下属传播信息的质量、沟通频次、沟通时的动机等对主管的决策也会有影响。

3.1.1　纵向沟通的类型

1. 向下沟通

这一类沟通指的是信息、情绪等从上级流向下级的过程。在组织中，目标的实现、权力的行使必须通过向下沟通和传播才能实现。公司的目标通过上司的解读、传达和下属不同群体的互动互构才能得以实现。向下沟通的信息大多和工作安排、团队协作、组织运行有关。比如向下级发布工作指令，描述组织活动的规则和规范，提供绩效反馈，传播价值导向等。

2. 向上沟通

这一类沟通指的是信息、意见或建议从下级流向上级。其功能通常和请示、询问、建议、汇报等有关。通过这一方向的沟通，各级管理者得以了解目标执行情况、下级的诉求和建议等。沟通的主要内容大多涉及下层组织任务完成情况，下级员工的情感、满意度现状，下级的合理化建议，或者对外部环境和竞争情况的调研等。

3.1.2 纵向沟通的典型场景

在德鲁克看来，职场沟通不仅仅是信息交流，更多的时候，职场沟通尤其是上下级沟通更是预期，是知觉。要取得好的沟通效果，沟通双方都需要努力。在企业组织中，成员的角色、地位、情境性自我以及沟通场景不同，沟通的侧重点和目的也有所不同。

1. 一线员工的沟通场景

在企业组织中，一线员工的沟通场景主要和岗位、角色有关。企业会要求一线员工基于岗位职责或组织目标投入时间和精力；员工则要求企业提供待遇、发展空间和良好的氛围。比如在组织的岗位管理中，一线员工关注的是自己能否胜任；在人际关系中，看重的是领导和同事是否好相处；在薪酬待遇上，重视的是公司是否公平；在绩效评估中，看重的是自己能否拿到好的名次。总体上，组织目标对一线员工而言表现为动机性目标。他们的沟通目标大多和安全需求、交友需求、自尊需求等的满足相关。

2. 基层管理者的沟通场景

在组织中，处于基层管理岗位的员工为骨干员工。他们的沟通场景较一线员工而言丰富一些，涉及部门目标落地、完成业务指标、带好员工队伍等。在企业组织中，他们对组织目标的贡献更多地和他们的技术能力有关。他们较为关注的沟通内容有：角色、职责、职业发展、带队伍以及命令的上传下达等。其沟通目标和岗位职责的履行、流程的贯通以及任务的完成有关。

3. 中层管理者的沟通场景

处在这个层级的管理者是公司的人才，他们的沟通场景与基层管理者又有所不同：大多和客户、团队、上司、平行部门有关。这对沟通者在不同场景间进行切换的能力要求较高。沟通内容和整合、协调、游说、联合等有关。沟通形式也较为多样化，有命令、说服、咨询、谈判、倾听、沉默、选择性“耳聋”，等等。中层管理者的沟通目标和组织目标的关系更为密切，他们需要将组织目标转化成自己的认知目标，去整合、建构不同来源的声音和力量，帮助企业实现目标。

4. 高层管理者的沟通场景

高层管理者的沟通场景大多和组织外部的环境有关，其中制度环境、技术环境、资本环境、舆论环境等是其首先要关注的，因为这些和组织目标的形成有关。基于组织目标，高层管理者的沟通内容和组织方向的明确、组织资源的分配、组织重点的聚焦、人事结构的调整、危机事件的处理、风险的控制等有关。沟通的形式有文化性的、结构性的、流程性的和个人风格性的。

3.2　纵向沟通的影响因素

在组织内部，影响人际沟通的因素很多。一类是组织层面的，如战略目标、组织结构、流程设计、权力政治、制度政策以及企业文化等，它们会影响成员间的沟通。无论是纵向的上下级沟通、跨部门的横向沟通还是会议沟通等，都受上述组织因素的制约。另一类是人际层面的，如人际网络、角色定位等。在本书中，我们会介绍组织结构、信息系统和组织文化等要素对纵向沟通的影响，也会介绍人际网络和角色定位等要素对纵向沟通的影响。

3.2.1　组织层面

1. 组织结构

正式的组织结构是组织内部沟通最主要的方式，它最为常用，所传递的信息量也很大。受组织规模、技术、复杂性以及正规化程度的影响，组织有不同的信息处理系统。

根据结构中所规定的责、权、利，管理者和员工、员工和员工之间进行工作方面的信息沟通以及情感交流。根据组织的正式化、规范化和专业化程度，组织结构有不同的类型。比如在直线型组织结构中，沟通的渠道主要是链式的；在矩阵式组织结构中，沟通的模式是横向和纵向交错的；在扁平化组织结构中，沟通模式则是网络式的。

2. 信息系统

信息系统是组织利用计算机和信息技术，对内部信息流动进行集成、转化和提升所形成的信息化管理平台。员工通过网络平台、会议平台、口头和书面等多种方式，实现工作完成过程和人际交流过程所需要的各种信息。有了信息系统，最高层的信息可以通过平台直接传递给一线员工；同样地，一线员工也可以通过平台直接将信息往上汇报。通过网络和平台，公司内部的沟通渠道可以成为全通路型。

3. 组织文化

每个组织都有自身的意义系统和语言系统，组织文化是企业攘外安内的重要策略之一。管理层在进行内部整合的过程中，需要借助沟通和组织不同层级、不同来源的成员达成共识，统一思想和行动。在公司招聘、培训和制定薪酬制度时，都要嵌入文化导向和所倡导的价值观，从而和公司的新人、骨干和人才进行文化方面的沟通和互动。

4. 组织权力

肯尼思·伯克说过，人的天性之一就是对等级有偏好。[①] 我们会对事情、事件或者人群进行归类和分级，以便在无序中找到秩序。比如将金属分为金、银和铜等；将事件分为好、坏和普通；将人群分成上司、下属和同事等。组织也概莫能外。

与亲人或友人之间的人际关系不同，组织中的人际关系性质相对固化，没有前两种人际关系那么灵活。要想改变人际关系格局，一般需要花费很大的精力。在纵向的关系格局中，更是涉及组织权力和政治。权力实际上是蕴含在关系中的。在组织中，上司 A 对下属 B 的权力取决于 B 对 A 的依赖程度。比如，下属希望上司给予自己特定奖赏时，上司具有了对下属的权力。

一般来说，要重点关注人际关系中的资源权力、专家权力、沟通技能以及人际网络。资源权力意味着在组织中一个人对他人具有提拔、奖赏、提供好的工作机会等方面的资源配置权力。在组织中，级别越高，在这些方面支配的能力就越强。专家权力来自特殊技术和专门知识。和资源权力不同，专家权力只能是和权力链上的正式位置有关，有时也在员工那一方。至于沟通技能，主要指组织成员的倾听能力、说服能力、动员能力等。人际网络则是指组织成员的支持者、朋友圈等。

5. 组织政治

组织政治是行为主体为获得权力和其他资源而采取的各种行为，以便在成员意见不统一或情况不明时能够获得预期的结果。它是组织正式角色要求之外为获得有用资源而采取的行为。组织政治有的时候有一定的负面色彩。它可能和个人的算计、运作以及交易有关，最终使得个人而不是组织获利。但是，现代政治的发明者古希腊人并不这样认为，他们认为组织就是不同利益方的聚合体，需要通过商议、谈判的方式协调各方利益。亚里士多德则认为政治是在分歧中寻找秩序的手段。[②] 借助政治，不同利益相关方能够利用等级和权力来协调或者糅合相互对抗的利益。

组织政治可以分为两个维度，即显性政治和隐性政治，二者都和沟通有

① Burke K. A rhetoric of motives. Berkeley and Angeles：University of California Press，1969.（Original work published in 1945.）

② 亚里士多德．政治学．北京：北京出版社，2012.

关。显性政治包括沟通中的威胁、承诺、谈判、命令、结盟，以及许多影响他人实现自我利益和组织利益的策略。任何为了提议被接受而做的努力，说服其他成员接受自己的观点，或者说服团队相信个人的理解是正确的，都是显性政治的体现。隐性政治则是指员工通过具体的过程决定公开哪些问题，提出什么主张，采取什么样的做法。

组织政治是权力、资源、技术和沟通博弈的综合产物。人际网络对于有效的政治参与至关重要。组织成员为了获取权力，会有意识地构建人际网络。在组织中，关系或者人际网络是权力的基础。

3.2.2 人际层面

1. 人际网络

人际网络是沟通中的重要影响因素。在组织中，人际网络管理和形象管理以及网络建构有关。

形象管理意味着个人在组织中得体地展现自我。它包括员工穿戴与组织规范要求一致的着装、配饰；同时还有更深层次的行为规范要求，即体现组织核心价值和岗位职责的要求。一般来说，形象管理有三种表现：稳定的情绪、能力体现以及自信。在知识密集型组织中，不少有天赋的专业人士由于自身难以表现出稳定的情绪，在组织中难以获得提升。虽然人们很少因在情绪控制方面表现成熟而获得褒奖，但是不成熟的举动却格外惹人注意，导致人们对其能力的质疑。即便是单纯的不合时宜的发怒也可能摧毁一个人的可信度。另外，情绪稳定的人具有正确的判断力，能够忍耐、接受生活中的种种挫折而不至于过度沮丧或愤世嫉俗。很多情况下，一般员工会对自以为的不公平表达不满、憎恶。但是，情绪稳定的人会认为这是生活的一部分，不会在公司里怨声载道，他们只是和朋友谈论以便释放压力。成熟的人会为自己的行为承担责任，不会为个人问题或职业问题而迁怒于他人。不成熟的人会因为未升迁到某个职位而苛责他人，甚至会将个人生活中的挫败归咎于外因。

能力体现意味着某个人拥有专业或技术知识，并能够有效地解决日常工作中的问题。有能力的人通常不用经常找上司汇报请教，而会主动、创造性处理常规工作内容。当然，对于大事要事，他们会及时汇报、整合资源、解决问题。

自信是打造良好形象的另一途径。在沟通过程中，他们很注意措辞，如经常使用“当然”“清楚”这些肯定性表述。另外，可用“正如我们所决定的”或者“正如你所知”这些句式来表达对对方的认可和尊重。另外，非语言行为如语音、语速、音量、音高的综合运用，也能正确表达出说话者的自信。眼神接触不犹疑、恰当的点头和手部动作让说话的人显得自信并充满能量。自信的人从自我成就中获得自尊，不需要过多借助其他人的赞美。当然，自信的人也不会纠结于失败或者挫折，而是从经验中学习，持续改进。富有成效的经理人不会花很多时间谈论失败，而是将关注点放在如何解决问题上。因为谈论失败会转移人的注意力，并使人陷入害怕和回避的泥潭。在非工作场所，可以和朋友、家庭成员谈论对任务的担心，在工作中则要展现出自信心，这样才能带动别人。总之，良好的形象会让人渴望能和你结交，从而提升你的人际网络权力。

另外，同有权力的人产生联系也是权力的重要来源之一。对于新员工而言，就是要找到一位良师，为自身发展提供支持与帮助。组织内的良师态度友好，善于观察，能够帮助、教导新员工。新员工成为他们的徒弟后，可以获取信息，得到专业指导，能更快融入组织。

2. 角色定位

“角色”是社会学概念，指的是沟通主体在社会关系结构中占据的特定位置。在社会中，我们都是处于特定关系、具有特定社会行为模式的成员。角色意味着个体对他人有着特定的义务，他人对其也存在某种特定的期望。角色不能脱离特定的情境，在具体的情境中会存在一种不成文的约定，形成别人对这个角色表现行为的期待，以及个体对自己行为表现的认识。

在中国社会文化情境下，企业员工和管理者偏好“在空间上进行重复性强化”。人际关系在感情、利益和规范三个方面交叉，注重回报和圈子建设。和西方社会不同，中国企业组织中上司和下属倾向于建立有高低、有主导和服从性的关系模式，而不是绝对平等的格局：上司要了解自己所在位置的要求，与下属不能彼此不分，过于亲近；下级则要明确把握自己的位置，不能混淆上下级之间的垂直关系。这种情境依赖的纵向的角色预期在很大程度上影响彼此的言行。

3. 人际互动过程

在组织中，纵向关系建构是一个动态的互动过程。《孟子》中提到：“君之视臣如手足，则臣视君如腹心；君之视臣如犬马，则臣视君如国人；君之视臣如土芥，则臣视君如寇雠。”[①] 即上司向下属施加影响，下属能动地选择和接受影响，形成二者间的互动关系。如果上司选择信任下属，鼓励下属多做事，下属的积极性就发挥得更好，工作也会完成得更出色；如果上司善于

① 万丽华，蓝旭．孟子．北京：中华书局，2006．

倾听下属的意见，了解工作情况，那他就可以获得准确的反馈，为调整管理方式收集翔实的依据，而下属会更尊重上司。

在管理实践中，纵向之间有一个职位关系。这是联系组织成员共同完成组织目标的纽带，也是维系组织正常运作的齿轮。这种职位关系运作的互动过程中存在着权力关系。这种权力关系并不是由上下级的职位关系决定的，而是取决于双方的相互依赖程度。这种依赖关系能够使得管理者依靠群体和团队协作完成组织目标。对上司来讲，他必须依赖目标管理，充分发挥组织中每个人的特长和优势，进行合理组合，以达到1+1>2的效果。授权、参与式管理、有规律的沟通反馈、倾听等能够激励下属，引导其做出符合组织目标的行为。对于下属而言，要了解组织目标和岗位要求，并将自己的技能和优势与岗位相匹配，同时还要了解只有将自身能力和组织平台以及上司指导进行有机结合，才能顺利完成任务。当与上司有不同意见或看法时，下属要摆正自己的心态。德鲁克说：下属的工作不是去改造上司，不是去教育上司，也不是让他遵从商学院和管理书籍对上司的要求，而是让特定的上司按照他的行为风格去做事。作为一个人，任何上司都有自己的特性，会得到好的评论和不好的评论，但他也和我们一样需要安全感。

3.2.3　纵向沟通：问题和分析

组织中的纵向沟通非常重要。理论上，组织和成员都应该不断努力，力争做到善传己意和善解人意，现实情况却往往不尽如人意。在纵向沟通的过程中存在很多障碍：在组织层级间的信息传递过程中，不对称现象经常发生；因地位不同而造成的位差心理会阻碍信息交流；沟通双方的沟通策略和技能不足；等等。

1. 信息不对称、信息过载和不明确

沟通是信息收集、交流、传递和输出的全过程。实施有效沟通要求充分、及时地掌握有关信息。然而信息在沟通和传递的过程中会有损失和过滤，有调查表明，来自上层的信息在下行沟通中往往损耗很大。有的时候，领导的信息只有30%左右能够被下级领会和执行。而从下到上的反馈，信息损耗可能更大。

信息可以分为对称信息和不对称信息。对称意味着上级和下级员工都充分了解的信息；不对称则指一部分员工所掌握的信息比另一部分员工要多或者全面。在纵向沟通过程中，上司一般拥有较多的关于组织的正式信息，下属拥有的正式信息少一些。但是，下属对组织中非正式性的信息了解得更多，而上司了解得要少一些。

组织的层级管理体系容易导致信息的不对称。一般地，企业强调下级对上级的服从。但由于层级的存在，下属对上司命令的真正意图的理解和掌握非常有限，而且下属在执行命令过程中遇到的问题也很难及时有效地传递给上司。组织内，领导层负责公司的直接管理和决策，他们拥有更多信息来源，因此在政策把握、资源配置和管理协调方面具有信息优势；中层管理者在具体业务的指导、决策执行方面具有信息优势；基层人员从事基础工作，对工作中的具体问题和实际情况了解得更多、更准确，但他们相比管理者在政策和管理信息的掌握上具有明显的劣势。

组织内部的沟通重点经常放在下行沟通上，但这种沟通方式的效果并不明显，而沟通失效的原因往往是上司想传达的内容都是指令。由于沟通风格、心态和技能的差异，上司和下属之间的信息传递容易出现遗漏和曲解的现象。信息经过不同层级人员的理解与传递，形成了信息漏斗，导致大量信息丢失。因此，沟通传递的是组织中被理解的信息而非发出的信息。如下属向上司进行汇报的沟通过程中，可能为维护自身的利益而进行信息的截留和选择，将其他信息过滤。组织中层级越多，过滤的机会就会越多。这些因素造成的信息过滤和信息遗失，往往成为纵向沟通的障碍。

信息过载指的是信息量超过了接收者所能够处理的限度。在一般的组织中，成员会收到大量的通知、邮件、微信等，难以及时处理。在信息过载的时候，有的信息接收者倾向于不处理信息；有的则是选择性处理，如果缺乏一定的督促、控制机制，有些对于组织而言十分重要的信息容易被忽视，造成不良影响。

信息不明确则是源自缺少反馈。向下沟通的时候，如果氛围、渠道以及主体间的信任关系没有建立起来，下级员工对信息不确定的场景往往表现为不愿意做出反应，即不过问、不反馈、不担责。因为他们担心自己问得过多会被上司认为不聪明、不主动、没能力。这样，上级很难获得有效的反馈，信息不明确的现象就不能及时得到纠正。

2. 位差心理

在组织中，个体均位于特定的组织层级。每个人的社会地位和组织地位不尽相同，由此产生了人与人之间的地位差异，即“位差”。在人们相互交往的过程中，地位的高低差异就产生了沟通的位差效应。

沟通的位差效应主要来自组织成员间因地位、角色不同而产生的心理作用。地位的不同使人形成上位心理与下位心理，具有上位心理的人因处在比别人高的层次而有某种优越感，具有下位心理的人因处在比别人低的层次而有某种谦卑感。上位心理者的自我感觉能力等于他的实际能力加上上位助力；下位心理者的自我感觉能力等于他的实际能力减去下位减力。人们在实际工作和交往中经常有这样的体验，在一位与自己有着某种隶属关系、比自己地位高或威望大的人面前往往会表现失常，事先想好的一切乱了套，以致出现许多尴尬的场面；如果在一个地位或能力都不如自己的人面前，人们却可以应对自如，甚至超常发挥。

3. 技能不足

在纵向沟通效果的影响因素中，上司的技能表现在以下几个方面：首先是人际关系能力，这是指能够与自己相处、与他人相处、理解他人和激励他人的能力。其次是分析问题的能力。个体对于企业组织的发展阶段、经营特点、管理体制、文化类型要有一定的认识，基于这些组织层面的认识，管理者才有恰当的定位和沟通策略的选择依据。最后是应对压力和不确定性的能力。在管理者的工作过程中，矛盾和不确定性司空见惯。

对于员工而言，执行力、理解力和出结果的能力很重要。在企业组织中，战略从规划到部署再到执行的过程损耗率很高。因此，培训管理、文化宣导、轮岗管理等很重要。

3.3 纵向沟通的策略

3.3.1 组织层面

从纵向来看，因为是上下级关系，上级可以用行政命令的方式来要求下级服从以解决矛盾、提高效率。但是在现实中，命令方式常常会有失调的情况，所以在纵向沟通中建立沟通和协调制度很重要。如果信息不能上传下达，或者不能及时由下往上汇报，很容易造成管理的混乱和低效，甚至可能会使整个企业陷入困境。基于上述分析，纵向沟通的改善可以参考以下几点。

1. 问题提交制度

工作中如果出现了问题，尤其是重大、例外或者原则性问题，当事人自己解决不了的，必须尽快提交给其直接上级；其上级如果解决不了，就要提交给更高一级，直到最后问题得到解决，然后返回下一级。在组织中，问题提交制度需要和绩效考核或者奖惩制度相结合才能落到实处。否则，组织容易出现隐瞒不报的情况。

2. 制定决策规则和问题处理程序

对反复出现的问题，应该制定具体的决策规则和问题处理程序，让员工明白应该如何应对。在制定规则的时候，需要明确信息传递的路径和各个层级的责权利。

3. 适当增加管理层级

在组织中，组织结构总体上应该趋向于扁平化，但如果管理幅度过大，大量的信息涌向管理者，管理者会不堪重负，导致纵向沟通不顺畅。在这种情况下，适当增加管理层级能够减轻管理者的负担，提高纵向沟通的效果。

4. 建立纵向信息系统

建立纵向信息系统，有利于企业高层及时了解信息。具体做法有定期报告、建立管理信息系统、跨越层级的直接沟通等。除此以外，还要制定合理化建议制度，提供诸如职工大会、工会、内部咨询、意见调研、个别谈话等渠道，听取有效反馈。

5. 提供新信息

移动互联网时代，组织所面临的环境变化莫测，不确定性更大，因此，组织定期报告战略重点、竞争姿态、激励政策等都很有必要。一方面，能够吸引员工参与组织管理，让他们知情；另一方面，也能提升管理层的执行力和胜任力。

3.3.2 人际层面

在了解了人与人之间的地位差异、角色知觉等因素后，上下级在沟通时可以采取以下策略。

1. 理解整体目标，培育角色意识，做好沟通定位

在沟通过程中，纵向的沟通目标经常是多重的：有时候基于工作本身，有时候基于自尊，有时候基于情绪。有效沟通过程要清楚双方的主要目标、关系所处的阶段。

角色意识即基于岗位职责，沟通双方对自己分内的、别人对自己预期的角色要有意识。这种自我意识特别重要，因为明确目标和培养角色意识以后，双方才会有合理定位，沟通的场景、内容、时机以及方式方法才有选择的依据。

2. 培育系统思维，淡化“黑白”两极思维

在职场上，人际交往过程中的沟通主体间很容易产生误解、矛盾和挫败感。对于个体而言，基于本能，容易将工作场所的人际矛盾归咎于外因。这种非此即彼、你错我对的两极思维是有效沟通的大敌。因此，反思就变得特别重要。通过反思和复盘，沟通主体会站在相对客观的立场来看待关系与目标，培养大局意识和系统思维。有了系统思维以后，关注的事情不再是要素和片段，而是要素之间的内在联系。捕捉到了内在关联以后，主体会将之和更大范围的目标相连。基于这样的思维和习惯，双方互动沟通的效果会和组织要求更接近。

3. 提高情商，学会换位思考

情商是非认知性机能、潜能和素质的综合，影响个体对待压力、矛盾和不确定性的能力。它包括个人能力和社会能力。在个人能力中，有自我意识和自我管理两个部分；在社会能力中，有社会意识和关系管理两个方面。在沟通过程中，情商高的沟通主体换位思考、站在他人立场看待情境、目标以及行为的能力强。

事实上，有效的管理者深谙“沟通是对别人反应的反应”。在沟通前，他们会做功课：了解对方的背景、兴趣、受教育水平、个性特点等；在沟通中，他们注意聆听，不会过于主观判断；在沟通后，他们会及时反馈和复盘。

4. 学习沟通技巧

沟通的目标要明确、定位要清楚，要客观、系统，同时也要设身处地。做到以上几点已属不易，但还要注意技巧和时机，这是和经验有关的一种技能。比如在交流过程中，要注意学习在动态的谈话过程中构建谈话的“桥墩”，迅速找到交集，而不要一厢情愿。

3.3.3　向上沟通策略

卡兹和卡恩指出，向上沟通的内容有：员工谈论自己的业绩和问题；谈论同事或同事的问题；讨论组织的运作和政策；讨论应该做什么以及工作怎么做等。向上沟通时，掌握以下技巧将大有裨益。

首先，要有整体观和一定的前瞻性。作为下属，在管理沟通过程中要注意了解组织正在发生的大事、要事，有意识地培养整体观和系统观。有了系统思考，看待问题就会由表及里、由点及面。这样，在向上司汇报工作的时候，就会有一定的前瞻性，能够协同预测工作重点，而不是一味被动地等待上司的交代和安排。

其次，在提出工作方案的时候要有灵活性和原则性。比如，对不确定性强的任务，要准备几套方案，而不是拘泥于自以为是的一套方案。同时注意时间节点的把握，不要事到临头再报告。对组织中重大、例外的事件，要及时向上级汇报，不要自以为是。而对常规机械性的工作，则要注意总结流程、举一反三和经验升华。

再次，下属要注意执行力的提高。对已经确定的上级决策，要不打折扣、雷厉风行地去执行。

最后，在面对面沟通的时候，要注意言简意赅；在书面沟通的时候，要注意正式和清晰。

3.3.4 向下沟通策略

卡兹和卡恩还指出，向下沟通的内容主要有：简单而共同的工作指令；任务安排；和程序、规则有关的信息；对个体表现给予反馈，帮助下属成长，帮助其接受组织目标等。总体而言，向下沟通时，以下技巧很有价值。

第一，要注意上司和下属的沟通是组织行为。上司和某员工的谈话内容、频次、关系的亲密程度等一定会对其他员工有示范、警戒或者引导作用。因此，公平原则很重要。

第二，要注意下属在心理成熟度、学习能力方面的差异。员工不会做的时候，要教；员工能做不愿做的时候，要激励；员工很内行的时候，要咨询；环境形势不明朗的时候，要注意调动员工的积极性，让他们多参与。在和不同的员工进行沟通时，要注意在不同的沟通模式间进行切换。

第三，要注意员工的性格差异。对于个性强的员工，要注意倾听，让他们表达，沟通时强调目标和结果，为他们发挥才干留下空间；对于内向但能力较强的员工，要注意采用书面的方式，如果他们的资历较深，可以以职业规划发展为内容，激发其将个人利益与组织目标进行结合。

第四，要对员工群体进行分类管理，合理配置。尤其是在团队组合和沟通的时候，要围绕目标融合成员之间具有互补性的要素和能力。

第五，要注意沟通的时机。有的信息要事前告知；有的则应事后传播。不分场合、不分时机的随时沟通并不能产生好的效果。

3.4 纵向沟通的价值

3.4.1 向上沟通的价值

总体而言，向上沟通的好处在于帮助下属辨明方向、理清思路、合理配置资源和有效完成任务。一项针对亚洲领导力的调查研究表明，管理者要切实发挥领导力必须了解和掌握以下几个方面：懂经营、能创新、搭关系、有方向、向上管理、带队伍、勇担责等。德鲁克在《卓有成效的管理者》一书中指出：想要工作卓有成效，下属发现并发挥上司的长处是关键。[①] 实际上，向上管理的核心在于上下级之间建立并培养良好的工作关系。

首先，在企业组织中，上司或者企业高层具有下属完成任务所必不可少的资源和信息，他们决策的逻辑和方向对下属完成组织目标至关重要。其次，下属的决定一般要得到上司的认同和肯定才具有“合法性”和恰当性。再次，下属在遇到困难和挑战的时候，要有意识地进行向上协调，才能获得支持和指导。最后，上司的建议对下属做好工作也是必不可少的。

3.4.2　向下沟通的价值

向下沟通的价值体现为：首先，对组织而言，向下沟通有利于提升员工绩效。根据期望理论，员工动力水平的提高与其行为的方向、耐力和强度有关。研究表明，在员工绩效管理过程中，在绩效标准明确以后沟通对员工绩效的提升能够起到高达 70%的作用。绩效管理过程中，事前沟通、事中纠偏、事后反馈几个环节做得好的话，员工绩效水平和激励水平能够大大提高。

其次，向下沟通能够促进上下级信任关系。在巴纳德看来，员工远离劳动往往是因为不知情。[②] 有的时候，信息匮乏、不了解实际情况也容易造成敌意和冷漠。如果管理者将和任务有关的信息事先告知下属，则能传递对下属的信任和欣赏，这样就能帮助他们及早准备，提升胜任力。

最后，向下沟通对于管理者而言并不是一件自然而然的事情，往往需要刻意练习。向下沟通需要管理者有“共情”和“联结”的心态，只有做到主动、有大局观、及时捕捉和肯定员工的优点，才能有效沟通。这样做对管理者提高领导力水平大有裨益。

□ 思考题

1. 什么是向上沟通？什么是向下沟通？
2. 影响纵向沟通的障碍有哪些？

---

① 彼得·德鲁克．卓有成效的管理者．北京：机械工业出版社，2009.

② 巴纳德．经理人员的职能．北京：中国社会科学出版社，1997.

3. 从组织层面看，纵向沟通的策略有哪些?
4. 从人际层面看，纵向沟通的策略有哪些?
5. 向下沟通的技巧有哪些?
6. 纵向沟通的价值是什么?

□ 案例

杨总与罗厂长的沟通难题

2017年年底，YJ汽车运输公司（简称YJ公司）召开一年一度的经营工作会议。公司一把手杨总在总结完公司过去一年的成果后，开始畅谈公司来年的新目标和相应的工作计划与任务安排。当杨总充满信心地向在场的所有领导和员工描绘企业未来一年的大好前景时，公司汽车维修厂罗厂长已经听得不耐烦了。他不断地在心里告诫自己，要沉住气，一定要忍住，等会议结束后再和杨总沟通。杨总宣布各个分公司的生产指标和任务之后开始征询大家的意见。他问道："各分公司对明年的生产指标和任务还有什么意见?"会场沉默了片刻，杨总接着说："既然大家没有意见，就这么定下来。现在会议……""结束"两个字还没有说出来，罗厂长终于忍不住了，大声地喊道："我有意见！明年我们厂的生产任务没法完成！今年定的目标都没完成，明年的任务就应该实际点儿，往下调，怎么还涨上去了？我不知道这个计划是怎么制定的。"罗厂长的话立刻引来一片嘈杂声，大家议论纷纷。杨总原本充满微笑和信心的脸立刻阴沉下来，严厉地喊道："罗厂长，你的问题还没有解决，我们会后谈。现在散会！"

公司背景

到2017年，YJ公司已经成立40周年。YJ公司是YJ市交通集团下属的一家从事公路客货运输的大型公司，线路覆盖非常广。随着业务发展壮大，其管理和服务也日臻完善，专业化程度较高。公司下属分公司、子公司共12家。其中，实现规模经营的YJ汽车客运站是省内公路主枢纽一级客运站，主营省内外客运班车线路68条，日发班车900多个班次，年旅客发送量达900万人次；下属公路二级客运站有8个，分布在YJ地区，共经营省内外客运线路63条；客运分公司专营旅客运输，拥有大型客运车辆134辆，其中95%为高级豪华大客车，专营省内外客运班车线路49条，线路辐射全省15个市和地区，营运总里程达19 080公里；配载服务分公司以培育货运市场为主线，统筹管理货运代理业户60多家，经营全国货运线路达100多条。公司以市场化经营模式拓展市场空间，提出要进行跨越式发展。公司初步形成以客运站场经营、旅客运输、现代物流、物业经营为核心竞争力的发展新格局。杨总和罗厂长是YJ公司成长的见证人。

杨总与罗厂长

杨总和罗厂长是在20世纪90年代初一起加入YJ公司的。当时，两个人都很年轻，对工作有热情，对企业也很忠诚。私下里，两人关系也不错。杨总是大学毕业，被分配到公司综合办公室工作；罗厂长是大专毕业，被分配到YJ汽车客运站工作。两人碰巧还住过一个宿舍。

两个年轻人加入公司的时候，公司的经营环境很不错。国内公路运输事业随着国家改革开放的深入蓬勃发展。公司业务繁忙，快速扩张。两个人齐头并进，很快走上公司的中层领导岗位。在事业发展过程中，两个人的私人关系也一直很融洽。他们彼此照应，合作顺畅。

最近几年，公路运输市场发展趋于稳健。市场对企业的规模和线路覆盖提出了更高的要求，对业务质量及服务内容的要求也不断提高。而且随着公司规模的扩大和分公司、子公司数量的增加，公司越来越重视管理，并致力于持续提升企业的核心竞争力。一直从事企业管理的杨总表现突出，加上他也善于抓住机遇，进入了公司高层并很快成为公司一把手。杨总负责管理各个分公司，其中也包括罗厂长所在的客运站维修厂。在这个过程中，两人的私人关系也在悄悄发生变化。在罗厂长看来，现在杨总太忙，已经很难找到以前与杨总当哥们儿时的感觉了。

问题的产生

罗厂长原来一直担任YJ汽车客运站站长。在任职期间，他参与了新站建设落成开业、旧站拆除搬迁、新站客运服务信息化建设等重大工作。汽车客运站的点滴变化都有他的贡献和功劳。大约在三年前，也就是杨总被提拔为公司总经理不久，公司为了适应市场新形势进行了机构改革。杨总亲自主持这项工作。这一改革涉及公司部门的重新设计，以及公司中层管理者的竞聘上岗。罗厂长原本以为能够继续在新站大干一场，带领员工让新站快速发展。谁知道在中层干部竞聘上岗时，公司却动员他竞聘公司汽车维修厂厂长一职，他心里自然非常不乐意。杨总亲自找他谈话，做他的思想工作。看在与杨总多年的交情上，罗厂长最后勉强答应了。

出任维修厂厂长后不久，罗厂长就发现单靠个人热情和努力并不能将事情做好，一切和他想象的差异很大，让他始料不及。改革后，各个公司每年都要完成任务指标，维修厂也不例外。原本公司为了支持维修厂的工作，正式下文要求各车队将车送入维修厂修理和保养，所谓“肥水不流外人田”。但各单位都是独立进行经济核算，自然要考虑成本和利润，加上市场经济的冲击，许多车队为了节约成本，找各种理由不去维修厂修理和保养车辆，这样维修厂的年度任务指标很难完成。在这种情况下，罗厂长却抹不开面子和其他车队及部门的年轻负责人沟通。他觉得有时候像在求着他们，太憋屈。他宁愿另辟蹊径来完成维修厂的年度任务指标。如果可以开展其他业务来增加维修厂的利润，提高员工收入，公司何乐而不为呢？而且当初是杨总动员他担任维修厂厂长的，这么做也是对杨总负责，同时对维修厂和自己都有好处。罗厂长向公司申请开展农用车销售业务，没想到却被公司否决了，杨总也不支持他这样做。罗厂长争强好胜，喜欢掌控自己部门的工作，再加上他认为出发点是好的，便不顾公司的反对，自己在维修厂内集资，与汽车代理商联系，开展起农用车的销售业务。公司对此大为不满，多次找他谈话，要求他停止这一业务，但他强调中途停下来损失太大。会上杨总讲的“你的问题还没有解决”指的就是这件事。原本情如兄弟的两人，现在变得针锋相对。

罗厂长与杨总之间的沟通

正所谓“冰冻三尺非一日之寒”，罗厂长与杨总之间的问题存在已久。几年以来，两人多次沟通，但是每一次沟通都没有达到应有的效果。罗厂长担任汽车维修厂厂长后，为了打开经营困难的局面、解决任务难以完成的问题，多次找杨总沟通，希望杨总能帮他解决问题：或者让公司调低维修厂的任务指标，或者让公司强制要求车队将车辆送到维修厂维修保养。虽然沟通的内容很简单也很直接，但杨总始终不答应。关于调低任务指标，杨总认为作为公司的一把手，一定要坚持公司的决定。他的理由也很简单：一旦调低维修厂的任务指标，会引起其他部门的效仿，每个部门都可以找到多个理由。公司要发展要进步，怎么能将指标越调越低？罗厂长作为公司的老人和杨总多年的好友，有困难应该带头迎难而上，寻找解决问题的办法，而不是出现问题就让领导出面调整公司定下的目标。

对于公司车队车辆维修，公司也曾经下文提出了要求。但是，车队普遍反映维修厂的维修费用过高，服务态度生硬，它们就找出许多借口到其他地方维修。了解到这些情况后，杨总也曾劝罗厂长与各个车队及其他部门建立顺畅有效的沟通机制，针对不足提出整改措施。他建议罗厂长从自身做起，转变工作方式，提高服务意识，并有效控制成本，多管齐下，对症下药。罗厂长却并不认为这是他该做的事：凭什么要他去求这些比自己小十多岁的小年轻。他总是认为：自己运气真不好，和杨总同时进厂，大家有着类似的工作背景和能力，现在怎么也应该是公司的副总了。杨总任公司总经理一职以来，公司不断扩大，中层管理者竞聘上岗，公司许多部门领导都是学历较高的年轻人，资格老的人去求他们，还不让别人看笑话，杨总怎么不体谅体谅自己的心境！他作为公司一把手完全有能力帮忙解决修理厂的实际问题，他却不肯帮忙，看来职位高了，离得也就远了。

罗厂长无法从杨总那里获得支持，又要完成任务指标，对自己的手下有交代，于是，他就在维修厂内部集资经营农用车。公司明确不同意罗厂长的做法，罗厂长却有自己的看法：运输公司投资开办了一家桑拿店，与公司主体业务毫不相干，为什么我们不行呢？每次杨总和罗厂长谈起停止农用车经营的事，罗厂长就以此为理由为自己辩护，还说这不就是“只许州官放火，不许百姓点灯”。但是，罗厂长关于公司开桑拿店的说辞，杨总很不认同。杨总认为，开桑拿店是为公司员工的健康考虑，工作之余洗洗桑拿有利健康，同时也能为社会服务。

罗厂长和杨总数次沟通，都觉得对方不理解自己，越谈越不投机，更不要说谈出什么结果了。罗厂长甚至在年会上公开反对杨总的计划，让杨总下不来台。而杨总的话在罗厂长听来也颇有些敌对的味道。曾经的亲密好友现在竟然势同水火，如此局面令两人都十分困惑。

究竟该如何沟通

罗厂长和杨总现在都陷入了沟通的烦恼。本来一对很好的朋友，在事业上都有上进心，曾经也是无话不谈，但是，近几年由于地位和职位角色的改变，看问题的角度和出发点与以往不再相同。由于沟通不顺畅，两人心中逐渐有了隔阂。他们之间的沟通越来越少，也越来越难了。要解决现在的僵局，他们都不得不深入思考一个问题：我该如何与对方沟通呢？

案例思考题

1. 杨总的地位转变与角色变化对其自身以及和罗厂长交往的模式有什么影响？

2. 根据纵向沟通原理，杨总作为公司一把手应该如何建立向下沟通的目标和机制？

3. 罗厂长的角色认知对其向上沟通以及与其他人的沟通产生了什么影响？

4. 通过阅读案例，你认为罗厂长的沟通存在哪些问题？主要原因是什么？

5. 如果你是罗厂长，你会如何和杨总沟通，以便争取主动权并完成维修厂的任务？

6. 此案例给你带来什么启发？

横向沟通 第4章

本章思维导图

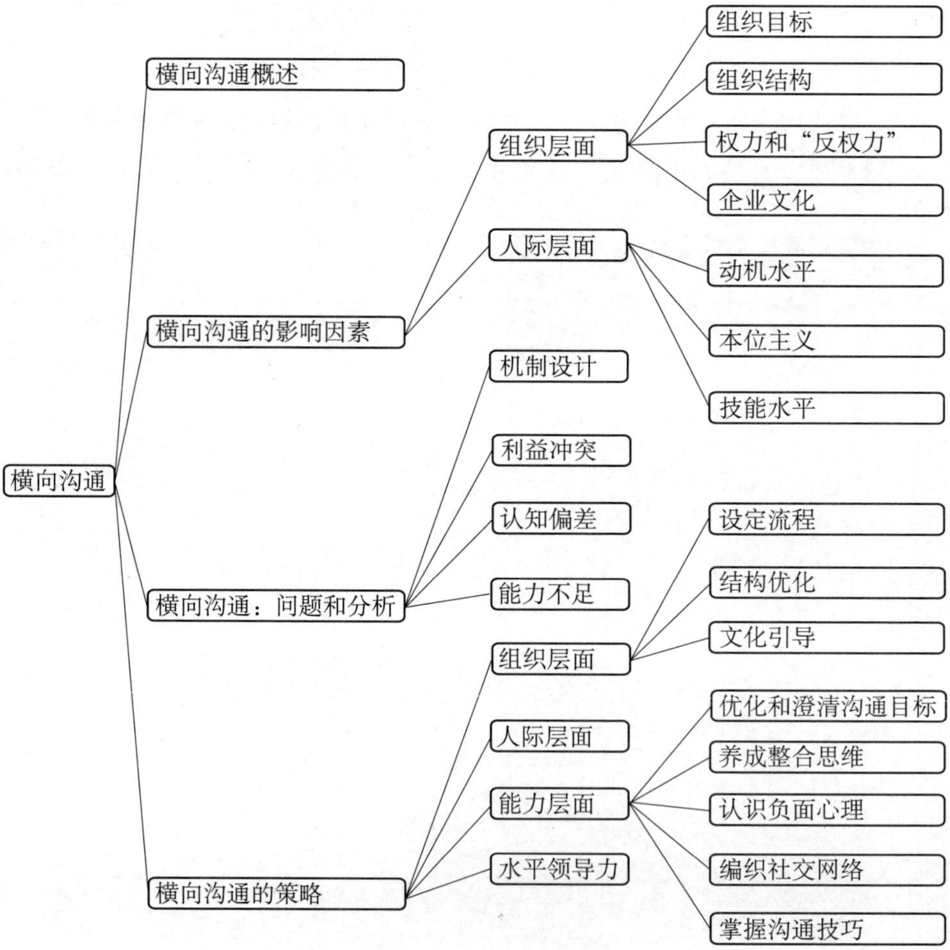

本章要点

◎ 横向沟通
◎ 横向沟通的影响因素
◎ 部门间协调机制
◎ 非正式沟通
◎ 横向沟通的技巧
◎ 横向沟通的价值

横向沟通又称水平沟通或平行沟通，是在组织权力和正式结构系统中，处于同一层级的人或部门间信息、思想和情感持续传递和交流的动态过程。它分为正式横向沟通和非正式横向沟通。

组织是有等级结构特征的，其中向上和向下沟通能够从正式角度保证组织的控制和信息的上传下达，以实现组织目标。除此以外，组织中还有同一层级之间的直接沟通，以提高沟通效率。总体而言，法约尔认为：纵向沟通具有指挥和控制的功能；横向沟通则有通报、告知、交流的功能，它并不具备指挥和控制功能。①

在组织中，横向沟通的作用很大。通过横向沟通，管理者能够围绕组织目标来协调集体行动和组织性行为，完成复杂的任务和推动目标的实现。比如在不少企业以提高客户满意度为宗旨的情况下，产品经理或者自主经营体成为组织横向沟通的协调机制，进行跨部门协作和协同。

4.1　横向沟通概述

相对于纵向沟通，横向沟通的主体一般都没有直接或间接的职权隶属关系。它指的是沿着组织结构中的同一个层级所进行的信息和情感的传递，即同一个层级上的管理者或员工所进行的跨部门、跨职能的沟通。它可以分为同一个部门内部的横向沟通和跨部门的横向沟通，具体来说主要有：部门内部员工间的横向沟通、跨部门员工间的横向沟通、跨部门或跨职能的横向沟通。在移动互联网时代，为了快速满足外部竞争的需要或者满足客户的需求，组织通常会建立跨部门项目团队、自主经营体或者阿米巴等，来进行基于流程的横向协同和沟通，以便能够多快好省地满足客户需求，实现

① 亨利·法约尔．工业管理与一般管理．北京：机械工业出版社，2007.

组织目标。

不同类型的横向沟通所采用的沟通方式有所不同。部门内部员工间沟通时，多采用面谈、备忘录和邮件的方式；跨部门员工的沟通大多采用面谈、邮件或者会议等方式；跨部门或跨职能横向沟通时，经常采用会议或者视频会议、报告、指定临时召集人或者委派资深董事等方式。

除了上述分类方法以外，还可以将横向沟通分为正式横向沟通和非正式横向沟通。

在以目标为导向、具有明确分工、协调开放的社会系统中，正式横向沟通或者协调机制是应组织发展需要而产生的。组织经常处在复杂多变的外部环境中，因此要求内部各个部门去协同。部门的高度专业化使得不同部门在目标、价值观、工作侧重点上有明显差异，因而造成横向协调和沟通的难度较大。这样，就要求组织设立相应的综合协调机制来应对，或者进行流程导向的组织设计来协同这些差异。

常见的横向沟通方式之一是跨部门工作协调会。在以客户价值为导向、追求创新的企业组织中，这是常规的协调手段。企业会在战略目标执行过程中定期举行各相关部门的横向协调会，在时间安排上有周会、月会、季度会和年度会议。在业绩好的公司里，其正式的横向沟通协调方式是很立体和复合性的，如围绕产品线的开发、优化和完善，每个平行部门通报自身准备和配合情况，分享信息；市场部门统一调度，召集研发部门、供应链部门和其他相关职能部门集中讨论典型问题，整合各部门资源，协同解决问题。

组织正式横向沟通的另一种方式是书面通报制度。按照卡尔·维克（Karl E. Weick）的组织过程理论①，与其说组织是静态的、稳固的，不如说它是一个动态的组织过程，其中包括信息的收集、整理、传递、保留和反馈。因此，在组织内部建立信息沟通和管理制度是实现组织目标的重要途径。组织要有专门的信息部门来管理这项工作，信息的收集、整理、传递和反馈要形成管理闭环。书面通报的具体形式有周简报、月简报、季度简报和年度简报等。

除了以上两种主要的正式横向沟通方式外，还有部门间备忘录、信函、面谈、电话等沟通方式。

非正式的横向沟通主要是采用非正式沟通的方式，比如在咖啡厅聊天、组织文艺活动等促进成员之间和部门之间的交流，以此来拉近彼此的关系，营造和谐氛围。

---

① 卡尔·维克．组织社会心理学．北京：中国人民大学出版社，2009.

4.2　横向沟通的影响因素

在横向沟通的过程中，影响其效果的因素有很多。总体而言，有组织层面的影响因素，也有人际层面的影响因素。

4.2.1　组织层面

1. 组织目标

理查德·斯科特（Richard Scott）认为，组织宏观层面有两个重要的考察点：组织目标的明确化程度和组织的形式化程度。① 实际上，如果组织目标比较明确、形式化程度较高，组织中的纵向沟通会运用较广，沟通效率较高。但是，如果组织目标的明确化程度低，组织本身需要改变结构才能应对环境，横向沟通就会变得比较普遍。

另外，不同职能部门对组织整体目标的理解、领会的重点不同，也会影响横向沟通的效果。比如，销售部门的目标通常是以产品市场占有率提高、客户数量增加、销售额增长等为主；财务部门的目标涉及企业应收账款占流动资产的比重、应收账款汇款时间等。当上述两个部门进行跨职能部门横向沟通时，摩擦会很多，需要通过博弈和谈判等进行有效互动。

除此以外，组织目标固有的丰富性和多层次性也会影响组织内的横向沟通。组织目标有长期、中期和短期之分，不同部门对目标周期性理解的差异会影响跨部门沟通的质量和效果。

2. 组织结构

正如第 3 章提到的，正式的组织结构是组织纵向沟通最主要的方式，它最为常用，所传递的信息量也很大。同样，它对横向沟通的影响也很大。“组织之间关系是指发生在两个或两个以上组织之间的资源交换、流动和联系，”理查德·达夫特（Richard L. Daft）指出，“组织结构包含了确保跨部门沟通、协作与力量整合的制度设计。横向沟通能够消除部门之间的障碍，为员工提供协作的可能，以便集中力量实现组织的目标。横向联系指的就是组织中跨部门横向沟通的程度。”② 彼得·圣吉（Peter Senge）在《第五项修炼》

① 理查德·斯科特．制度与组织——思想观念与物质利益．北京：中国人民大学出版社，2010.

② 理查德·L. 达夫特．领导学．北京：电子工业出版社，2011.

中提出跨越垂直部门墙的措施，如自我超越、改善心智模式、建立共同愿景、团队学习和系统思考。

3. 权力和“反权力”

在任何组织中，权力的运用是组织过程的核心，无论是纵向沟通还是横向沟通都不可避免地受到权力的影响。组织中的权力具有结构性特征，反射出纵向或横向的组织关系，它既和职位有关，也和人有关。

权力可分为纵向权力与横向权力。正如我们在第 3 章指出的，纵向权力体现了组织层级制度的特征：权力因部门在组织中所处位置的高低而不同。横向权力在不同的同级部门中分配。权力大小和这个部门是否处在权力流与信息流交换的中心位置有关，比如是否掌握着组织资源（如经费拨付、人事安排等），是不是不可替代的以及是否具有处理复杂、突发事务的能力。在战略目标的修正、组织变革的过程中，权力也不可避免地受到影响。

组织过程同时又是一个决策过程，而决策过程是一个权力角逐的游戏。在组织部门间相互作用的时候，部门的横向权力对横向沟通的影响大。在组织权力运作过程中，随时都会遇到“反权力”。组织成员或部门使用“反权力”是为了削弱权力的影响，以便在权力角逐中居于有利的位置。这种横向权力的分配与博弈，即权力角逐的政治过程，对横向沟通也会产生很大影响。

4. 企业文化

企业文化是集体思维加工程序。它是组织中的一群人在应对外部挑战和困难的时候，共同形成的一套行之有效的解决问题的方式方法。它包含一个群体区分于另一个群体的价值观、规范和习惯。在组织横向沟通过程中，文化起到润滑或者阻碍的作用。尤其是在组织变革的过程中，需要跨部门协同的时候，文化就成为一把双刃剑。组织常态、员工规范、习惯等会影响沟通效果。

4.2.2 人际层面

1. 动机水平

有的时候管理者为了加强控制和提高效率，并不鼓励下属之间进行横向沟通。特别是专制领导风格的管理者，不希望组织内有“噪声”。有的时候，为了加强控制或者获得组织的资源，管理者和员工也存在一定竞争关系，所以也没有动力鼓励员工间进行过多的交流。

2. 本位主义

在组织进行绩效评估的时候，很容易产生部门间的竞争。特别是在绩效评估结果被要求具有正态分布的特点时，部门负责人倾向于“护犊子”，不自觉地维护自身部门的利益，而不愿意和其他部门合作、协同和沟通。

3. 技能水平

在有些组织中，长期的职能分工使得员工和管理者形成了思维定式，他们习惯于服从命令，进行纵向沟通。当出现横向沟通的时候，他们可能不能很好地应对，显得技能不足。

4.3　横向沟通：问题和分析

和纵向沟通相比，横向沟通的难度更大。在企业组织中，高层管理者会通过定期的会议，就组织战略、矛盾处理、和外部利益相关者的关系处理等进行协调和决策。但基于权力和政治过程，这些沟通经常就是博弈的过程。在员工层面，如果没有相应的组织文化、专业培训的输入和绩效考核的要求，员工也会缺乏主动进行横向沟通的积极性。在部门层面，由于组织设计中的专业化、职能化分工，各个部门相对独立，容易在各部门产生所谓的深井心态，即组织内各单元把自己看成独立运作的离散实体。这种深井心态对横向沟通也很不利。

4.3.1　机制设计

在组织中，纵向沟通是常态，一般都有对应的机制来管理。而横向沟通对于不少组织却是额外工作，因此组织如果不刻意为之，则容易产生横向沟通的障碍。比如，信息总是被高层把持；由于缺乏赋能机制，基层员工的能力水平难以提升；只有集中决策，而没有对应的分权设计；等等。

4.3.2　利益冲突

在前面我们提到，组织责、权、利的分工形成了部门。在部门实际运行中，常会出现位置决定想法的情况。比如，衡量销售部门的绩效标准和市场占有率提高、销售额增长、渠道增加有关，部门利益和扩张密切相关；衡量财务部门的业绩要求则是应收账款少、成本低等，部门利益和节约有关。这样一来，两个部门因各自的业绩需要和部门利益就会产生矛盾。如果需要进行部门间的横向沟通和协调，双方容易各自为政、相互掣肘，而不是协同。

4.3.3 认知偏差

如果部门间的差异很大，则这些差异就像是横亘在不同部门之间的高墙。比如，研发部门重视的是创新，研发成果的产生周期较长，其内部人员互动时，非正式沟通很多，而正式化程度低。在生产部门，员工较重视效率，囿于工序和流水线作业方式，部门内部的沟通较为正式，崇尚令行禁止的文化，正式化程度较高，如他们每天都要报告次品率等信息。这些差异使得员工形成认知偏差。成员长期在一个部门工作，对其他部门的工作内容和安排会产生认知偏差，甚至产生偏见。这样，这些成员和其他部门进行沟通的意愿和频次都会降低。如业务部门的很多员工认为人力资源部门是花钱的部门，平时工作清闲，或者觉得人力资源部门总是卡别人，因此在横向沟通时会有敌意和不信任，沟通起来困难重重。

4.3.4 能力不足

相比纵向沟通，横向沟通对个体的沟通能力要求更高。但在实际工作中，公司在这方面的投入不足，或者对这个问题并未真正重视，导致沟通者没有大局观，沟通的时候本位主义严重，而且不注意倾听、分析和反馈，由此产生大量的矛盾、误解、推迟和回避等现象。

4.4 横向沟通的策略

横向沟通的策略涉及组织层面、人际层面、能力层面和水平领导力。

4.4.1 组织层面

1. 设定流程

在“互联网＋”时代，组织追求创新、速度、质量和整合。基于岗位职责进行组织的方式和基于核心流程来组织资源和人员可以并行不悖。基于核心流程进行任务重组包括：将每个流程和客户价值创造建立联结、指派流程负责人、消除流程障碍、提高流程效率。这种流程优化并不改变已有的组织结构，而是改变、完善组织运行的规则和形式。基于这样的新规则和新形式，横向沟通得以展开。

2. 结构优化

事实上，随着组织外部环境的迅速变化，组织目标处于持续调整状态，组织结构也会随着目标的变化、战略的调整进行同步的优化和调整。一般来说，结构优化的方式有：设置联络员、成立临时性任务小组或者委员会、设立专职协调部门、建立职能部、建立事业部和矩阵结构等（见图 4－1）。比如，当两个或者几个部门之间相互依赖性很强，日常工作接触很多，但又因差异大而易引发矛盾的时候，组织可以设置联络员。他们可以进行横向沟通和协调，促进彼此之间的了解，优化流程。这种角色可以是专职的，也可以是临时的，比较灵活。但是，当一项工作的业务流程较长，涉及多个部门，而这些部门都能行使职权对这项工作产生影响的时候，就需要新的联系手段。这个时候，临时性任务小组或者委员会运应而生。它由与某项工作完成有关的部门代表所组成。经过协调沟通，该机构做出对各方有约束力的决定，然后分头贯彻落实。任务完成后，该机构就可以撤销。比如在本章末的案例中，海关业务活动的协调可以采用这种方法。在公司进行新产品开发的时候，也可以成立这样的机构来同步协调市场、研发、供应链、人力等多个部门的资源。

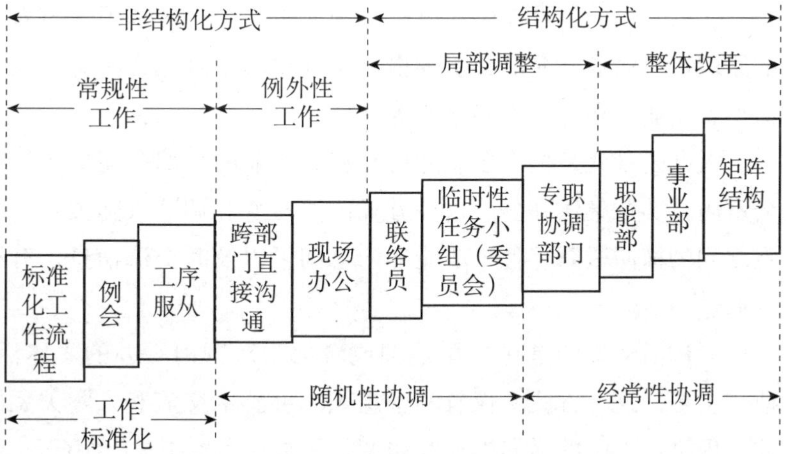

图 4－1　横向沟通图示

上述两种方法的目的在于加强重要的产品开发或者其他综合性工作中的横向协调和沟通。但是，如果日常经营中某些部门之间的横向联系过于复杂，矛盾从生，可以考虑设置独立的专职部门负责几个部门之间的协调。和联络员不同，专职协调部门独立于被协调部门，协调力量更大。而联络员处于被协调的部门之中，接受被协调部门的领导。

设置专职协调部门有利于解决企业某个领域的协作问题，对组织结构的影响是局部的。如果企业面临重组、上市等重大变革，或者关键流程之间关系不顺、配合不好的问题，就要在大范围内调整组织结构，这时可设立职能部、事业部和建立矩阵式组织等。

3. 文化引导

在组织层面，除了流程再设计、结构优化，还可以在企业文化的建构方面下功夫，来营造组织内部横向沟通的氛围。文化能够对横向沟通和协调起到调节和引导的作用。在华为，任正非多年来一直强调文化对于企业管理的功能：世界上一切资源都可能枯竭，只有一种资源可以生生不息，那就是文化。文化是除了制度以外能够约束成员行为的价值引导和行为规范。当部门之间发生冲突的时候，文化能够起到缓冲作用，可以让大家坐下来，理性沟通，相互协调。在组织中，“奋斗者”或者“命运共同体”实际上指的就是成员对文化导向的高度认同。有了文化认同，就能超越组织结构的羁绊、流程的阻隔与利益的纷争，有大局观和整合领导力，横向沟通自然变得顺畅和有效。

4.4.2 人际层面

在人际层面也可以设计出横向沟通策略。这是基于人与人之间关系改善的原理，来促进、润滑、引导横向沟通过程。具体方法有：大办公室、联谊活动、企业领导与员工的交流等。

大办公室就是把许多职能科室甚至企业的全部职能机构集中在一个大办公室内，实行集体办公。这种方式能够改变和调节人际关系，有利于加强科室之间的横向联系，各个职能部门之间可以及时交流信息，有意见可以及时沟通。

联谊活动指的是在公司范围或者部门范围内举办的文体活动、学习会、研究会等。这一方式不仅有利于组织内部感情交流和人际关系的改善，还能间接促进工作中的横向沟通与协调，常常能发挥正式组织起不到的作用。

企业负责人和员工定期交流也能在一定程度上促进组织内的横向沟通。

4.4.3 能力层面

除了上述机制、氛围和物理布局的改善，横向沟通最终取决于人。沟通主体对沟通目标的再认识、对自身思维方式的优化、对负面心理的警觉、加强能力培养、注重反馈等措施，将大大提升组织内部横向沟通的效果。

1. 优化和澄清沟通目标

前文讲过，对于组织内不同成员而言，组织目标的内涵既有区分又有联系。在横向沟通过程中，管理者不妨将目标分成三个层次，如基于未来的长期目标、引导行为强度和耐力的中期目标以及马上需要实现的短期目标。在沟通过程中，可以将沟通的具体活动和这些短期、中期、长期目标建立连接，根据沟通的情况来优化和挑战目标组合，促进目标的协调和整合。当目标之间产生冲突的时候，则可以进行适当的腾挪、嫁接、等待、整合，帮助沟通者更好地完成工作。

2. 养成整合思维

在玛丽·福列特看来，整合是管理中非常核心而本质的内容。[①] 它指的是以连贯的视野、统一的组织和整合的系统将事物组合在一起。在组织内部的横向沟通过程中，沟通主体要注意养成整合思维。整合思维的本质是在头脑中能够同时处理两种相互对立的观点，并从中得出汇集两方优势的解决方案。

在组织内部的横向沟通中，沟通主体常常面对相互冲突甚至对立的场景。在这些场景中，沟通模式不能是简单的对和错的选择，而是要研判形势，进行建设性思考，并创造性地找到解决问题的方法。基于这样的观察、研判、选择，管理者或沟通者有可能技高一筹，找到一个既包含已有模式的某些成分，又优于已有模式的新模式。

在整合思维的训练中，罗杰·马丁（Roger Martin）教授提出四大要素：表征（salience）、因果关系（causality）、架构（architecture）和决策（resolution）。[②] 相比较而言，非整合性思维框架下，沟通者只关注明显的表征、表面化的因果关系；分析问题的时候，习惯采用单向或线性思维，比如想当然地以为更多的 A 一定会带来更多的 B；解决问题的时候，一般将问题进行拆分，分头决策，并按照先后次序决策。整合思维框架下，沟通者或管理者寻找虽不明显但有潜在相关关系的因素，探寻多向的尤其是表征之间的非线性关系；在分析问题时，善于从整体和系统层面思考，研究各个部分之间的内在关系，同时考虑各个决策之间的互相影响；在解决问题时，有意识地化解或搁置对立性的矛盾，思考眼前令各方满意的决策，并进行持续改进和反馈。

3. 认识负面心理

在组织内部的横向沟通中，组织成员之间容易产生三种负面心理，即战

---

① 玛丽·福列特．福列特论管理．北京：机械工业出版社，2007.

② 罗杰·马丁．整合思维：成功者与平庸者的分水岭．北京：商务印书馆，2008.

斗心理、情感负担和交谈误解。战斗心理指的是主体间进行互动的时候，会不由自主地将谈话当作战场，并预设“战争”的阶段和假想敌的“邪恶”。情感负担指的是交往过程中伴随的恐惧、愤怒、困窘、焦虑、担心等情绪。交谈误解指的是很难解读对方的意图。囿于心智模式的强大惯性，沟通者在横向沟通中会拘泥于自己的视角，放大对方的错误，迷失在误解、夸张、受害的情绪海洋中。如果自身的意愿和别人的看法之间形成很大落差，一般会归咎于外因。

基于以上分析，沟通主体可以采纳的横向沟通策略有：学习界定情境中什么是好的，并主动搭建场景，学会造势来传递相对客观的事实。在横向沟通中，还要学习使用比喻、故事、笑话等符号性的沟通方式，在不同利益群体之间建构意义，寻求统一行动。除了造势和比喻以外，还要学习使用政治性沟通方法，善于在冲突中发现可能的共同利益。

4. 编织社交网络

在组织中，要想做好横向沟通，建立关系或者编织社交网络也是重要的环节。作为沟通主体，要定期盘点和复盘自身的社交网络、时间的去处以及时间分配的原则等。马克·格兰诺维特（Mark Granovetter）将关系分成强关系和弱关系，这对组织中的沟通者应有启发。[①] 强关系是基于安全、情感需求而建立的纽带关系链条，一般涉及亲人、朋友、同事等。在强关系中，人与人之间来往的频次较高。弱关系则是基于信息、利益的需求而建构的，一般涉及平时交往频次比较低的人，比如校友、上司等。

横向沟通过程中，沟通者可以用强关系作为桥梁来联结弱关系。另外，也可以注意沟通事件在强弱关系网络中的分配。事实上，弱关系在横向沟通中的作用往往更有价值，它对复杂任务的完成、组织目标的实现是大有裨益的。在弱关系交往中，专业性与稀缺性信息、关键资源能在任务或项目完成中起决定作用。通过弱关系的连接，沟通者能够构建起信息结构，并在生产经营的链条中发挥重要作用。

5. 掌握沟通技巧

在组织中，当我们和同级成员进行日常沟通的时候，以下沟通技巧是有帮助的：主动了解同级的职责范围，克服“隧道”心理，不做井底之蛙；要站在系统、目标、任务链条上了解横向协作；了解自身部门及岗位和其他部门及岗位的互补性关系，以及这些互补性和整体目标之间的关系；建立系统思维，培养大局观。除此以外，要注意建立网络，与同级合作要坦诚。遇到

① 马克·格兰诺维特．镶嵌——社会网与经济行动．北京：社会科学文献出版社，2007.

问题，不要只顾自己的利益，要从全局出发，想办法解决问题。总之，管理者和员工心态要正、方法要多、心中要有组织，才能做好横向沟通。

4.4.4 水平领导力

在互联网时代，企业组织和员工关系较传统工业时代有很大变化：公司更多采用共创经营的管理模式，玛丽·福列特多年前倡导的整合领导力成为常态，管理者和员工更多的是合伙、共创、共担的关系。基于这样的环境变化和管理上的演化，管理者沟通模式在更多的情况下就是水平或横向沟通方式。这种沟通模式强调的不是传统的管控和监督，而是激发、连接、共创。横向沟通所需要的水平领导力也应运而生。具有水平领导力的管理者有以下特点。

第一，在组织目标清晰化的过程中，善于用愿景、使命和价值观来激发组织成员的积极性。基于人是悬挂在“意义之网”上存在这一基本前提，拥有水平领导力的人要富有想象力并对群体身份认同有所理解。愿景设计、多边联结、“一杯咖啡汲取世界能力”均属于水平领导力的特征。

第二，横向沟通者和领导者要具有系统思考能力。爱因斯坦说过：在同一个层面出现的问题，很难在同一个层面找到解决方案。系统思考有利于管理者“出乎其外”，而不是“身在此山中”。这有利于管理者捕捉到“现实中的好”，整合新能量，从而聚焦目标、解决问题、取得成果。

第三，横向沟通者和领导者要具有共情能力。具体而言，就是在沟通过程中要学会倾听。一般来说，倾听有几种类型：一种是“随意地听”，一种是“就事论事地听”，还有一种就是“设身处地地听”。根据场景、对象、时间和节奏的要求，管理者要学习在不同倾听类型中进行切换。在和新生代员工进行沟通的时候，倾听能力和共情能力对领导团队来说非常重要。这和自上而下的纵向领导方式有很大不同。当然，水平领导力实施过程中，一定要注意里程碑的归纳、总结，及时反馈和阶段性成果的留痕。

第四，在组织体系中，管理者行为都是公共性行为。水平领导力实施过程中，员工都会细心观察管理者的言行是否一致、行为是否可预测，这对团队信任氛围的维护、团队的稳定有很大作用。在互联网公司，往往会采取员工匿名评估的方式来监督管理者的领导行为和沟通行为，从机制上来维护“力出一孔”的组织文化，保障组织目标的实现。

总之，在互联网时代，在新生代员工已经成为职场主力的情况下，组织管理一方面需要有纵向的控制和风险规避，另一方面需要有横向的协调和水平领导力。通过纵向、横向沟通力和领导力的推动、协调、整合、控制，组织得以集中有生力量统一行动，实现组织目标。

□ 思考题

1. 横向沟通的类型有哪些？
2. 影响组织内横向沟通的因素有哪些？
3. 在组织层面，横向沟通的策略有哪些？
4. 在人际层面，横向沟通的策略有哪些？
5. 对于沟通者而言，整合思维在横向沟通中起到什么作用？
6. 水平领导力有哪些内涵？其典型特点是什么？

□ 案例

化学试剂滞留 B 机场海关

来自北京的电话

2014 年 6 月 23 日早晨，B 机场海关物流监控处刘处长刚刚走进办公室就接到顶头上司邱副关长的电话，声音非常急促严肃，要求他立即赶到邱副关长的办公室。刘处长一边疾步走向邱副关长的办公室，一边思考：什么事情这么急？这一上班就要我过去。他一走进邱副关长的办公室就更狐疑了，一把手李关长居然也在。邱副关长很着急地问道："刘处长，李关长和我一大早就来办公室了。李关长早上在家还没出门，就接到总署办公厅的一个紧急电话，追问中科院一批进口货物的下落，说是已经进口一个月了还没能提货。经打听说是被海关扣下来查货了。这是货物提运单的传真件，可得赶紧查出来，主管海关工作的副总理亲自在过问这件事呢！"李关接着发话了："小刘啊，上次事故的教训还没有好好吸取啊！这次这个事情要马上查明原因，看是不是我们海关的责任。货要赶紧给人家找出来！货物价值上千万元，货主急着要用呢。"刘处长连声答应马上去查。他一边说着，一边退出来。

出了关长办公室，刘处长一边抹汗一边想：最近没听说有什么特别的货物被扣留了啊。李关长所说的事故发生在两个月前。一个关员下班前接到通关业务处交来的单证，顺手放到自己抽屉里，第二天休假去了，也没跟其他人交待，结果导致货物近一个月没有放行。货主一怒之下投诉到了 B 机场海关的上级机构 A 海关。物流监控处上上下下翻箱倒柜才把单证找出来，赶紧放行，还写了检讨，跟企业赔礼道歉。其实，这种丢失单证的事情在 B 机场海关很容易发生，因为通关业务处负责纸本单证的接单、征税；物流监控处负责选择查验、放行。通关业务处和物流监控处又不在一个办公大厅办公，每天有数百份单证从通关业务处拿到物流监控处，并没有完善的登记制度。中间还涉及检验检疫、银行、地面代理公司、报关公司等外单位，与外单位间的单证和信息交流又主要由报关公司负责。繁杂的交接环节很容易造成单证的丢失和信息的缺失。

B机场海关的组织结构和职能

B机场海关是海关总署设立在B机场的进出口货物、物品、运输工具的监管部门，隶属于GZ海关。B机场海关下设4个业务处和2个独立的业务科，分别为物流监控处、通关业务处、旅检处、快件监管处、风险管理科、稽查科；另设办公室、人事政工处、行政财务处3个职能处。其中，物流监控处、通关业务处主要负责进出口货物的通关监管，风险管理科负责对通关业务中的风险要素进行归纳和提醒，办公室负责B机场海关内部事务协调督办及对外联系。B机场海关设有正关长1名、副关长3名。正关长是李关长，分管通关业务的是邱副关长。

2010年机场搬迁后，B机场海关的办公条件大大改善。与此同时，业务发展很快，B机场开始实施24小时通关制度，每周7天、每天24小时都有海关员工进行通关业务操作。各通关部门的工作量、工作时间大幅上升。为了提高工作效率，B机场围绕通关业务对组织结构、业务流程进行了一系列改革。

GZ海关有关职能部门

GZ海关作为B机场海关的上级主管部门，其内部职能处室与B机场海关内设处室之间有紧密的联系。和通关业务有关联的处室有：监管通关处、审单处、关税处、风险管理处。监管通关处负责制定GZ海关范围内进出口货物监管细则、监管工作操作规范等，其隶属海关监管现场需按照这些细则进行日常监管。关税处负责确定进出口货物商品归类，制定商品税收征管办法，隶属海关通关科室按照商品归类对照该类货物的税率对货物征税。风险管理处负责对GZ海关所有监管现场的风险信息进行汇总和管理，提出风险分析的指导意见。

海关总署每年都会出版通关业务指导手册，手册中详细列明货物依据的进出口税率、有关检验要求和所需单证。手册制定的基础是国家对进出口货物制定的各项政策，以及签订的各项贸易协定等。

与B机场通关业务有关的其他机构

报关公司

报关公司在通关业务中起着非常重要的作用，它们负责接受货主单位的委托进行报关、报检，负责传递通关过程中在海关外部流转的单证，最后负责从地面代理公司处提取货物交给货主。B机场口岸有近百家代理报关公司，业务竞争激烈。GZ市报关行是报关公司中的代表，其业务发展很快。GZ市报关行的经理姓赵，为人八面玲珑，是生意场上的老手。

地面代理公司

地面代理公司是符合一定资质、在机场拥有自己的仓库并与航空公司签订了理货协议的公司。它们负责在航班抵达后卸货入仓并按照航班号等进行理货，在理货完成后向海关进行到港货物申报，也就是舱单申报。在出口货物运输方面，地面代理公司负责为托运的货物预定航班舱位，并按航空运输要求对货物进行包装。在B机场有两家地面代理公司，分别是B机场国际物流公司和B机场货运公司。B机场国际物流公司的总经理姓黄，该公司主要承接了中国南方航空公司的地面代理业务。B机场货运公司的总经理姓罗，该公司主要承接中国国际航空、东方航空等公司的地面代理业务。

检验检疫局

检验检疫局根据国家规定对进出口货物进行检验检疫、消毒等，为需要检验检疫的货物出具检验凭证；在通关过程中与海关的交流较少，检验凭证交由报关公司传递。B机场检验检疫局的局长姓王，和邱副关长曾是部队的战友。

银行

中国银行、中国农业银行、中国工商银行等商业银行都参与通关业务过程，它们负责收取报关公司缴纳的税金，并将税金上交国库。银行在收取税金后，对海关发出的税单进行核注，作为企业缴齐税金的凭证。

进口货物通关流程

货物由航空公司的航班运到机场后，由与航空公司签订代理协议的地面代理公司负责理货。地面代理公司从机长处取得飞机搭载货物的运单，根据运单信息对货物进行整理，并将运单信息通过电子口岸系统进行舱单申报，向海关申报抵港的货物情况。B机场海关物流监控处在H2000系统中对抵港货物舱单进行确认。地面代理公司在进行舱单申报后，以电话、邮件等形式通知货主有关货物到达的信息，并将运单副本邮寄给货主。货主根据自身的情况，选择自主报关或委托某报关公司进行报关。由于经营权限制和对报关流程不够了解，绝大多数货主委托报关公司进行报关。选定某报关公司后，货主与报关公司签订委托协议，并将有关货物的运单副本、进口合同、发票、货物清单等交给报关公司。报关公司以委托协议为凭证进行报关。报关公司在接受委托后，根据货物的运单副本、合同、发票、货物清单等资料填报纸质报关单，并在电子口岸报关公司端填报电子报关单。根据报关货物的归类属性，判断货物是否需要进行检验，如果需要，则向检验检疫局报检。检验检疫局在对货物样品检验合格后，发出检验合格证书（通关单）。报关公司填报的电子报关单在确认申报后，电子数据将通过电子口岸网络传递到H2000通关系统，由GZ海关审单处进行电子接单和审单。电子审单程序核对报关单中的舱单信息，得到确认后，逐项审核货物品名、价格、数量等信息是否存在填报错误。电子数据审核无误后，通过电子口岸系统通知报关公司向海关接单现场提交纸本报关单和有关纸本资料。报关公司在接到可以现场申报的回执后，向 B 机场海关通关业务处递交纸质报关单证。由通关业务处现场关员将纸本单证与 H2000 系统电子数据进行核对，如果单证齐全且正确无误则进入审价征税环节，否则退还给报关公司，由其补齐有关资料。关员对报关单审价后，对货物开出税单，交给报关公司到银行缴纳税款。银行对已缴齐税款的税单出具缴讫回执。报关公司凭回执到通关业务处核销税单，已完成缴税手续的报关单交给物流监控处负责选择查验和放行。物流监控处分析货物存在的风险情况后，进行查验放行或直接放行操作，在 H2000 系统上完成放行操作，并在纸本报关单和运单上加盖放行印章后将报关单证交还给报关公司。报关公司凭加盖放行章的运单到地面代理公司办理提货手续。在缴纳仓储费用后，即可将货物提出，交给货主。图 4－2 为进口货物通关流程图。

查找不翼而飞的单证

刘处长赶回处里，马上召集两位科长讨论这件事情。王科长提议："从提运单上可以看到提单号码，咱们可以先查查有没有经过舱单确认，也就是货到底是不是在咱们口岸。"曹科长打断了王科长的话，"人家一个电话直接打到咱们这里来了，肯定在。""对，肯定在，但我们得搞清楚有没有申报，可以通过提运单追查报关的情况，这样我们才知道单证到了哪个环节。"王科长提出了先查提运单的充分理由，刘处长同意王科长的提法。于是大家分头行动。王科长组织当班关员检查留存单证，重点查看品名与药剂有关、货主单位为中科院的报关单证。曹科长负责从系统里查找该提运单的有关情况，如报关单号码、流转环节等。很快，曹科长的检查有了结果，货物确实是在 B 机场海关报了关，但还没有放行。从系统上看到，报关数据已经通过了 GZ 海关审单处的审核，但没有通过现场接单，也就是还没有到物流监控处的环节。刘处长决定马上去找通关业务处的张处长说明情况，要求协助，同时让曹科长根据报关信息找有关报关公司负责人协助。刘处长与张处长说明缘由后，张处长也非常紧张，系统显示现场没接单的可能性有两个，一是该报关单尚未递交纸本单证，二是递交单证后没有进行操作。如果是前者，从报关公司那里可以追问原因。如果是后者，则涉及关员的责任，需要马上把单证找出来。报关公司那边已经由曹科长在跟进了，所以，张处长赶紧安排关员在办公室里检查单证情况。谁知一个多小时过去了，还是没找到。每个接单岗位的关员心里都忐忑不安，不断回想着是否曾经看到过这样一份单证。丢失这样一份报关单，影响太大了。

水落石出

就在刘处长和张处长急得像热锅上的蚂蚁时，曹科长打电话来了。"怎么？找到了？太好了！我马上过去。"刘处长挂掉电话，转头对张处长说："找到了，确实没接单，货物可能被检验检疫局拿去抽样化验了。大家不用找了。"张处长这才松了一口气，关员们悬着的心也才放了下来。回到物流监控处办公室，GZ 市报关行的赵经理脸上挂着一丝尴尬的笑容迎了上来，"刘处长，这件事是我不好，没及时跟您汇

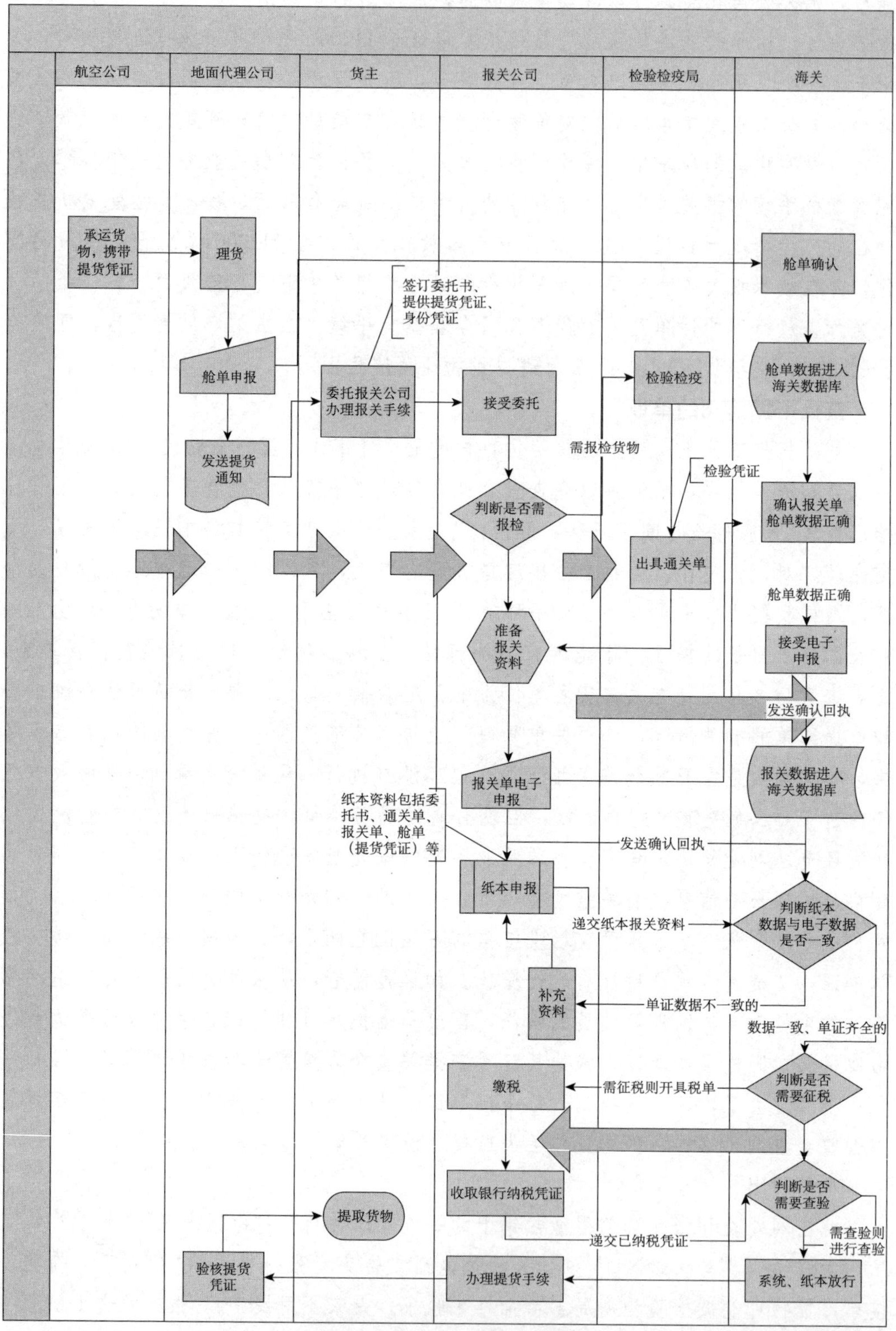

图 4-2 进口货物通关流程图

报，我们也没想到会捅这么大娄子。”“你们公司生意是越来越好了啊，我们为你们服务，你们倒好，脏水尽往我们身上泼。”“刘处长，您消消火，这件事我得给您陪个不是，跟单的报关员是新来的，把货拿到检验检疫局那里去化验，接下来就不知道该干什么了，也没跟我说。客户问起来，他又怕了，不知道如何解释，就搪塞说是海关拿去查验了。我把惹事的家伙找出来了，一定要好好教训。”“教不教训是你赵经理的事，现在的关键是把货物的通关手续完成了，别让人家再等了。”刘处长觉得还是要分清缓急，报关行的管理问题不是一时半会能说清楚的，先把货物处理好再说。接着，刘处长把电话打到了检验检疫局王局长的办公室，跟他把事情的前因后果说了一遍。王局长马上派人去查，很快就有了结果。货物确实是送检了，而且已经出结果了，一切正常，但还没有报关员来取走货样和检验凭证。赵经理赶紧吩咐那个报关员去取货，同时叫一个有经验的报关员跟着。

货物的其他情况并没有什么异常。取回检验凭证的报关员很快向海关递交了纸本单证。不到半小时，海关的通关手续就完成了。刘处长打电话向李关长汇报了情况，李关长着重要求刘处长向企业解释清楚情况，同时指示刘处长好好思考一下，为什么会出现这么被动的情况，当上级部门或物主查询时，为何竟然对货物的去向和通关情况一无所知，无法立刻给人家一个清楚的交代。在企业来取货的时候，刘处长向企业详细说明了情况，介绍了通关的流程。企业代表对海关的工作表示了理解和感谢，但是也表示，复杂的通关流程确实不容易明白，所以他们还是比较依赖报关公司。送走企业代表，刘处长又一次来到李关长的办公室，几个人开始认真地讨论这件事的经过。

毫无疑问，通关的环节烦琐，涉及的部门多，而这些部门的隶属关系复杂。特别是报关公司在通关过程中的影响太大了。怎样才能克服这些障碍争取主动成了摆在B机场海关面前的一道难题。

案例思考题

1. 海关货物通关过程中涉及哪些相关部门？这些部门所承担的职责分别是什么？

2. 海关货物通关过程中，所涉及各部门的横向关系和权力分配如何？它们的沟通现状如何？

3. 请描述海关货物通关的流程。

4. 海关货物通关过程中与组织外部的跨部门沟通状况如何？

5. 在跨部门沟通方面，你认为此案例需要解决的关键问题是什么？解决这些关键问题对组织流程（货物通关）将会起到什么作用？

6. 你认为在协调各部门间沟通、解决跨部门沟通障碍时的难点在哪里？

7. 此案例给你哪些启发？

第 5 章 绩效管理和沟通

本章思维导图

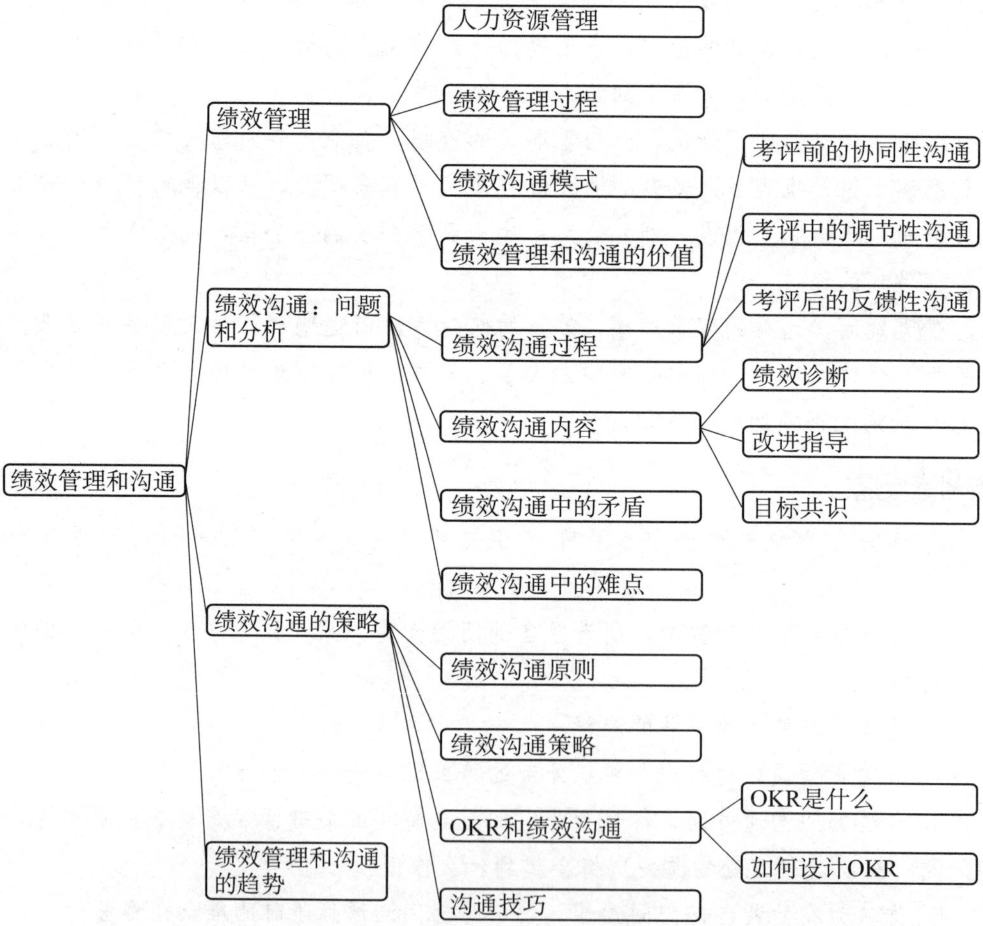

本章要点

◎ 人力资源管理
◎ 员工绩效管理
◎ 绩效管理过程
◎ 绩效沟通的策略
◎ 绩效反馈
◎ OKR

在企业组织的管理过程中，价值创造、价值评估和价值分配是企业管理中最关键的价值链。在具体的人力资源管理过程中，价值评估表现为绩效管理和评估。这个环节是企业组织引导员工行为、培养员工能力、塑造绩效文化、选拔干部和激励员工的关键举措。

绩效管理原则和目标要依据组织目标和人力资源管理目标，上连战略，下接岗位。其标准的制定、工具的选择、结果的反馈和使用，需要专门的力量去设计和运作。在不同的企业组织中，绩效管理内容和员工参与程度是有差异的。随着移动互联网时代的到来和大数据技术的成熟，企业组织的目标明确化程度在发生变化，员工尤其是知识型员工的绩效管理模式、绩效沟通方式也在发生变化。

总之，员工绩效沟通过程是企业组织管理中极其重要的环节。它能够帮助员工理解公司战略和重点，引导员工行为；还能够帮助员工获得关于自身工作表现的反馈，促进员工发展。更重要的是，它还有利于管理者和员工之间建立信任关系，降低沟通成本，提高员工工作效率，提升组织整体战斗力和竞争力。

5.1　绩效管理

5.1.1　人力资源管理

在企业组织中，组织目标确立了以后，就要进行管理体制的思考和设计。管理体制和组织设计、流程管理、政策制定和企业文化有关。它们作为“安内”的关键机制，一方面要聚焦于组织目标，另一方面要互相配套，才能有效推动和促进组织目标的实现。组织中的政策和制度是人力资源管理的重要内容。

人力资源管理指的是管理者站在组织的立场，设计、建立符合组织现实的规则，对人这一资源进行有效部署和调整的管理过程，目的在于帮助组织获得集体战斗力。在人力资源管理体系中，绩效管理是关键环节。在企业组织中，岗位管理、绩效管理和薪酬管理形成人力资源管理的"铁三角"，帮助组织调节、引导、控制、激励员工的行为，并使得员工行为和员工动力有利于组织目标的实现。

绩效管理的内涵是多层次的。它是对组织绩效和员工绩效进行管控、衡量以及持续改进的管理过程，同时也包括对员工行为、预期和动力的管理。借助绩效管理手段，组织能够引导员工发挥其主观能动性，挖掘员工潜力，持续提高效率。本书中的绩效管理主要指员工绩效管理。

5.1.2 绩效管理过程

和其他人力资源管理职能一样，绩效管理过程也有几个重要环节（见图 5-1)。这些环节遵循管理过程中"投入—过程—产出—效果—反馈"的闭环，和其他人力资源管理活动进行配套，帮助调动组织成员的积极性，培养组织能力，提高组织竞争力。

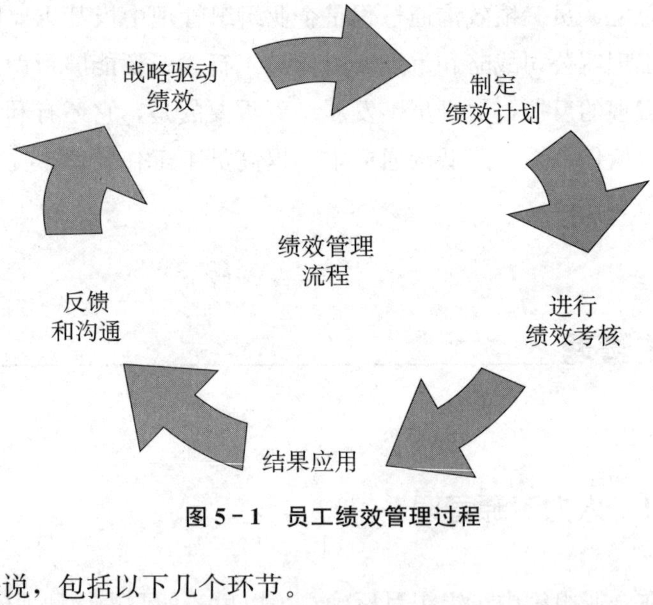

图 5-1 员工绩效管理过程

具体来说，包括以下几个环节。

首先是战略驱动绩效。企业的使命、愿景和价值观确立以后，其战略是驱动组织管理体制的主要依据。在相对传统的企业组织中，管理者会基于战略目标，按照关键绩效指标（key performance indicator，KPI）的逻辑，分解部门目标，然后细化为岗位目标。而在创新型企业，则会由人来驱动战略，往往会从员工胜任力的角度来进行绩效管理，如后文提到的目标和关键成果（OKR）方式。也有企业组织在不同业务板块采用不同的员工绩效管理方式，比如有的业务单元采用传统的 KPI 模式；有的业务尤其是创新业务采用 OKR 模式。组织将不同模式加以协同和管理，共同为组织添砖加瓦。

其次是制定绩效计划。在这个环节，有绩效的界定、标准的设定和指标的设计三个子步骤。绩效的界定可以按照能力、结果、过程或者目标来进行。绩效标准的设定一般遵循 SPY 原理，即以维度和结构（structure）作为基础来设计绩效结构；以要点（point）为准，来分解维度中的子维度，明确具体的绩效内容；以度量（yardstick）为界，即设立绩效标准。

再次是进行绩效考核。在这个环节，要明确四个技术层面的问题：第一，如何评估，必须明确评估的方式，挑选和设计评估工具；第二，多长时间评估一次，即根据企业的实际情况、人力资源管理的专业水平、管理成本等多项要素来确立评估周期；第三，谁来评估，即选择评估视角；第四，评估结果的应用，员工绩效管理和考评开始以前，管理者就要思考评估结果的应用，比如是作为奖惩的依据，还是用于促进员工的职业发展，抑或是用于组织培训和干部培养？

接下来是结果应用。绩效考核的结果为薪酬发放、奖惩、员工职业发展、组织培训等提供了信息。

最后一个环节则是是反馈和沟通。

5.1.3　绩效沟通模式

随着移动互联网的普及以及大数据时代的来临，从业人员越来越年轻化、知识化。组织形态也发生了很多变化，人和组织的关系也处在不断调整中。组织内部的管理原则、策略和路径同步变化，绩效管理也不例外。这里，我们来了解传统模式下和互联网模式下绩效管理和沟通的差异。

首先，绩效目标设定的方式有差异。在传统模式下，绩效目标和标准由高层确定，沟通方式一般为单向，即由上而下。目标是外在于员工的，管理者和员工之间会讨价还价。但是，在互联网模式下，员工会参与目标的设定，进而明确努力方向。在实现目标的过程中，将关键成果作为节点加以考核。

其次，绩效考核的结果分布有差异。在传统模式下，囿于由上而下的集中管控，绩效考核的结果在员工中强制分布，明星员工的比例一般控制在 10%～20%。基于这样的逻辑，管理者往往将注意力放在考核而不是员工发展上。员工的精力也容易被消耗在竞争防御而不是合作和协同上。但是，在互联网模式下，由于信息系统的建立健全，员工的阶段性业绩均可以记录和追踪，这样基于主观评判的局面能够得到改善。组织、部门和个人能够基于完整的信息做判断，绩效分布能够保持适当的弹性。这样，员工的行为能够更有效地聚焦于组织目标，而不是组织内部的竞争。

再次，绩效反馈的频次差异大。在传统模式下，每隔半年甚至一年才做一次绩效反馈，员工容易陷入不知情和信息不对称的状况，组织承诺[①]难以建立。但是，在互联网模式下，借助互联网和信息系统，绩效反馈可即时进行，员工容易获得关于自身绩效的反馈，组织承诺比较容易产生。

最后，绩效结果的使用也有所不同。在传统模式下，结果往往和奖惩挂钩，但比较注意内部公平，难以形成大范围的“赛马”机制。在互联网模式下，能够基于数据论功行赏，员工感觉公平，公司内部容易形成信任氛围，同时还容易加强跨部门的合作和创新。

5.1.4 绩效管理和沟通的价值

从企业的角度看，员工绩效管理的作用很大，主要表现在以下几个方面。

第一，可以传递一种价值，帮助员工了解企业倡导什么、抑制什么。没有衡量就没有管理。绩效管理和评估能够帮助员工明确目标，找到行为的方向、强度和耐力。

第二，绩效管理和评估是企业战略落地的重要抓手。比如平衡计分卡[②]就是帮助组织进行战略分解、战略落地的重要管理工具。借助绩效管理体系，战略的部署和落地就有了路径、内涵、节点和控制。在互联网时代，OKR技术和方法也能有效通过过程管理、部门协同、自组织和自驱动来帮助员工实现对组织目标的承诺。

第三，绩效管理是企业人力资源管理的重要职能。通过这个管理过程，组织整体和部门、部门之间、部门和员工之间能够加以沟通、协调和整合。绩效管理和其他人力资源管理职能活动共同起作用。

第四，绩效管理和沟通是管理者和员工建立有机联系的桥梁。通过绩效管理，双方能够明确方向，找到工作中的难点和痛点，有效解决问题，提高效率。

---

① Meyer J P. Development of organizational commitment during the first year of employment：a longitudinal study of pre-and post-entry influences. Journal of Management，1991，17 (4)：717 - 733.

② Kaplan R S，Norton D P. Transforming the balanced scorecard from performance measurement to strategic management：part Ⅱ. Accounting Horizons，2001，15 (2)：147 - 160.

第五，绩效管理的数据和记录能够帮助企业做出用人决策，能够为员工的加薪、升职、解雇、降级、调动、培训和试用等提供参考依据，帮助企业依法行事。

总体而言，绩效管理作为人力资源管理的重要组成部分，如果方法得当、程序透明，能够在组织中营造信任氛围，提高工作效率，加快员工发展以及维护企业形象。

5.2　绩效沟通：问题和分析

5.2.1　绩效沟通过程

根据前文提到的绩效管理流程，企业会形成绩效考核的技术方案。技术方案形成以后，就要看绩效管理工作是否有效，其中 70%的工作都和沟通有关，而技术方法的作用只占 30%。

在绩效沟通过程中，主要有三个环节：考评前的协同性沟通、考评中的调节性沟通和考评后的反馈性沟通。

1. 考评前的协同性沟通

在绩效考评前，一般包含计划、沟通、指标设定和决策等活动。比如在微软公司，管理者和员工会就组织目标、部门目标、岗位目标和个人工作目标不断进行交流沟通。每隔两个月，管理者就和员工有一个讨论、商定和确认的沟通过程。经过考评前的协同性沟通，员工能够知情、被尊重、有参与感，这对他们日后实现绩效目标和兑现承诺起到很大作用。与此同时，公司还会制定相应的管理制度来考量管理者是否切实可行地和员工进行定期的沟通和协同。

2. 考评中的调节性沟通

在绩效管理过程中，除了正式沟通，管理者还可以和员工进行非正式沟通，来倾听其心声、了解其想法、捕捉其痛点和难点。在调节性沟通中，员工能够感受到目标实现过程中所得到的帮助、支持和关心。另外，在绩效管理过程中，公司外部环境会发生变化，组织战略重点可能会调整。因此，管理者会就形势变化和组织目标调整情况和员工主动沟通，并考量这些变化和关键考核标准是否有联系。借助调节性沟通，员工能够和组织进行必要的同步、调节、纠偏等。

3. 考评后的反馈性沟通

在本章末的案例中，王经理要就绩效完成情况和小马进行沟通，这种沟通即属于考评后的反馈性沟通。实际上，定期的反馈对于员工极其重要。按照哈克曼和奥尔德汉姆（Hackman and Oldham）的研究，工作中的自主性、任务的重要性、绩效反馈等因素是影响员工满意度的关键因素。[①] 它使员工知情，帮助其明确行为标准，调节员工努力的强度和耐力。

5.2.2 绩效沟通内容

在绩效沟通过程中，沟通内容主要有以下几个方面。

1. 绩效诊断

这里包括互动双方共同理清和把握绩效中存在的问题。比如：员工是否有做这方面工作的经验？员工是否有潜力？员工是否受过相关训练，掌握完成任务所需要的知识和技能？是否有不可控制的外部障碍？员工的态度和信心如何？除此以外，管理者也要考察影响绩效的其他因素，如技术、信息、领导风格、劳动力竞争状况等。

2. 改进指导

沟通双方要设计和商定绩效改进方案。管理者可以根据诊断出的原因，引导员工提出改进的思路和想法，然后给予指导与建议。在此基础上，和员工签署“绩效改进与能力发展计划”。

3. 目标共识

目标共识涉及如何确定下一周期的工作计划和绩效目标。根据参与式管理的原理，要营造员工主动沟通的氛围，鼓励他们在工作过程中遇到问题或有相关想法时，主动进行调整。

5.2.3 绩效沟通中的矛盾

在员工绩效沟通的过程中，以下几个矛盾值得关注。

首先，管理者要扮演双重角色。在和员工进行绩效沟通时，管理者要同时扮演两个不同的角色：对员工的工作表现做出评估和裁定时，他们要扮演法官角色；与此同时，管理者又需要帮助员工成长，他们要扮演教练角色。

---

① Hackman J. Motivation through the design of work：test of a theory. Organizational Behavior and Human Performance，1976，16（2）：250－279.

管理者扮演两个不同角色时往往会顾此失彼。对不同角色之间的冲突，管理者要注意平衡和驾驭。

其次，员工在评估过程中会遇到角色冲突问题。在绩效反馈中，他们要报告自己的优点、成绩，以便获得更多的奖赏，规避惩罚；与此同时，他们在职业发展过程中要实事求是、客观地评估自己的缺点，找到自己真正需要改进的地方。这就要求他们在汇报工作时要客观真实。因此，员工也会面临双重角色的困扰。

再次，管理者和员工之间的预期有矛盾。管理者为了客观评价员工绩效，希望能够得到较为全面的员工绩效信息。但是，出于自身利益，员工有时会隐瞒自己的弱点，放大自己的优点。在信息交流过程中会存在信息不对称的情况，可能会导致彼此间的不信任和博弈。

最后，企业发展和员工维持良好自我形象之间有矛盾。当企业尝试帮助员工改善自我的时候，需要全面真实的资料，但这些资料常因员工考虑到奖赏而被隐瞒和歪曲。

5.2.4　绩效沟通中的难点

基于绩效沟通过程中话题的敏感性、当事人的双重身份，在沟通过程中主要有以下难点。

第一是员工的防御性心理。一般而言，员工总是喜欢受到表扬和赞赏，而不喜欢受到批评。员工受到批评时，首先从心理上就会排斥，第一反应很可能是矢口否认，或找出多个理由来推脱。心理防御的表现有多种形式，如沉默、软抵抗、找托辞、愤怒或攻击等。

第二是自我服务偏见。根据归因理论可发现人们常常存在归因失真的情况。[①] 比如，当销售人员业绩不佳时，销售经理更倾向于将其归因于下属的懒惰而不是竞争对手拥有革新产品。员工倾向于把成功归因于内部因素（如能力或努力），而把失败归因于外部因素（如运气等）。

第三是选择性知觉。人们在对人、物、事进行判断时，一般依赖于对这些对象的了解程度，而不是这些对象本来的样子。一项经典研究表明，我们对于事物的兴趣显著地影响我们对于问题的认识和了解。在员工绩效沟通中，由于选择性知觉，谈话的双方对某些事情的认知很容易出现差异和分歧。

第四是信息不对称。根据信息不对称理论，在双方的交往活动中，处于信息优势的一方即主管往往占据控制、主导地位。表面上看，这对主管加强

---

① Weiner B，Press A. Cognitive views of human motivation. Cognitive Views of Human Motivation，1974.

对员工、下属的控制似乎是有利的。而处于信息劣势的一方即员工由于对沟通活动认识不清、信息渠道不畅、获取信息不足，常常会做出非理性的行为，从而破坏与主管达成的绩效契约，妨碍个人目标甚至部门、组织目标的实现。所以无论是事前信息不对称还是绩效沟通中的信息不均衡分布，对于组织加强管理、提高绩效都是不利的。

第五是心理契约。根据组织行为学的角色期待理论，在管理者与员工之间存在一种不成文的协定。这种心理契约以双方的相互期待为出发点，也就是管理层对员工的期待，以及员工对管理层的期待。如果心理契约中蕴含的角色期待没有得到满足，对管理者来讲，可能会影响工作绩效和工作满意度；对员工来讲，可能会受到某种处分或被解雇。

第六是沟通双方的关系。根据人际沟通的基本原理，沟通双方之间的关系会影响各自对信息内容的理解和接受。例如，员工与主管的关系比较好，当主管给他指出工作中的问题时，他就比较容易接受，并且会将其理解为主管对他的帮助和指导；反之，员工就会把主管对他工作的意见理解为跟他过不去，故意为难他。

5.3 绩效沟通的策略

在以上部分，我们对员工绩效沟通中的矛盾和难点进行了梳理。在明确问题的基础上，这一节讨论解决问题的方式方法。实际上，员工绩效管理和沟通有策略可循，有方法可用。

5.3.1 绩效沟通原则

在员工绩效沟通的过程中，企业组织和管理者要明确目标、熟悉流程、掌握方法并持续改进。绩效管理和沟通不是运动战，而是要系统思考和持续改进。它不仅是组织高层和人力资源部门的职责，更是管理者重要的管理策略。具体而言，组织和管理者在进行员工绩效沟通时需要关注以下原则。

第一，绩效沟通和管理要有组织、成体系并有节奏地去做。比如人力资源管理部门应该定期组织培训，帮助管理者理解绩效管理和沟通的基本原理，如环境引发战略、组织跟随战略、考核服务于组织、绩效源自考核、绩效影响行为等；明确绩效标准，如标准确定的逻辑；掌握评估工具，如平衡计分卡、OKR 等；熟悉谈话技巧和提问方法；等等。

第二，管理者要充分了解绩效管理和沟通的作用。一般来说，绩效管理有两大作用：其一是评估，可将评估结果和奖惩挂钩；其二是发展，即通过绩效反馈帮助员工提高组织目标实现过程中所需要的能力。重点是过程管理。针对不同功能的绩效管理，管理者谈话和交流的方式是不同的。

第三，管理者要针对不同员工职业发展阶段，采用组合式的沟通策略，有针对性地进行互动和反馈。员工绩效管理和沟通是管理者的常规工作，对员工有管理、监督、指导、教育、激励和约束的功能。这既需要员工参与，又需要分层分类，同时还要注意制度化和规范化。

第四，在移动互联网时代，“沟通”和“教练”应该是员工绩效反馈的核心。通过沟通，在管理者和员工之间建立起互信关系，营造积极的工作氛围，提高员工效率和满意度。

第五，在进行绩效反馈的时候，要注意及时性、具体性、互动性，有重点，对事不对人，面向未来而不是纠结于过去。

5.3.2　绩效沟通策略

绩效沟通策略的选择和制定，要依据绩效沟通的目标、性质、内容、对象特征等综合因素。根据绩效沟通的一般规律，有四种沟通策略可供选择，即告知说服型、告知倾听型、问题解决型和混合型（见表 5－1）。

表 5－1　绩效沟通策略

沟通策略	适用情况	适用对象	方法和步骤
告知说服型	管理者了解对方的工作绩效，并且能够给予准确的评价，要求面谈者掌握具体的事实、数据，绩效评价标准清晰，结构化程度比较高。	不知如何评价自己绩效的新员工； 对组织或管理者有足够的信任和依赖，期望得到指导和帮助的员工； 性格比较内向，不善于表达的员工。	首先，以评价的方式将看法和意见告知对方，让对方知道管理者的评价； 其次，以说服的方式告知对方需要保持和改进的地方； 最后，以询问的方式了解对方的反应和反馈，以确认对方正确理解了管理者的意思。
告知倾听型	适用于与员工共同评价绩效。员工的工作结构化程度低，自主性比较高，绩效量化标准比较模糊；对绩效的认知容易出现差异；要求沟通者熟悉员工工作的特性，了解影响绩效的各种因素。	对自己的工作绩效有一定的判断，富有工作经验的老员工； 具有较高的文化水平，从事技术专业性工作的工员； 比较自信，自我意识较强的员工。	首先，以提问的方式引导对方对自己的工作进行评价，倾听对方的观点和意见； 其次，将管理者的看法和评价告知对方，如有不同意见和看法，双方进行探讨，以达成共识； 最后，在达成共识的基础上，商讨改进绩效考核的措施。

续表

沟通策略	适用情况	适用对象	方法和步骤
问题解决型	适用于发现问题、寻找问题根源，并帮助设计解决方案的情况。可用于帮助解决员工职业发展中的困惑和问题。	绩效不能达到要求且原因不明确的员工； 个人表现不适合其职业发展，需要改进的员工； 对自己绩效问题的认识存在偏差的员工。	首先，要确定并指出问题所在，分析问题产生的原因； 其次，针对问题和原因提出建议，与对方共同找出解决问题的办法； 最后，给对方提供必要的指导和帮助。
混合型	适用于比较复杂的情形：比如，绩效评价与员工职业发展交织在一起；员工的工作表现与业绩不一致；影响绩效的因素比较多，难以找到关键影响因素。	工作环境复杂，工作结构化程度比较低，自主性较强，工作对象类型较多的员工； 工作绩效的影响因素较多的员工； 从事知识型工作，技术专业性较强，难以对工作绩效进行评价的员工。	要明确面谈的主题内容，确定谈话的方向，可以用提出问题的方式开始，然后配合告知说服型策略，综合使用询问、告知、说服、倾听、反馈、确认等方式。

5.3.3 OKR 和绩效沟通

1. OKR 是什么

众所周知，在传统企业，衡量员工绩效标准的惯用方法是 KPI，一般都有固定的流程和既定的目标。但是在互联网时代，企业组织目标和运作方式有了很大变化。为了应对外界环境的剧烈变化，企业需要不断创新。基于外部客户和市场对企业多快好省的需求，组织内部需要进行跨部门协作或者需要强化跨部门协作能力。在这些要求的背后，实际需要的是既能协同又能利用知识进行服务、定义产品的能力。

基于这样的形势变化，企业组织必须迅速做出反应。近年来，扁平化组织、赋能型组织、无边界组织应运而生。基于新型组织，管理方法和手段也同步变化。参与式管理、合伙人机制、自主经营体等新的管理实践层出不穷。绩效管理和沟通也不例外，近些年出现了一种叫 OKR 的方法，其全称是 objectives and key results，即目标和关键成果。和传统的 KPI 不同，OKR 秉持的管理哲学就是倡导鼓励和激发员工的自主性、个人意愿和自我价值实现。除此以外，它还有几个特点：

第一，OKR 强调的是方向而不是具体目标的设定。在方向较为明确或者有个大致的判定以后，具体操作过程由员工自行管理和驱动。员工可以根据自身的节奏、所掌握的信息来进行工作内容的调整、方法的选择和节点的研判。

第二，OKR 本身就是沟通平台，团队或员工借助信息化的平台，在关注自身贡献的同时，还能够关注到周边人所做的工作和进展，从而能够获得有效信息，进行及时调整。

第三，OKR 有利于跨部门的协作。跨部门协作是 OKR 设计沟通过程中的重要选项。其设计过程强调各个团队与目标有关的结果必须获得其他协作团队的认可。

2. 如何设计 OKR

第一，在实施 OKR 之前，沟通主体要先明确企业的使命。比如：组织通过什么样的价值主张在哪个领域或行业让谁有更好的生活。在明确组织使命和愿景以后，先设定组织层面的 OKR，然后设定部门层面的 OKR，最后设定员工个人层面的 OKR。在奉行 OKR 哲学和采用其方法的公司，所有层面的 OKR 都会呈现在公司网络上，让员工了解和熟悉。

第二，在针对不同层次进行目标设计的时候，既可以用关键成功要素分解的方式去设计目标，也可以通过头脑风暴的方式去挑选指标。确定初步目标以后，关键是提炼目标。在提炼目标的环节，一定要以集体讨论和跨部门讨论的方式来进行。跨部门讨论的好处在于参与主体可以关注到工作是否重叠，价值能否互相支撑，要素是否互补。

第三，建立 OKR 评分规则。在谷歌，OKR 的评分标准控制在 0～1 分，其间设置四个档次：0 分——没有完成目标，也没有取得任何成果；0.3 分——完成了目标，通过常规努力就能实现；0.6～0.7 分——虽然没有完成目标，但是付出了很大努力，取得了关键成果；1.0 分——百分之百完成目标。一般来说，平均得分在 0.6～0.7 比较合适；超过 0.9 就说明目标可能过于简单；低于 0.4，说明目标定位是错误的，或者把不重要的领域当成了工作重点。

第四，OKR 预打分。预打分的过程是使不同主体日后的评估标准维持基本一致的水准。

第五，OKR 的核心是保证主体和资源能够在关键领域保持专注。因此，设计的指标不能太多，比较合理的 OKR 目标数量保持在 3～5 个。同时，每个目标对应的关键结果也要控制在 4 个以内，这样有利于不同层级之间保证标准和指标的一致性和连贯性，从而使组织、部门和个人能够统一行动，为企业的整体目标做贡献。这一方法强调的是始终聚焦（stay focus），实际上是方向和理论的聚焦。

第六，评价每个人的关键成果，即考察其是否对目标的实现做出贡献。

通过这种方式，能够保持标准的一致性和沟通的流畅性。同时，在持续沟通的过程中，借助组织信息化工具和平台，员工可以了解自身及他人的关键成果，并能进行实时有效的反馈，这样就能及时纠偏和调整，保证自己努力的方向和公司的要求一致。预打分和预评估的方式也能够使员工给自己设定相对清晰的评价标准，以便日后更好地分配时间和精力。

5.3.4 沟通技巧

在绩效沟通过程中，管理者需要掌握一些基本的沟通技巧和技能。这些沟通技巧和技能有助于管理者达到沟通目的，取得较好的沟通效果。

● 提问的技巧。提问的目的主要是引导谈话的方向，控制沟通内容，启发对方的思维和想法。提问的方式有许多种：封闭式提问和开放式提问；启发式提问和结论式提问；假设式提问和判断式提问；追问、反问、设问、转换话题的提问；等等。在绩效沟通的过程中，要根据情境、员工类型、信息性质以及时间等要素，选择恰当的提问技巧。

● 倾听的技巧。倾听的目的在于充分了解对方对某件事情的观点和态度，发现对方的思维模式和心理状态。倾听首先要给对方讲话的信心，让对方把话讲出来，而且要讲真话和事实；其次，要关注对方的语言和非语言所表达的心理倾向和情绪信号；再次，及时给予对方积极的反馈，鼓励对方；最后，在倾听的过程中与对方进行适当的互动和交流。对于管理者而言，倾听需要自我激励，给予自己动力，同时也需要能力和特殊的训练。

● 说服的技巧。说服的目的是要对方接受自己的某些建议和主张，或者改变对方的某些观点和想法。说服首先要以事实和数据说话，通过逻辑推理、利害关系的分析、前景展望等方式来说服对方。说服要避免强加于人，要给对方思考的空间。在说服的过程中，需要借助情感、道理和权威等手段，根据员工进入企业的时间、性格特点、成就动机类型等选择不同的组合。

● 暗示的技巧。暗示的目的是既能让对方认识到某些事情的重要性或问题所在，同时又能给对方留有一定的“面子”。暗示主要是通过比喻、借喻、暗喻、讲故事、提问题等方式引发对方对问题的思考和解惑。暗示有语言暗示、行为暗示、环境暗示和物件暗示等。

● 批评的技巧。批评的目的是要让对方认识到自己的过错或过失。谁都不愿意批评人，但有时不得不批评，所以说批评是一门艺术。批评首先要让对方认可过错或过失的事实，最好能够让对方主动承认这一事实，然后共同分析原因，最后提出改进的建议和措施。批评时要对事不对人，避免对人格方面加以指责，用理解的态度看待对方的过错或过失。

● 叙述的技巧。叙述的目的是能够客观地对事实进行描述，尊重客观事实，让双方对事实有所了解和认可。叙述要求所描述的事实层次分明、结构紧凑、事实连贯并具逻辑性，不掺杂任何评论，可以结合相关的文字记录、文档资料或工作日志等。

● 评述的技巧。评述的目的是让对方了解自己对某些事情的看法和观点，即对绩效或事件的评价。在进行评述时，观点要明确、态度要鲜明；论据要具体、事实求是；论证有理、有力。在语气方面，要以交流意见的态度进行评述。

● 总结的技巧。总结的目的是对面谈达成的一致意见和双方的某些重要观点进一步强调和确认。总结以概括、简洁、肯定的语言明确地表述出来，要求条理清晰、层次分明、观点明了。不要忘记，在面谈结束时向对方表示感谢。

除了上述技巧以及技巧的组合运用以外，在员工绩效面谈的过程中要注意使用 SMART 方法。

● S 为 specific 的首字母，指的是具体的。员工绩效沟通要直接而具体，不能是泛泛的、抽象的和一般性的评价。对于主管来说，无论是赞扬还是批评，都应有具体客观的结果或事实来支持，使员工明白哪些地方做得好，差距与缺点在哪里。这样既有说服力，又让员工明白主管对自己的关注。如果员工对绩效评估有不满或质疑的地方向主管进行申辩或解释，也需要有具体客观的事实做基础。只有信息传递双方交流的是具体而准确的事实，每一方所做出的选择对另一方才算是公平的，评估与反馈才是有效的。

● M 为 motivating 的首字母，指的是激励。面谈是一种双向的沟通，为了获得对方的真实想法，主管应当鼓励员工充分表达自己的观点。由于思维习惯的定向性，主管常常扮演命令者的角色，员工往往是在被动地接受，有时主管得到的信息不一定是真实的。对于下属的表达，主管不应打断与压制；对于员工好的建议，主管应充分肯定，同时也要承认自己有待改进的地方，共同制定双方发展、改进的目标。

● A 为 action 的首字母，指的是行为。绩效反馈面谈中，应多谈工作绩效、员工的实际表现，员工是怎么做的，采取了哪些行动与措施，效果如何，等等。对于员工的个性、个人风格等不应过多关注。员工的优点与不足都是在工作中体现出来的。性格特点本身没有优劣之分，不应作为评估绩效的依据，对于关键性的影响绩效的性格特征需要指出来，而且必须是出于关注员工发展的考虑，不应将它作为指责的焦点。

● R 为 reason 的首字母，指的是原因。绩效反馈面谈要指出员工的不足之处，但不要批评，而应立足于帮助员工改进，指出绩效目标未完成的原因。由于存在防御心理，员工面对批评可能会马上做出抵制反应，使得面谈无法深入下去。如果主管从了解员工工作中的实际情况和困难入手，分析绩效目标未完成的种种原因，并试图给予帮助、建议，员工往往能够接受主管的意见甚至批评，绩效反馈面谈也就不会出现攻守相抗的困境。

● T 为 trust 的首字母，指的是信任。没有信任，就难以交流，缺乏信任的面谈会使双方感到紧张、烦躁，不敢放开说话，充满冷漠、敌意。绩效反馈面谈是主管与员工的沟通，要想顺利进行，增进理解和达成共识，就必须有一种互相信任的氛围。主管应多倾听员工的想法与观点，尊重对方；向员工讲清楚原则和事实，多站在员工的角度，设身处地为员工着想；面对员工要勇于承担自己的责任，以真诚的态度赢得员工的理解与信任。

5.4 绩效管理和沟通的趋势

员工绩效管理沟通在组织发展的不同阶段以及不同的竞争环境下采取的原则和做法有所不同。总体而言，员工绩效管理和沟通的趋势如下：

（1）绩效管理和沟通要始终为组织目标和组织文化服务。管理是方法，目标是根本。

（2）绩效管理过程越来越突出员工的自主参与，强调沟通的全程嵌入。组织、团队和个人高度融入和衔接。

（3）绩效管理越来越去技术化，奉行简单、实用、透明和留痕，专业职能会越来越集中，并注意区分和定制。

总之，在员工绩效管理和沟通中，总体趋势是更注重参与、互动，目的在于打造高能组织，更好地服务于组织目标和经营目标。

□ 思考题

1. 什么是员工绩效管理？有哪些主要环节？
2. 什么是员工绩效沟通？有哪些内容？
3. 员工绩效沟通的策略有哪些？
4. 什么是 OKR？它的使用场景有哪些？
5. 员工绩效沟通的技巧有哪些？
6. 员工绩效沟通的趋势是什么？

□ 案例

马德乐的销售业绩

王国柱是快消品行业A公司的销售部经理。他领导的销售部下设10个代表处，眼下又要进行一年的中期业绩考核了，他坐在办公桌前查看每个代表处的销售业绩报告以及主要负责人的绩效述职书面材料。当目光停在马德乐这个名字上时，他不禁皱起眉头。马德乐到销售部才9个月，是王经理亲自招进来的。在和马德乐沟通后，王经理认为马德乐是一位非常不错的销售代表。马德乐的工作经验比较丰富：他曾在三家公司工作过，而且表现不错，一家是娱乐与教学设备销售公司，一家是房地产公司，一家是印刷厂。然而，来A公司这几个月的销售业绩数据却告诉王经理，马德乐的业绩不如预期，而且呈逐月下降态势。这个成绩单令王经理感到意外。现在看来，马德乐的绩效表现并不像王经理所想的那么好。

马德乐其人

马德乐30岁左右，身材微胖，总是一副乐呵呵的样子。在公司里，他很受同事欢迎。大家一起吃饭的时候，马德乐总是抢着买单。每到一处，他总是能很快融入群体，并能够营造愉快的氛围。

马德乐参加销售培训很积极，这些培训有的是他自己花钱参加的，有的是公司资助的。他平时还广泛阅读销售方面的专业杂志，掌握了很多销售原理。

王经理的困惑

马德乐的基本素质不错，可是他负责的代表处的销售额却在不断下降。按照公司销售业绩管理的有关规定，马德乐的销售业绩基本符合要求。但是，有两点使王经理感到担忧：第一，马德乐负责的区域具有良好的市场潜力，其销售额应该是现在的两倍，因为这个地区目前的经济发展态势很好，客户公司的业务均处在稳步上升阶段；第二，凭着他对马德乐能力的判断，马德乐带领的团队业绩应该高于目前的水平。

另外，马德乐目前的绩效表现也使得王经理处境尴尬。王经理曾经自信地告诉同事：马德乐是一个销售高手。可目前马德乐的绩效却令他所说的话落空了，他感觉很没面子。但是，王经理不明白问题究竟出在哪里。

探寻答案

为了解除心中的疑惑，王经理决定和马德乐一起去拜访客户。王经理发现，马德乐很受客户欢迎。他们就像很久没见过面的老朋友一样，会开玩笑，一起喝茶聊天。马德乐还熟悉每个客户代表的名字和家庭情况。

私下里，王经理通过和这些客户交流，也了解到马德乐人缘很好。客户陈先生讲，如果有一段时间没见到马德乐，他会觉得失落，因为马德乐总是能给人带来欢笑。客户老曹也认为马德乐不错：在做生意时，马德乐总是花很多时间给自己提供信息。他能够根据客户的意见灵活调整配额和报价。

但也有一个人对马德乐不满意，那就是靳女士。靳女士是公司的VIP顾客，和公司合作很久了。她不喜欢马德乐这样的销售人员。她说：生意就是生意，平时兜圈子聊天应该有个限度，马德乐打电话时间太长，不仅浪费了我们的时间，也浪费了他自己的时间。

走访客户之后，王经理仍然非常困惑。从客户的反映来看，有人喜欢马德乐，也有人不喜欢。从销售工作来讲，也没有发现很大的问题。根据马德乐以往的表现，他具备一名销售代表的基本特质，但是他的销售业绩令人不满意。回到办公室，王经理又翻看了马德乐的销售记录。他发现，由于粗心大意，马德乐的报告和销售记录等有一些笔误。

带着这些问题，王经理决定和马德乐面谈。王经理在想该如何谈才能提高他的销售业绩呢？马德乐的业绩是否能提高呢？下半年公司有一个特别的销售培训项目，是否要派马德乐去参加呢？这次面谈记录和绩效结果如何和年底业绩奖金挂钩？

案例思考题

1. 马德乐在目前这个岗位上的主要职责是什么？
2. 王经理在招聘马德乐时应该重点考察他的哪些方面？
3. 在这次中期绩效面谈中，王经理可以采用的沟通策略是什么？
4. 客户的不同反馈意见对王经理和马德乐的绩效面谈起到什么作用？
5. 造成马德乐业绩不好的主要原因有哪些？为什么？
6. 马德乐需要做哪些调整才能对自己的职业发展有帮助？
7. 本案例对你的启发是什么？

会议管理和沟通 第6章

本章思维导图

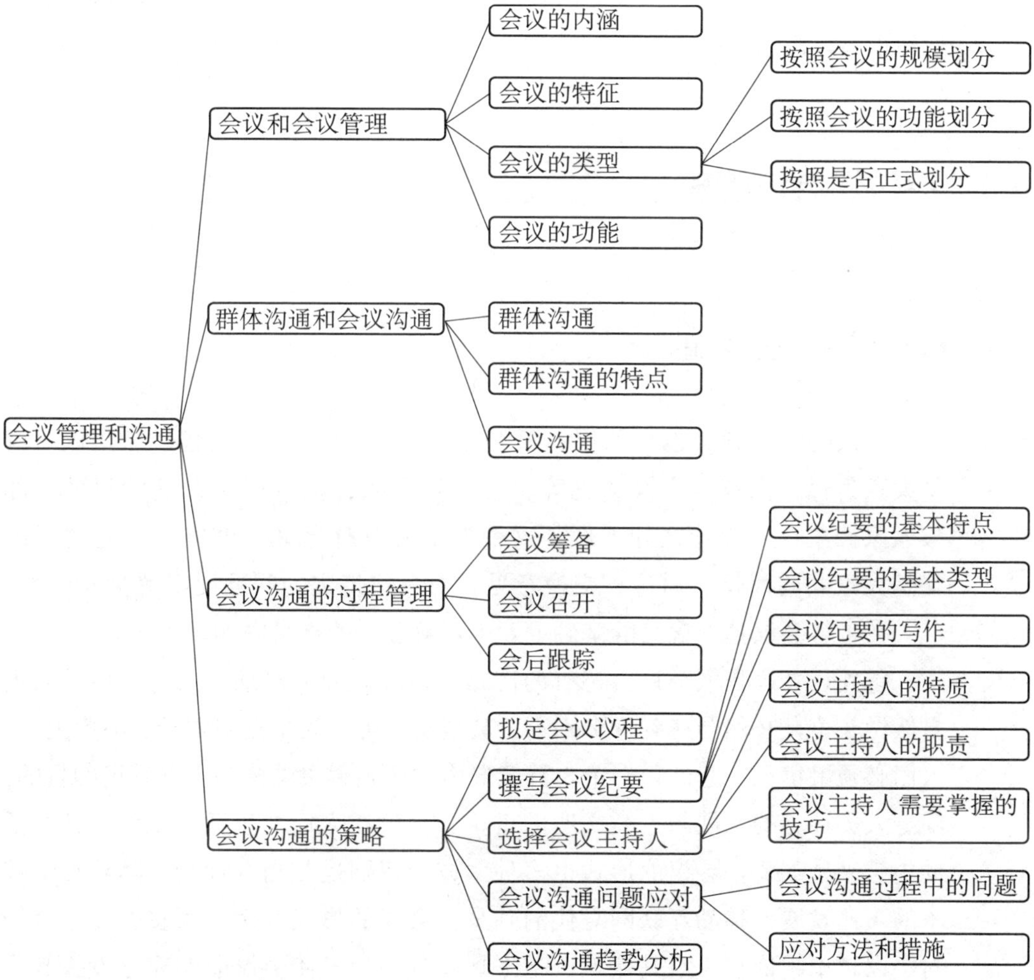

本章要点

- ◎ 会议管理
- ◎ 会议沟通
- ◎ 群体沟通
- ◎ 会议沟通的策略

会议沟通是群体沟通，是群体或组织中相互交流意见的一种形式，是一种常见的群体活动。在企业组织中，会议是实现组织目标和实施有效管理的重要手段。会议沟通的作用很大，既有命令和传播功能，也有商讨功能，更有说服功能。通过各种不同的会议，组织成员能够明确目标、理解任务、做好协同，统一行动，为实现组织目标共同努力。

会议管理过程有三个阶段，对三个阶段的有效管理和干预有助于会议沟通产生好的效果。除此以外，影响会议沟通的因素有四个方面，分别是文化的、社会的、心理的和物理的。管理者对这些影响因素的了解和把握也能有效促进会议沟通。

6.1 会议和会议管理

6.1.1 会议的内涵

会议的字面含义包括两层：一是会，就是大家聚在一起；二是议，就是大家讨论、商议、交换意见等。会是聚集的行动，议是行动的目的。如果大家聚集在一起什么都不做，这种聚集就没有意义。聚集在一起的目的就是大家共同商议、讨论、交换意见，对一些特定的问题提出解决办法等。

在了解会议基本含义的基础上，可理解会议的丰富内涵。

首先，会议是人类社会特有的产物。在氏族社会时期，人为了生存与大自然做斗争，必然会遇到许多困难，甚至是灾害，为了克服困难、战胜灾害，人们必须聚集在一起商讨对策，群策群力，达到解决温饱和生存繁衍的目的。随着人类社会的发展与人类文明的进步，会议在人们的生活、工作、社会活动中越来越重要，会议的形式也多种多样。特别是在当今社会，随着科学技术的飞速发展，移动互联网时代的到来，会议的形式发生了很多变化。人们对会议越来越依赖，对其认识也越来越深刻。为了使会议能够充分发挥其作用，适合现代社会发展的需要，适应企业发展的需要，人们对会议管理的研究也越来越多，越来越全面。所以说，会议是伴随着人类社会的发展而日益丰富的、群体的、协同的活动。

其次，会议是人类社会的一种群体活动。会议的一个基本含义就是人们聚集在一起进行议事活动。如果是一个人思考问题，就不能称其为会议。会议必须是两人以上的活动。这种会议形式的集体活动就是大家就某个或某些特定的问题或事情充分发表各自的意见，交流信息，展开讨论，最后做出决策等。这种活动的性质属于群体沟通，具有明显的群体沟通特征。

最后，会议这种集体活动有组织、有目的、有时间限制。不是所有的人群聚集都可以称为会议。无论是正式的会议还是非正式的会议，都是事先经过策划的，有专人组织和落实，有确定的议题，有设定的预期目的，并有时间、地点的安排和限制。

6.1.2　会议的特征

基于以上对会议内涵的概括，可以看出会议有如下特征：

（1）目的性。目的性是指组织者抱有一定的目的和愿望，并利用会议这种形式来实现其目的和愿望。另外，会议的目的性还表现为会议内容与参会者有着非常密切的关系。

（2）群体性。群体性是指会议必须是多人参与的议事活动。一个人不可能召开会议，而对仅有两人的议事活动，我们又有特殊的界定，如约会、面谈等。群体性还包含着一致性，即所有参加会议的人必须在一致的时间、一致的地点形成一致的行动等。如果参加会议的人都各行其是，也不能称其为会议。

（3）组织性。组织性是指会议这种活动一般是在一定的组织背景下进行的，其中包括非正式组织等。会议有专门的人员发起号召、组织拟订会议议程、召集与会人员、组织实施和落实并在会后跟踪检查等，并不是自发的、无目的的、无规则的集合。

（4）普遍性。普遍性指的是会议存在于人类的一切社会生活中。凡是有人群活动的地方都存在会议这种活动形式。除此以外，我们每一个人，尤其是具备参加社会活动能力的人都不可避免地要参加这样或那样的会议。

6.1.3　会议的类型

从不同的角度可以将会议分成不同的类型。

1. 按照会议的规模划分

按照规模划分，有大型会议、中型会议和小型会议。大型会议是指参会人数很多，起码在100人以上的会议。这类会议多用于信息传播，即传达有关信息，如庆典活动、誓师大会或者论坛等。中型会议指的是参会人数在几十人至100人的会议，如组织的中层干部会、职工代表会等，会议内容多是部署工作任务、研讨工作计划、传递相关信息、进行工作总结等。小型会议则是指参会人数在10～20人的会议，如组织的领导班子会、专家工作会、小型座谈会、团队工作会等，会议内容多是比较集中地研究问题，讨论的事项比较单一，与会人员也比较集中。

2. 按照会议的功能划分

从功能来看，会议首先具有传播信息、发布指令的作用。此类会议以信息传递为主，与会者只是听取会议内容，不需要讨论或提出异议。目前此类会议多采取多媒体形式，如电话会议、视频会议等。其次，会议有信息交流、协调沟通的作用。此类会议旨在加强组织内部信息的通报交流，增进相互了解，协调各部门间的工作。此类会议可以是一些例会，如定期召开的生产协调会、党政联席会、信息通报会等。再次，会议有研讨问题、头脑风暴的作用。此类会议针对特定的问题，采取研讨的方式和头脑风暴法，摆问题、找原因、想办法、定方案。此类会议多用于技术攻关、企业战略研讨、市场分析、产品更新、新产品开发等。最后，会议有民主咨询、征询参与的作用。通过此类会议，组织高层广泛听取群众意见、征集信息、了解民意，如座谈会、意见征询会、民主生活会等。此外，会议还有培训指导、宣传教育的作用。此类会议多用于组织文化传播、新技术引进与推广、行为改造等方面。

3. 按照是否正式划分

正式会议都有非常明确的目的，由特定成员参与。这类会议需要做许多准备工作，如会议的议事日程和材料的准备，与会者的选定，会议地点、时间的确定，设备的检查，等等。正式会议具有很强的严肃性和权威性，组织成员都会很认真地对待。但是，正式会议的效果与耗费的时间、人力的投入和经济成本往往不成正比。

非正式会议则不同，它无须像正式会议那样进行繁杂和充分的准备工作。非正式会议具有两个明显的特征：即时召开和形式随意。非正式会议对地点的选择也不是很严格，可以在经理的办公室、户外、饭店或酒吧等地方。非正式会议虽然在形式上是非正式的，但同样具有严肃性。实际上，它是会议组织者的一种策略性表现。非正式会议看似随意召开，实际上会议组织者对会议的内容、与会人员、时间、地点以及召开方式都是经过考虑的，并不是冲动之举。一般来讲，非正式会议的规模比较小，多用于了解情况或征询意见，或就某件事事先提醒、听听意见等。许多组织都非常重视非正式会议，以便了解到更多的真实信息，也为员工提供了联络情感、倾述心声、反映情况的平台，如工作午餐会等。

6.1.4　会议的功能

根据会议的内涵和特征，会议的功能可以概括为两大类：一是群体沟通；二是管理。

首先是群体沟通的功能。会议的核心是群体沟通，群体沟通功能具体表现在以下几个方面。(1) 信息传播功能。通过会议宣传主张、传播理念、发布政令、宣讲法律和政策、宣布规章制度等，以发挥其传播功能。这种功能一般具有强制性。(2) 信息交流功能。通过会议的信息交流，可以获得更多信息；通过各种不同意见和方案的交流，可以找到更好的方案。这种功能一般建立在双向沟通、民主平等的基础上，具有一定的民主色彩。(3) 评估和鉴定功能。通过会议组织相关人员对事物、产品或事件等进行分析判断，并做出评估和鉴定。例如产品鉴定会、项目评估会等。这种功能具有一定的权威性。(4) 知识传授和教育功能。通过会议开展思想政治教育和企业文化理念的宣传，介绍科学技术的发展和新技术、新项目，以及各种形式的政治、经济、文化、艺术等方面的教育。

其次是管理的功能。管理一般有计划、组织、决策、协调和控制的作用。(1) 计划功能。在组织制定计划、部署计划和计划落地的过程中，会议扮演着非常重要的作用：从信息的收集、筛选处理到计划的制定、发布和实施，都少不了各种会议的传播、讨论和磋商。通过会议来对计划实施管理是会议的一项重要功能。(2) 组织功能。组织功能就是将组织内的人、财、物、信息等资源加以组织和协同，以完成特定的任务。无论是人力资源的组织，还是财、物方面的组织，都必须通过会议来完成。必要的时候，还要通过会议建立新的组织机构或组织团体来完成组织的特定目标。(3) 决策功能。通过会议做出决策是许多组织进行决策的重要方法和手段。会议可以集中集体的智慧和力量，并吸引相关人员参与重大问题的讨论和决策，既能提高与会人员的积极性，又可以减少决策在实施过程中的阻力。(4) 协调功能。在组织内部，各部门之间由于各自的职责与任务有所不同，常常需要进行协调，统一步调。会议在协调部门之间关系、协调各类人员关系方面起着非常重要的作用。有的组织还专门设立协调会议来处理日常协调工作，如各种专业委员会、生产调度会、工作例会等。(5) 控制功能。控制是组织在实现目标过程中对组织行为方向和方法进行监控、纠偏，保证有效秩序和理想结果的必要职责。会议是控制组织运作的重要手段之一。通过会议可以了解工作进度，评估工作效率，推广先进做法，以及指导工作等。

除上述功能之外，会议还有一些其他方面的管理功能，比如咨询功能、激励功能等。会议的功能是多种多样的。为了提高会议的效率，很少有组织举行单一功能的会议，一般都是多功能的会议。会议的功能首先由会议的目的和内容决定，会议能否发挥其功能则要由会议管理的水平决定。因此，会议管理是管理者必须掌握的一项管理沟通能力。

6.2 群体沟通和会议沟通

6.2.1 群体沟通

科克和弗伦奇（Coch and French）对一家生产男式服装的公司做了一项调查。[①] 当时该公司决定加快工艺流程改造，并进行工艺重组。由于以前公司在进行工艺重组时工人的反应非常强烈，对工艺改造持敌对的态度，这次为了能够顺利实施工艺改造计划，公司管理层决定采用三种不同的沟通策略。

策略一，与第一组工人进行沟通的方式是：向他们解释将要实行的工艺新标准，工艺改造的目的及这么做的必要性和必然性，然后给他们一个反馈的期限。

策略二，与第二组工人进行沟通的方式是：将有关工艺流程中存在的问题告诉他们，然后进行讨论，找出解决的办法，最后派出代表来制定新的标准和流程。

策略三，与第三组工人进行沟通的方式是：要求小组的每个人都参加问题的讨论，并参与建立、实施新标准和新流程，每个人参与改革的全过程，如同一个团队一样。

结果令人惊奇。虽然第一组工人的任务最简单，但结果是他们的生产率没有任何提高，工人对管理层的敌意越来越深，在 40 天内有 17%的工人离职；第二组工人在 14 天内恢复到原来的生产水平，并在日后有一定程度的提高，工人对公司的忠诚度也很高，没有人离职；第三组工人在第二天就达到原来的生产水平，生产率在一个月内提高了 17%，工人对公司的忠诚度也很

① Coch L，French J R P. Overcoming resistance to change. Hospital Topics，1948，46（7）：36.

高，没有人离职。

上面这个事例说明，管理者在进行群体沟通时坚持的目的和选择的策略方法对会议沟通的效果有很大影响。上述三种沟通策略都属于群体沟通，即个体与群体之间以及群体与群体之间的一对多、多对多的正式或非正式沟通。但是，这三种沟通策略所产生的结果却不同，其关键的区别在于沟通对象的参与程度。在与第一组工人沟通时，管理层采取的是告知型或传播型沟通策略，沟通对象参与程度很低；与第二组工人沟通时，管理层采取的是征询型沟通策略，有员工部分参与；与第三组工人沟通时，管理层采取的是全员参与型沟通策略，员工参与程度很高。实验结果表明：沟通对象的参与程度越高，所形成的决策越容易得到认可，也容易被人接受，在贯彻执行时也就越顺利，执行力强，效率也高。反之，沟通对象参与程度越低，所提出的决策越不容易被接受，有时虽然表面上接受，但在贯彻执行遇到障碍时，工人就会产生抵触情绪，工作效率也就降低。

基于这样的实验可以看到，群体沟通过程中沟通对象的参与程度和沟通效果关系密切。在企业管理中，管理者进行管理沟通时要密切关注沟通对象的参与程度，通过信息共享、经验交流、思想碰撞帮助员工认同组织目标，获得有用信息，从而提高员工的自我管理能力、创新能力和工作绩效。

6.2.2　群体沟通的特点

群体沟通是组织管理的必要部分，它本身具有两面性。

群体沟通的好处表现为：（1）能够产生更多的主意和信息，使管理者分析问题、解决问题更全面，决策质量也更高；（2）有利于团队成员之间的相互理解，使成员关系更加融洽；（3）由于社会效应的作用，当个人处在群体之中时，会更有干劲和活力，令团队有较高的动力和业绩水平；（4）消除个人在分析问题和解决问题方面的偏差和盲点；（5）更容易采用风险转移的观点——选择更冒险的方案和更创新的行动。除此以外，群体沟通对决策过程和效果也有影响。成员一旦参与群体沟通，可能会产生更多的承诺，因为群体沟通和参与提升了个体的可见度和行为的公共性。另外，群体沟通也有可能提高决策的质量，正所谓“三个臭皮匠，赛过诸葛亮”。

但是，在群体沟通过程中，如果没有妥善的管理和引导，也很容易产生弊端。（1）会议所花时间过长，效率变低。以群体沟通的方式进行决策，有时会因过于追求统一意见而没有效率。（2）存在群体压力。群体沟通时，很容易产生从众心理。由于考虑到其他人的眼光和众人的压力，多数人的意见会变得重要，但未必是正确的。这样，独特的、有洞见的、正确的想法可能会被压制，不敢或不便表达，只能附和他人的意见。(3) 存在专家或领导压力。专家或领导具有较强的权威，一旦他们事先定调，很容易造成群体附和的现象；如果他们不是以平等的、团队参与式的风格与其他成员沟通，或者尽管专家或领导设法采取平等、民主的沟通风格，但其他成员不能适应这样的气氛，就会阻碍充分的双向沟通。较为严重的是，如果这些专家或领导以权威的身份对其他成员的观点采取压制和否定的态度，不但不利于问题的解决，反而恶化领导与群体成员之间的关系，最后导致决而不议。(4) 在群体沟通中，很容易产生以说代做的现象。类似于“三个和尚没水喝”，大家抱有反正不是我一个人的决定的心理，不愿意积极地去解决问题。有时与会成员参与讨论某个重要的问题，仅仅是为了获得“我也参与讨论了这个重要的决定”的成就感。

6.2.3 会议沟通

群体沟通是一系列相互关联的因素共同作用的结果。从群体沟通的过程和沟通环境看，影响群体沟通的主要因素有：文化性因素、社会性因素、心理性因素和物理性因素。

(1) 文化性因素。这里指的是社会文化背景，参与者的知识水平、经验、经历等方面的因素。文化背景差异会影响群体沟通中各成员的参与程度。比如，集体主义导向的员工一般愿意参与群体沟通；而个人主义导向的员工比较喜欢突出个人性格，强调个人决策等。除此以外，沟通者在知识水平、经验和经历方面的差异会影响其对事物的理解，从而影响群体沟通的效果和效率。

(2) 社会性因素。这里指的是沟通者之间的地位差异、职业差异，以及由于组织结构的复杂性而带来的沟通过程中的障碍。地位差异会影响群体沟通的平等对话；职业差异容易造成对专业术语和职业信息的错误理解；组织结构的复杂性容易造成信息传递过程中的失真或遗漏等。

(3) 心理性因素。这里指的是认知障碍、态度障碍、情绪障碍和人格障碍。认知障碍主要是由沟通者认知失调引起的。态度障碍主要是沟通者之间存在的偏见、持不同意见和态度所造成的沟通障碍。情绪障碍主要来自沟通者对参会的情绪和对所讨论事情的情绪。如果情绪不佳，心情不好，就会影响到参会的效果。人格障碍主要是沟通者的性格、气质、价值观等方面的差异所造成的沟通障碍。

(4) 物理性因素。这里指的是客观上的环境因素所造成的障碍。其中包括自然障碍，如天气欠佳；机械障碍，如通信、扩音设备出问题等；距离障碍，如会议中座位的摆放造成与会者相隔太远等；信息过量，如会议的议题过多，或提供的资料太多，与会者无时间阅读等。

通过对群体沟通影响因素的分析，可以帮助管理者在组织和召开会议的过程中慎重应对，选择合理的会议管理模式和方法，从而保证会议沟通的效果。

6.3　会议沟通的过程管理

会议已经成为组织管理中非常广泛的活动。作为管理者，主持或参加会议是其必要的管理职责和任务。有研究表明，管理者几乎有 2/3 的时间都在开会。那么，这么多的会议有多少是有效的呢？有人对一些会议的效果是这样概述的：会而不议，议而不决，决而不行，行而不果。由此我们可以看到某些会议效率低下，甚至无效。为了保证会议的成功，必须实施有效的会议管理。会议的过程管理在很大程度上有助于会议效果的提升。从会议的过程来看，可以分为会议筹备、会议召开和会后跟踪三个阶段。

6.3.1　会议筹备

根据会议管理的基本原理，在会议准备阶段可以遵循 5W1H 的原则，即为什么（why）、什么主题（what）、谁参加（who）、在什么地方（where）、在什么时间或时限（when）、如何开会（how）。

（1）确定会议的目的和目标。召开一次会议，不仅涉及众多的人员，还要付出经济成本和时间成本。因此在确定是否开会之前，首先要审视会议的必要性，如果能够采取其他更经济、更节约时间的方法来解决问题，就不必开会。一旦决定开会，就必须明确会议的目的和目标，以及所需要的时间。

（2）确定会议的议题。会议的议题是根据会议的目的和目标来确定的，不宜太多，一次会议的议题在 3～5 个，而且议题之间要有一定的相关性。组织者要根据相关程度和优先次序安排好会议议题的顺序，使议题紧紧相扣，前后连贯，层次分明。

（3）确定与会人员。在确定了会议的目的、目标和会议议题之后，就可以确定哪些人参加会议。主要是与会议议题相关的人员，同时要考虑到与会人员的职位和工作性质，不能让与会议内容无关的人员来参会，也不能让他人来代替开会。与会人员的多少决定了会议的规模，适当控制会议规模也是决定会议效率的重要因素。同时，还要确定会议的主持人、记录人员和工作人员。

（4）确定会议的地点。会议地点的确定不仅要考虑与会人员的多少，而且要考虑会议的性质和功能。在会议地点的选择上要综合考虑以下因素：既考虑与会人员的便利和舒适，又要避免不必要的干扰；根据会议规模的大小，选择合适的会议场所；会场既便于会议主持人对会议的控制，又便于与会人员的参与和交流；根据会议的议题和功能适当布置会场环境并安排座位；准备和检查会场的设备，保证设备运行良好。

（5）确定会议的时间和时限。确定会议的时间和时限是会议准备的一项重要工作。确定会议的时间，需要考虑三个方面。一是通知开会的时间。要提前告知与会人员参加会议的时间，让与会人员做好准备；除非遇到非常紧急的事情，否则不临时通知开会。二是开会的时间。开会时间的选择要考虑到与会人员的工作安排。三是开会所需要的时间，也就是时限。一般会议的时长在2～3小时。长时间的会议通常会安排多种内容和形式，以避免与会人员精力不集中或产生疲劳。

（6）会议的组织。在会议准备阶段，主要通过拟定会议议程来制定会议计划。会议议程一般包括会议准备工作的各个项目。会议议程一方面可以检查会议的准备情况，另一方面可以为下一步会议的召开奠定基础。拟定会议议程或制定会议计划是组织会议的第一步。

会议筹备阶段，除了按照5W1H的原则进行准备，还有一些必要的准备工作，如发送会议通知，印发会议资料，布置会场和调试会议设备，联系和安排会议人员食宿，安排与会人员的交通等。

6.3.2 会议召开

会议召开一般都是按照事先拟定好的会议议程进行。会议召开过程可以分为三个阶段：会议开始、按照会议议程开会和会议结束。

首先是会议开始阶段。会议主持人宣布会议开始，首先说明会议的目的和主题，介绍参加会议的主要人员和其他与会人员，说明会议规定，提醒与会人员需要注意的相关事项。会议主持人在会议开始时要营造与会议主题相适应的气氛，使与会人员尽快进入会议状态，投入会议之中。然后，会议主持人按照会议议程逐项进行，一方面要控制好每一项议题的时间，另一方面要使议题圆满完成。会议主持人要根据会议的性质和目的，控制会议的气氛和形式。如果是信息交流或讨论，会议主持人既要调动与会人员积极参与，又要防止冷场或个别人控制场面；如果是信息传播或贯彻落实事项，会议主持人要控制会场秩序，鼓励与会人员倾听并做好笔记。无论采取何种形式，会议都必须紧扣目标和主题，避免离题，或陷入无端的争论，或出现心不在焉、开小差等情况。最后，会议议程进行完毕，会议也就结束了。会议结束之前，会议主持人必须就会议做出总结。总结的内容主要包括：对会议进行简要的评估；对会议形成的决议进行确认，同与会者达成共识；对会后需要落实和实施的有关事宜做进一步的明确，并提出检查和督促的要求；感谢与会人员的配合。

会议召开期间，要安排好会议记录和服务。在举行大型会议或长时间的会议时，需要成立会务组，必要时还要准备应急预案，以防止突发事件的发生，如停电、设备故障、与会人员身体不适等。

6.3.3　会后跟踪

会后跟踪是会议结束后执行会议决议、完成会议各项事宜的关键，也是提高会议效率的必要措施。会后跟踪一般包括：撰写和发送会议纪要或会议决议；督促检查有关事项的落实情况；协调各部门落实会议决议；兑现会议的承诺；必要时发送催办通知；等等。

6.4　会议沟通的策略

除了上述 5W1H 会议管理基本原则外，管理者还应该掌握必要的会议管理策略和技巧。会议管理的策略和技巧对提高会议效率起着非常重要的作用。具体来说，以下策略较为关键。

6.4.1　拟定会议议程

会议议程是会议目的、内容和主题思想的载体。一方面，会议主持人按照会议议程组织会议；另一方面，可将会议议程提前发给与会者，让他们做好参加会议的准备。这对于提高会议效率起着非常重要的作用。会议组织者在会议召开之前必须拟定好会议议程。会议议程的安排和格式会因组织或个人风格不同而不同，但是，其主要内容应该包括以下几个方面：会议名称、会议召开的日期及具体时间、会议地点、会议时长、与会人员、会议承办单位或主持人、会议主题内容、会议预期的目的、会议召开的背景信息和会议的附录资料。

会议计划是在会议议程的基础上做更详细的安排。会议通知是将会议议程的主要内容以通知的形式发送给与会人员。在进行会议文本写作的时候，语言要简洁明确，内容要层次清晰。要多用精确语言和描述性语言，避免表述含糊，令人产生疑义。

6.4.2 撰写会议纪要

会议纪要是在会议记录的基础上，对会议的基本情况、会议议程的完成情况、会议议定的事项等主要内容经过整理，需要贯彻执行或对内对外公布的具有纪实性和指导性的文件。其主要用于例会、座谈会、专题会及工作会议。会议纪要的主要作用是可以让上级了解会议情况，便于及时指导；也可以向与会部门、相关单位或个人传达会议精神及议定的事项，便于贯彻执行。会议纪要是文本文件，还可以存档备案，作为历史文献。

1. 会议纪要的基本特点

(1) 会议性。会议纪要是根据会议的指导思想和会议记录，将会议的基本情况、主要精神和议定的主要问题进行综合、加工、整理而形成的公文，是会议的产物，记载对象和内容都必须紧紧围绕会议，真实记录会议的情况。

(2) 议定性。会议纪要所要传达的事项和主要精神必须是经过会议充分讨论、比较研究、统一认识后形成的一致意见。未经会议讨论或议而未决的事项以及各种分歧意见不能写入会议纪要中。

(3) 执行性。会议纪要具有较强的约束力和权威性，它所传达的经会议议定的重要事项和主要精神，与会单位必须共同遵守执行。因此，会议纪要一经通过、形成文件发出后，就成为一定范围内指导工作、解决问题的重要依据，它属于指示性公文。

(4) 行文关系多样性。会议纪要主要下行发给与会单位及其下属部门，传达、贯彻执行会议精神和决策；还可以向平行机关发出，传输会议精神，扩大会议影响；有些会议纪要也可向上呈报，让上级机关及时了解会议情况，必要时做出指示。会议纪要的行文关系比较复杂，但主要用于下行，属于下行文。

2. 会议纪要的基本类型

根据适用范围、内容及作用，会议纪要通常分为两种类型：工作会议纪要和协商交流性会议纪要。

(1) 工作会议纪要。这主要适用于领导机关或组织高层的办公会议、例会或专题研讨会等形式的重要工作会议。这种会议往往是领导机关或高层领导为解决当前工作中的实际问题召开的，会议侧重于交流信息、统一认识、制定措施、做出决定。会后撰写纪要，以便传达贯彻，更好地开展工作。这种会议纪要具有较强的方针性、政策性、法规性和行政约束力。

（2）协商交流性会议纪要。有的会议侧重于汇集信息、交流工作情况和经验体会，如现场会、经验交流会、业务协商会、学术讨论会等。这种会议形成的会议纪要即协商交流性会议纪要，主要起协调、交流、促进等作用。

3. 会议纪要的写作

会议纪要的写法也因企业或组织者的风格不同而不同，但是会议纪要的主要内容应该包括以下几个方面。

（1）标题。由会议名称和文种组成。

（2）文件日期。通常写在标题之下，居中，用括号括起。也可在文末右下角标明日期。

（3）正文。正文是会议纪要的主要部分，一般包括两大内容：

一是会议概况，在正文开头部分简要地叙述会议的基本情况，其中包括会议名称、目的、时间、地点、参会人员、议程和主要收获等。

二是主体部分，主要包括会议研究的问题、讨论中达成的共识、做出的决定、提出的任务要求，以及领导的指示要求等。

（4）结尾。结尾处简明扼要地提出希望、号召，要求有关部门认真贯彻落实会议精神和决议。

会议纪要主要采用写实的风格，根据会议的类型和规模，主要的写作方法有概述法、发言记录式方法、归纳法等。在文字表达方面要做到简洁准确、流畅通顺，对事项描述要客观清晰、观点明确、是非分明。

6.4.3　选择会议主持人

会议管理的成效主要在于会议的组织和控制，会议的组织和控制关键在于会议主持人或会议主席。要当好会议主持人，主要从以下三个方面着手：一是培养会议主持人的特质；二是认真履行会议主持人的职责；三是掌握必要的会议主持技巧。

1. 会议主持人的特质

作为一名合格的会议主持人，应该具备以下特质：目标明确、立场客观、善于组织、综合能力强等。这些特质既有先天的，也可以靠后天培养。每个人都可以在会议管理的实践中不断学习和掌握这些能力和特质。

2. 会议主持人的职责

根据会议管理的三个阶段，会议主持人的主要职责如表 6－1 所示。

表 6－1 会议主持人的主要职责

会议筹备阶段	会议召开阶段	会后跟踪阶段
(1) 组织或参与会前的议题、议程讨论和决策； (2) 组织或布置会议资料和会议通知的准备及发放工作； (3) 负责检查会议的准备情况，确保会议顺利召开； (4) 做好会前的沟通协调工作。	(1) 提前到场，组织会议工作人员做好会议开始前的准备，发现问题及时解决； (2) 准时开会，按照会议议程主持会议，控制每项议程的主题和时间； (3) 维持会议秩序，避免会议中的不必要冲突； (4) 安排好会议的记录和资料收集工作； (5) 对会议进行概括总结。	(1) 组织安排会议纪要的起草、审核、通过和发放工作； (2) 检查会议纪要的贯彻和落实情况； (3) 协调和解决会议纪要落实过程中的问题； (4) 协调有关部门落实会议所做出的承诺。

3. 会议主持人需要掌握的技巧

在主持会议的时候，现场管理和场景管理需要技巧，比如座位的安排、气氛的调节、背景和现场的连接、对与会人员现场提问的反应、运用技术手段和寻求行政支持等。

6.4.4 会议沟通问题应对

在现代企业或其他组织中，会议已经成为一种必不可少的沟通形式和手段，但是当会议这种群体沟通手段无所不在的时候，大家对会议沟通的评价褒贬不一。有人认为会议有多种形式，它们给信息的发布、获取、交流以及共享提供了很好的机会；也有人认为会议把各个因素推上了舞台，不可避免地带来了冲突、矛盾；还有人仅把会议作为形式，参与的积极性明显下降。在这一部分首先分析会议沟通过程中各种问题出现的原因，其次对如何提高会议沟通的成效提出建议，最后对会议沟通形式和手段进行介绍。

1. 会议沟通过程中的问题

当人们对会议沟通的形式产生消极情绪时，一般会有这样的想法：开会是领导的事，会议是领导宣布政令的场所，开会既浪费时间又解决不了实际问题。这些想法一方面会降低人们对会议的参与度，另一方面会降低会议沟通的成效。会议是组织特别是企业中最常见且必要的一种沟通方式，为信息的发布、获取、交流以及共享提供了很好的机会，那么这种有效的沟通方式为何引起人们的反感呢？

在分析团队沟通中为何会出现问题时，有学者通过初次张力（个体初次相遇时的不安与不适情绪）和二次张力（在一个团队随后的发展过程中个体所表现出的压力和紧张）来解释。会议前，初次张力的作用让个体感到不安，可能产生沟通焦虑的心理，从而对会议过程冷漠、厌恶；而会议开始后，会议过程中的公平张力、情感张力等又可能会对个体产生压抑、制约。不管在会议前还是会议中，产生这种消极情绪和抵抗态度的原因有以下几种。

（1）假共识问题。假共识问题是指在会议中达成高度一致的共识，而这种共识有时是有悖常理的。在会议过程中，可能有三种原因导致这种问题：首先是集体思考，在会议中当某个成员提出一个建议时，其余成员会很自然地接受建议而不去认真考虑建议的可行性和优缺点，因为人们往往不想自寻烦恼；其次是权威影响，当一个强势成员甚至是领导提出建议时，由于对权威的畏惧，个体更有可能表现出一惯的拥护和支持；最后是从众心理，当会议中大部分成员对某一建议表示认同时，迫于压力，个体往往会选择认同。这些原因导致个体在会议中不能独立、认真地思考问题，从而出现假共识问题。会议中出现的一致性也并不都是假共识，但仍要引起管理者的注意。

（2）不公平问题。当会议中成员感受到不公平的会议氛围时，也会影响其参与热情，这种不公平可能是部门间的权力与利益分配不平衡所致，也有可能是多数成员的民族主义情结所致，这种傲慢和偏激会使会议沟通的成效大打折扣。

（3）目标不明确。会议目标不明确会对会议的效果产生直接的破坏性影响，会议讨论方向的发散导致最终的会议结论凌乱，而与会人员也会在“云里雾里”中熬过一个漫长却无果的会议。

（4）客观因素。当然还有一些影响会议成效的客观因素，如时间、环境、发言者等。会议时间过长，与会人员易产生烦躁、厌恶的情绪；环境的嘈杂、脏乱等也会影响与会人员的情绪；发言者过于健谈也可能令与会人员厌烦等。

2. 应对方法和措施

虽然会议可能会引起上述问题，但它作为一种有效的沟通方式对于组织的高效运转是必不可少的。会议沟通的必要性和重要性在前文已经提及，接下来主要从会议过程中讨论方式的角度出发，对提升会议沟通成效提出几点建议。在会议过程中尽量采取以下讨论方式，可尽量避免不公平氛围、假共识等问题。

（1）头脑风暴法。头脑风暴法又称智力激励法，是指一群人围绕一个特定的兴趣点或议题没有拘束地提出新观点的方法。任何会议成员进行头脑风暴提出的建议都不会被指责或批评，这种方法有利于发现具有创造性的解决方案。

（2）名义群体法。名义群体法要求与会者写好关于议题的建议，并轮流发言讲述自己的方案，其他成员在认真听取后，对自己认为最好的某个解决方案进行匿名投票，领导通过统计结果来确定最终方案。这种方式可以避免一致性问题的产生，也可以创造公平的讨论氛围。

（3）综合法。会议通过识别问题、头脑风暴、方案评估、最优方案选择等步骤来综合推进会议。

6.4.5 会议沟通趋势分析

随着经济的发展和科技水平的提高，多媒体会议、数字会议不再新鲜，其便捷性、即时性、远程性突破了实体会议的很多局限，逐渐成为组织会议形式的潮流。

网络视频电话会议是以网络为媒介的多媒体会议平台，会议参与者可以突破空间的限制实现面对面交流，通过先进的视频、音频技术，使用强大的数据传递与共享功能，能够大大提高会议沟通的效率。此外，网页化和云计算的发展将使会议更加便捷高效。

总之，会议沟通是管理者必须掌握的沟通类型和形式。在管理者的实际管理过程中，会议管理是必不可少的环节。从组织的角度看，如果将会议管理做好，对企业提高效率及员工认同有很大价值。

□ 思考题

1. 什么是会议沟通？
2. 会议沟通有哪些主要类型？
3. 会议沟通的过程中有哪些环节？
4. 影响群体沟通效果的主要因素是什么？
5. 提高会议沟通效率的主要策略有哪些？

□ 案例

高管的疑惑

J集团是江苏省T市房屋建筑工程总承包行业拥有特级资质的施工企业，具有建筑装修装饰、起重设备安装、钢结构、机电设备安装等4个专业承包一级资质，市政施工总承包二级资质，地基与基础工程专业承包二级资质，消防设施工程专业承包三级资质等。目前拥有各类技术人员 1 850 名，其中高中级职称人员 518 名，一、二级建造师 317 名。施工地点分布于上海、北京、南京、苏州等 20 多个国内城市及阿尔及利亚、新加坡、日本等。公司在多元化经营战略下涉足房地产、国内贸易、矿山开发、制药等行业。2013 年，公司产值近 110 亿元。

J 集团的发展历史

J 公司成立于 20 世纪 60 年代，当时为地方国营建筑工程公司，改革开放以后更名为 T 市 J 建筑安装工程公司。经过多年的发展，公司有了很大进步。

20 世纪 90 年代中期，为提高地方建筑公司的整体力量，政府主导 J 公司与两个乡镇建筑企业合并，并将公司的二级资质升级为一级资质。随后，在政府主导下又和地方的建筑工程管理局合并，在承接建设项目的同时能够主导一方的建设工程管理。到了 1997 年，该公司经上级政府机构批准，成为集团有限公司。

2002 年年初，公司改制为民营企业。2003 年，公司通过质量、环境和职业健康安全一体化管理体系认证。

2006 年，公司董事会换届，成立了以马天空董事长为核心的第二届董事会。

2006 年 8 月，国家建设部批准其为房屋建筑施工总承包特级资质企业。

2007 年，公司组建技术中心。

2008 年，公司加大对信息化管理的投入，建立公司局域网和 OA 办公平台。在此期间，公司先后取得了 3 项国家级工法以及 8 项国家专利和 15 项省级工法认可。

2008 年以后，公司开始加快多元化经营的步伐。从原有的建筑安装主业拓展到矿产、金融、投资和超市经营等多个领域。此后，公司的管理显得较为薄弱。

J 集团的组织结构如图 6－1 所示。

J 集团经营管理现状

2008 年以来，J 集团高层的经营思想发生很大变化，表现为对建筑安装主业的兴趣逐渐变淡，并逐步向资本运作和投资方向转移。与此同时，公司组织结构并没有进行相应的调整，公司股权结构没有随着经营方向的变化同步变化。比较明显的是，高层会议议事规则不明确，总经理聘任与职责、权力不对等。企业的管控体系多年没有进行调整，总部与分公司之间的关系不明晰、企业的经营管理决策机制不完善、对职能部门的任务界定不明晰。此外，企业的激励机制也需要完善。上述问题对 J 集团的发展产生较大影响。公司何去何从，大家心里都没底。

J 集团会议沟通现状

J 集团的正式会议主要有董事会、经理办公会、年度会议、年终会议等。在 J 集团，董事会一般一年召开 2～3 次，当公司有重大经营计划或投资方案时也会临时召开。但每次开会的时间都不确定，议题也不会事先通告。通常情况下，董事长认为有重大投资项目要宣布的时候，就会开董事会。至于公司的经理办公会，一般在

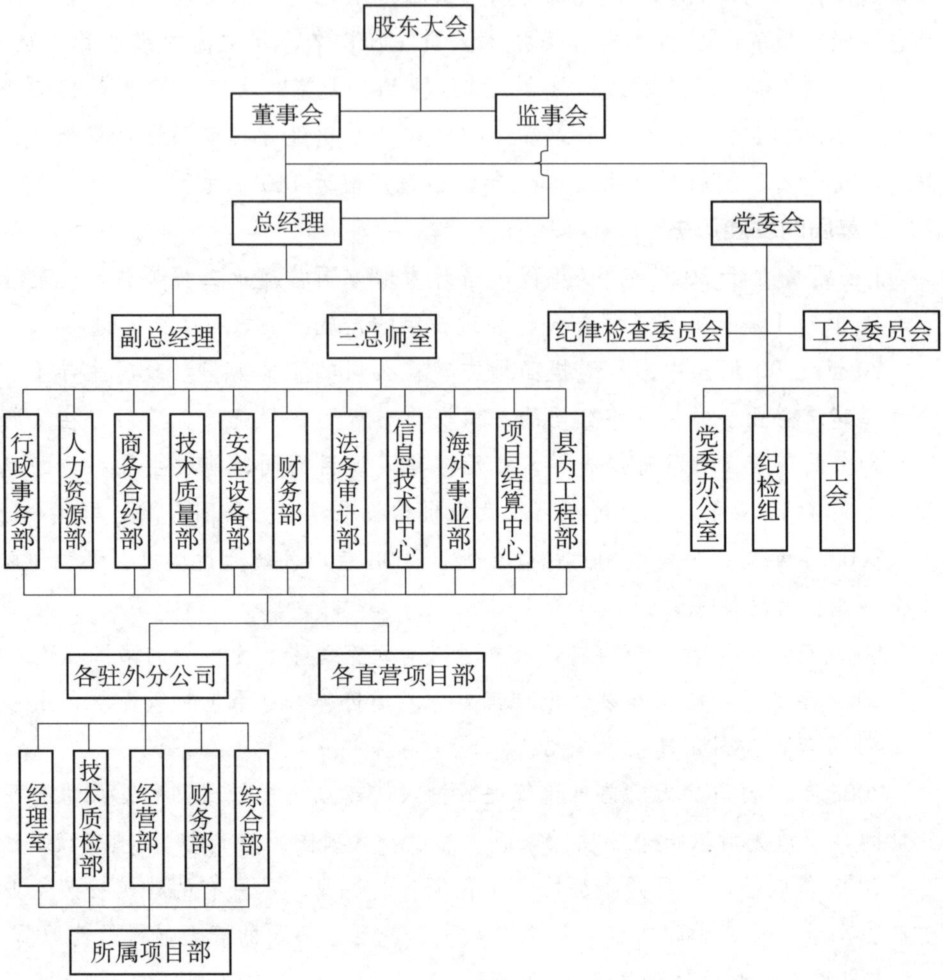

图6-1 J集团组织结构图

每周一上午定期召开，部门经理以上管理人员都要参加。会议内容包括通报公司过去一周的工作进展、各部门遇到的困难、提出的合理化建议等。但是，由于公司宏观层面的目标不清晰，内部管理也较为粗放，经理办公会只是一种形式。会议气氛较沉闷，参会人员很少讨论重大的实际问题，而且对总经理提出的看法不发表真实意见。

2014年，公司董事长又有新的资本投资计划，所以想召开高层会议。在这次会议召开以前，公司副董事长说服董事长找一个咨询机构做调研，了解公司的大股东和骨干对新投资计划的看法。董事长同意了，聘请了第三方咨询机构来公司进行调研。在第三方咨询机构召开的访谈会上，大家畅所欲言。有人认为公司应该坚持主业，不应该搞资本投资，如J集团直营项目部负责人王总认为：直营项目应该是J集团着重发展的业务，一方面要对下面分公司的权力、核算进行回收，另一方面应该集中精力搞好主业，投资不是J集团的主业。有人认为高层应该信息透明，将公司每年的大事要事进行公布，J集团S市分公司刘总讲：我们的董事会、股东大会制度不健全，议事规则也不明确，开会不知道主题，会议中大家沉默不言，高层想怎么做就怎么做，没有约束，也没有监督，我们不想掺和这些事，还是安心做好我们自己的主业吧。大家对公司过去的辉煌成就念念不忘，希望公司在董事长的领导下重振辉煌。

无声的会议

董事长了解到这些情况后，决定再次召开骨干会议。他抛出一些议题，但令人吃惊的是，与会者还是保持沉默。董事长很纳闷：这些家伙到底怎么想的？他们是真糊涂还是假糊涂？他们总是一副“什么事交给董事长，我们放心”的样子。这样下去可不行啊。因为会上看着没有任何反对意见的决议，到了执行的时候一定会走形。开会起不到交流、通气和统一思想的作用，对公司的未来很不利。董事长暗暗思考：要怎么做才能打破目前的会议僵局呢？

案例思考题

1. 案例中J集团召开的会议为什么不能起到应有的作用？

2. 该公司在会议管理上应该建立哪些机制，才能收集到所需要的信息以及相关方的真实想法？

3. 在公司会议决策过程中，公司的总经理应该扮演什么角色？

4. 该公司董事长在召开会议并通过会议做决策的过程中犯了哪些错误？从沟通策略角度看，对于公司重大问题的决议，他应该如何通过会议来解决？

5. 假设你是该公司请来的新任总经理。根据公司的现状，你决定聚焦于主业。你需要就公司未来三年的战略方向、策略选择、团队建设以及企业改善向董事会做汇报。你认为应该召开一次公司高层会议，明确公司方向、设定未来三年重点投资项目、推动组织能力建设等。现在就会议的类型和规模、参加的人员、开会的地点和时间，以及会议目的等拟定一份会议日程。

第7章 冲突管理和沟通

本章思维导图

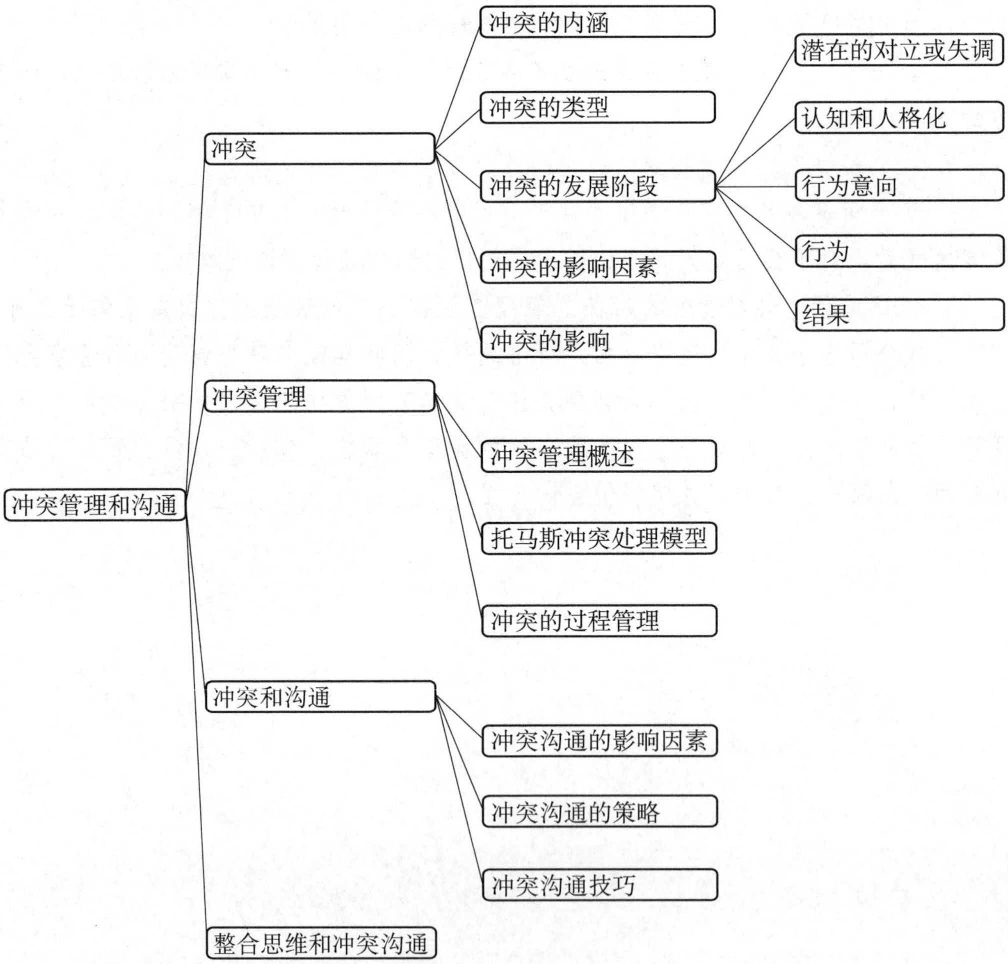

本章要点

◎ 冲突
◎ 冲突管理
◎ 托马斯冲突处理模型
◎ 冲突管理过程
◎ 冲突沟通的影响因素
◎ 整合思维
◎ 冲突沟通技巧

冲突是组织管理中很常见的现象。管理者掌握冲突管理和冲突沟通的原则、策略和技巧对提高管理效率、激发员工动力以及取得组织绩效有很大价值。本章介绍了冲突的内涵、类型和导致冲突的主要原因；对冲突管理进行了系统描述，如托马斯冲突处理模型和冲突的过程管理等。在面对冲突场景的时候，管理者要善于区分冲突的性质，厘清冲突的原因，找到应对的策略，形成有利于组织目标的结果。冲突的解决以及不同冲突的沟通和协调需要管理者有整合思维，善于从整体角度、系统角度以及创新角度来找到解决冲突的方法。

7.1 冲　突

7.1.1 冲突的内涵

冲突在生活和工作中司空见惯。冲突有时富有建设性，有利于沟通主体的能力提升以及促进组织效率的提高；有时具有破坏性。如果管理不当，引导不力，容易激发沟通主体的负面情绪，令其产生对抗心理和敌意，从而破坏团队氛围，降低效率。由于不同主体对同一事物持不同的态度，采用不同的处理方法，因而容易产生矛盾。矛盾激化到一定程度以后，就会产生冲突。

罗宾斯（Robbins）认为冲突是主体感知到的矛盾差异所导致的某种形式的失序或对立。[①] 冲突是两个或两个以上相关联的主体，因互动行为所导致的不和谐状态。冲突有两个特性：必须被各方感知到；不同主体一定存在意

① 斯蒂芬·罗宾斯，蒂莫西·贾奇．组织行为学：第 16 版．北京：中国人民大学出版社，2016.

见的对立或不一致。

冲突有不同层面。当一个主体对待事物产生心理的对立或矛盾时，就会出现个体内部的冲突。在组织场景中，常见的是人际冲突。组织内部成员之间、成员个人与组织之间、组织中不同团体之间，由于分工的差异、利益的矛盾或认识的不一致经常出现彼此抵触、争执或攻击的行为。当然，冲突也时常出现在不同组织间。由于竞争、话语权、资源稀缺、目标与程序等方面的不一致，组织之间出现冲突也是常事。冲突是一个动态过程，它是在人与人、人与群体、组织与组织之间相互关系和相互作用的过程中发生的。冲突就是不同主体间在相互作用的过程中对活动、对象、预期等事物的不一致所引发的矛盾。它是组织管理和人际关系管理中多样化的特殊表现。

7.1.2 冲突的类型

从不同的角度可将冲突分为不同的类型。根据冲突的功能，有建设性冲突和破坏性冲突。根据冲突的原因，有程序冲突、信息冲突、价值冲突、利益冲突、关系冲突和情绪冲突。按照冲突发生的层面，则有个体冲突、团体冲突和组织间冲突。

在组织场景中，根据管理的需要，可以将冲突划分成任务型冲突、关系型冲突和过程型冲突。任务型冲突与工作的内容和目标有关；关系型冲突和人际关系有关；过程型冲突与完成工作的方法和步骤有关。上述冲突会造成两种结果：正常和失常。正常的或者具有建设性的冲突在一定程度上有利于提高群体的工作绩效。失常的冲突则有破坏性并会降低群体工作绩效。

事实上，关系型冲突比较容易带来破坏性后果。关系型冲突很多时候和主观情绪有关，一旦冲突发生，沟通双方不容易找到客观衡量标准，从而出现防御和战斗心理。这种人际冲突会破坏人与人之间的理解和信任，妨碍组织任务的完成，从而降低效率。相比较而言，过程型冲突和任务型冲突能够从事物和流程那里找到相对客观的判断依据。如果沟通和管理得当，可能产生积极效果。

7.1.3 冲突的发展阶段

著名的冲突“五阶段发展模型”详细描述了冲突在不同发展阶段的特征。[①] 冲突的发展会经历五个阶段，分别是：潜在的对立或失调、认知和人

---

① 斯蒂芬·罗宾斯，蒂莫西·贾奇．组织行为学：第16版．北京：中国人民大学出版社，2016.

格化、行为意向、行为和结果（见图 7－1）。

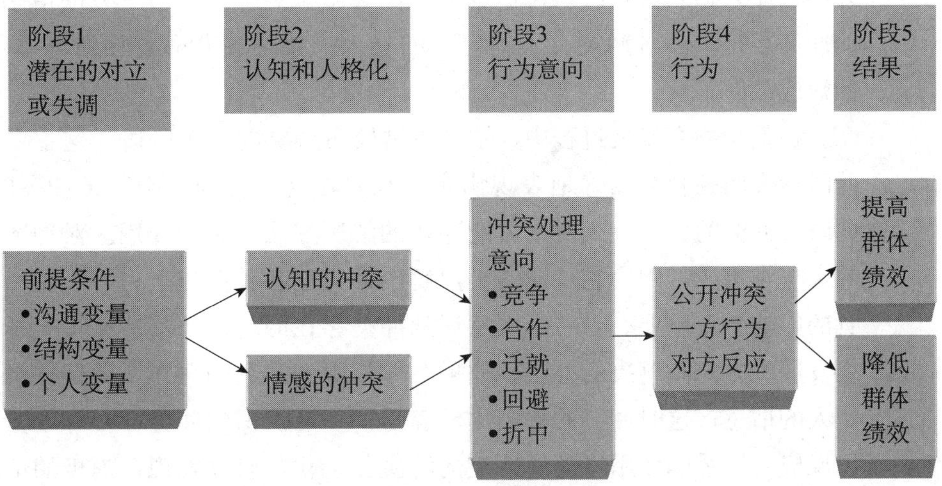

图 7－1　冲突过程示意图

阶段 1：潜在的对立或失调

冲突过程的第一阶段表明发生冲突的条件。这些条件并不一定直接导致冲突，但它们是冲突发生的必要条件。总体来讲，这些必要条件和沟通过程、结构性因素和个人因素等有关。

沟通过程中，沟通主体间对所涉及的词汇有不同理解、信息交流不充分，容易引发不一致。除此以外，还有噪声和干扰妨碍沟通顺利进行。沟通主体间受教育水平的差异、选择性知觉、不了解背景等都有可能成为冲突发生的潜在条件。更重要的是，沟通的频次和内容以及渠道等可能也会带来冲突。

结构性因素指的是群体规模、群体成员的任务性质、群体成员间的依赖程度、管理幅度、员工能力和目标之间的匹配性、领导风格以及奖励系统等，这些因素也会成为冲突发生的潜在条件。

个人层面的因素和情绪以及感受有关。比如第一次遇见某人你就不喜欢他，那么他的很多观点你可能会不赞成，连一些细微的特点都令你讨厌，比如对方说话的声音、动作姿态等。假如和这样的人共事，发生冲突的可能性就比较大。

阶段 2：认知和人格化

由冲突的定义可知，冲突是否发生，关键在于人们是否意识到了冲突。只有当一方或多方意识到冲突或感受到冲突时，潜在的对立和失调才会显现出来。在冲突发展的第二阶段，人们认识到了不一致，或一方对另一方关心的事情造成了某种程度的消极影响。在这个阶段，人们对冲突的感知可以分为认知的冲突和情感的冲突。认识到冲突的存在并不意味着它人格化了，它并不会使人感到紧张或焦虑，也不一定会影响到一方对另一方的情感。情感的冲突是指个体对冲突有了情感上的卷入，此时各方都会感到焦虑、紧张、挫败或敌对。

在整个冲突发展过程中，本阶段是最为重要的一个阶段。这主要是因为此时冲突问题容易明确地表现出来。双方在这一过程中确定了冲突的性质。同时，冲突的界定方式对于可能存在的解决办法会起到作用。对冲突情境的界定非常重要，因为它可能勾勒出解决冲突的各种办法。另外，情绪对于知觉的影响十分重要。当一个人意识到冲突存在的时候，其情绪将会影响到冲突发展的方向和解决的办法。如果个体认识到冲突的存在，但是并没有卷入个人的情感，这时冲突的解决比较容易；一旦认识到冲突存在并在情感上做出反应，情感的作用将会使冲突的解决复杂化。研究发现，消极的情绪会导致问题过于简单化处理，导致信任感降低，针对对方表现出来的行为也会做出负面的解释；相反，积极的情绪则增加了针对困难问题考虑其各项因素中潜在联系的可能性，个体会用更加开阔的视野看待情境，采取的解决办法也更具创新性。

阶段 3：行为意向

行为意向是介于个体的认知、情感以及外显行为的事物，具体来说是在面对某种冲突情境时采取某种特定方式的想法和打算。在冲突情境中，双方都会做出自己的反应，而这种反应大多是根据对方的行为意向做出的。如何针对他人的行为意向做出反应，沟通者必须首先推断他人的行为意向。很多冲突之所以不断升级或者造成两败俱伤的结果，主要是因为一方错误地推断了另一方的行为意向。要注意，行为意向与行为之间有较大的距离，一个人的行为并不总能准确地反映出他的行为意向。从行为意向到采取行为的过程中还存在许多变数。

阶段 4：行为

冲突行为通常是冲突各方实施各自行为意向的公开尝试。它首先是在对对方行为意向的判断和预测的基础上做出相应的反应，或一方采取试探性的行为，另一方相应做出自己的反应，由此交替进行，不断发展，形成了冲突行为连续体。冲突的行为过程是一个明显的相互作用的动态过程。行为过程也并不是一味地递进式发展，如果有一方改变行为意向，做出一个相反的行为姿态，另一方有可能随之改变自己的行为，双方可能会回到原来的冲突状态。在冲突行为连续体的最低端，冲突以微弱、间接、高度控制紧张状况为特点。而在冲突行为连续体的顶端，冲突具有很大的破坏性，双方的行为表现非常激烈，如争斗、攻击、罢工、骚乱甚至战争等。大多数情况下，在冲突行为连续体的低端位置的冲突常常是功能正常的，而在冲突行为连续体的顶端位置的冲突常常是功能失调的。

冲突行为并不总是行为意向的表现。行为与行为意向是不同的，冲突行为的表现常常带有强烈的刺激性，加上对行为意向判断的失误，或在实施过程中缺乏经验，行为表现会出现误差，即外在行为有时会偏离原来的行为意向。

阶段 5：结果

冲突双方的"行为-反应"互动导致了最终结果。其结果可能有两种：一是功能正常，提高组织绩效；二是功能失调，降低组织绩效。

冲突管理都希望出现功能正常的结果，提高组织效益。在冲突管理中，要得到功能正常的结果，管理者的管理水平起到非常重要的作用。首先，管理者要能够控制或把握冲突的性质、类型，找到引发冲突的真正根源，并能够在冲突的适当阶段采取适当的管理手段适时解决冲突，将冲突引向理想的状态。其次，在冲突管理过程中，管理者的沟通策略与技巧非常重要。激发冲突和控制冲突都需要高超的沟通技术。最后，最重要的冲突管理因素就是组织文化。研究结果表明，抑制冲突的组织文化与鼓励创新的组织文化在冲突管理中会产生截然不同的结果。

7.1.4　冲突的影响因素

在组织情境中，影响冲突的主要因素有：认知差异、目标差异、信息差异和角色差异。

（1）认知差异。按照认知科学的理论，认知是人们获得和运用知识的过程，也可以称为信息加工过程。人们通过自己的感官从外部获得信息，经过处理转化为内部的观念或概念，并存储在大脑中，然后经过一系列的处理，将内部的观念或概念转化为语言或其他行为，成为输出的信息，并对外部的刺激做出某种特定的反应。但是，在信息加工过程中，由于各种因素的影响，即使个人接收同样的信息，加工之后形成和输出的观念或概念也有可能不同。而这些不同的观念或概念对同样的外部刺激又会做出不同的特定反应。知觉的认知理论认为，知觉是一种积极的、主动的、多层次的信息加工（或信息处理）过程。知觉不是由输入刺激直接给予的，而是当前存在的刺激与知觉者的某些内部过程相互作用的结果。知觉既依赖直接作用于感官刺激物的特征，也依赖感知的主体。知觉者的知识经验、对事物的态度以及对活动的预先准备状况都会在一定程度上影响知觉的过程和结果。在组织情境中，感知到的真实经常会妨碍沟通者了解客观事实，并因此产生冲突和矛盾。

（2）目标差异。目标是重要的组织特性之一。任何组织都有目标。巴纳德认为组织就是要协调成员共同努力，借助不同的管理机制去实现组织目标。[①] 但是，组织的专业化和部门化会使不同层级和不同职能部门的人对组织目标有不同的解释和认定。例如，某保险公司承保中心与理赔中心的部门目标就存在差异：承保部门的目标是不断扩大承保业务，而理赔中心的目标是降低承保风险，减少理赔。这两个部门由于目标差异而产生冲突的可能性比较大。

另外，为了保证组织整体目标的实现，组织将总目标按照各个部门的职能和职责分解为次级目标，这些次级目标与部门的利益存在密切关系。这样，各部门为了各自的目标和利益会强调自己目标的重要性，而忽略总体目标和其他部门的目标，致使次级单位目标内化，造成与其他部门之间的目标差异。组织成员的职责与任务不同，也容易产生冲突。

（3）信息差异。信息是管理重要的前提条件。在管理过程中，沟通者需要收集、整理、理解、传递和交流信息。但是各方对信息的不同解读以及信息交流过程中所附带的情绪容易引发冲突。

在信息收集过程中，如果信息渠道不同，也容易引发差异，造成冲突。按照组织结构的特点，信息流有向上、向下和横向的渠道。组织内部沟通中又有正式沟通和非正式沟通两种形式。多渠道和多形式的信息交流固然可以丰富信息内容，但同时也加大了信息的差异性，降低了信息的准确性。如果管理和沟通不力，就容易造成冲突。

在组织中还存在信息过滤现象。沟通者在接收信息时不可能将传递来的所有信息统统汲取，而会从中选取自己所需要的信息，然后按照自己的方式进行理解和处理。每个人对信息的需求不同、理解不同，处理信息的方法也不同，导致最后理解和处理信息的结果存在差异。在组织沟通中，信息按照组织层级逐层传递，每个层级的接收者都会对信息进行一定的过滤，这样就不可避免地发生信息偏差和误解。

（4）角色差异。组织中的每个成员都有自己的职位，扮演着与其职位相适应的角色。角色差异主要表现在以下三个方面：角色期望与个人能力相矛盾、角色期望与个人行为相矛盾、角色期望不兼容。

第一是角色期望与个人能力相矛盾。按照人力资源管理的原理，组织中要做到人岗匹配和人事相宜。如果出现职位要求与个人能力不相匹配的情况，或者组织要求个人承担的职责与个人的性格、技能、能力和个人期望相冲突，就会使其在工作中遭受挫折，有心理压力并感到矛盾，从而使任职者对实现组织的角色期望缺乏信心。

第二是角色期望与个人行为相矛盾。角色期望指组织对成员充当某一角

---

① 巴纳德．经理人员的职能．北京：中国社会科学出版社，1997.

色的行为要求。具体地讲，就是组织成员的行为表现要符合组织的要求。实际上，在组织内部常常会出现组织成员的行为表现与组织要求不相符的现象。特别是当一方坚持以自己的价值观和行为准则来要求对方时，不可避免地会产生一种冲击力。这种期望与行为的矛盾在组织与组织之间、组织与成员之间都存在。

第三是角色期望不兼容。作为一位管理者，在组织中时常要扮演不同的角色，同时也要面对不同的角色期望。角色期望不兼容有两种情形：一种是角色期望互相排斥；另一种是角色期望不能同时实现。角色期望相互排斥是指管理者面对来自不同方面的角色期望却不能兼顾。例如，上级要求管理者的角色是严格管理，加强监督，提高工作效率；而他所管理的部门成员对他的角色期望是关心下属，为他们争取更多的利益，大家和睦相处，少一些竞争。很显然，这两种角色期望是互相排斥的。角色期望不能同时实现是指管理者扮演了多种不同角色却不能在同一时间完成。亨利·明茨伯格认为，管理者扮演着 10 种不同而又相互关联的角色，或者表现出与工作有关的 10 种不同的行为。[①] 这 10 种角色或行为可以分为三大类：人际的角色、信息的角色和决策的角色。但是，由于时间是有限的，这些角色期望不能同时实现，需要管理者根据优先次序逐一完成。

上述这些差异的存在导致组织内个体之间、部门之间、个体和组织之间产生冲突。

7.1.5　冲突的影响

如前所述，在组织中，冲突既有正面影响也有负面影响。它的正面性表现为：首先，冲突会将组织中的问题或矛盾暴露出来，引发关注，有助于问题的解决；其次，一定程度的冲突和矛盾有利于组织内部不同力量之间的制衡，有利于组织机制的完善；再次，冲突有的时候会倒逼创新，通过创新，各方在冲突过程中可能找到更大的利益点，这样不同利益方可能不计前嫌，形成新的联盟，进入新的关系发展阶段；最后，冲突的管理和解决有时能够借机帮助冲突各方发泄内在的不满情绪，从而逼近真实，增进冲突各方的理解，缓解和疏导不良情绪，降低风险。

它的负面性表现在以下几个方面。第一，冲突会给沟通主体造成情绪和心理上的压力。如果压力过大，则可能导致沟通主体对事物的判断失真以及对矛盾的认知失衡，从而带来行为的失常和不稳定。这些可能对员工绩效和

---

① 明茨伯格．经理工作的性质．北京：中国社会科学出版社，1986.

满意度产生负面影响。第二，在组织中，如果冲突水平很高，有的时候会破坏组织制度和规范，破坏人际关系和部门间关系，使得组织失序。这样的混乱一旦蔓延，就会影响成员对组织的忠诚度和认同感，并导致组织整体绩效下滑。第三，如果冲突不能得到及时解决，或者找不到好的方法解决，则会消耗很多人力、物力。一旦形成不良氛围，如"山头文化"，冲突各方就会将组织目标、共同利益等抛到脑后，会给组织带来不可逆转的损失。

研究表明，冲突对组织绩效的影响主要和冲突类型以及冲突水平的控制有关。过高或过低的冲突水平都会影响组织绩效，降低群体成员的满意度。只有当冲突达到特定水平时，它才可能对组织绩效有正面影响。图 7-2 表明了任务型冲突水平与组织绩效之间的关系。对于不同类型冲突水平的控制和管理对组织绩效有不同的影响。

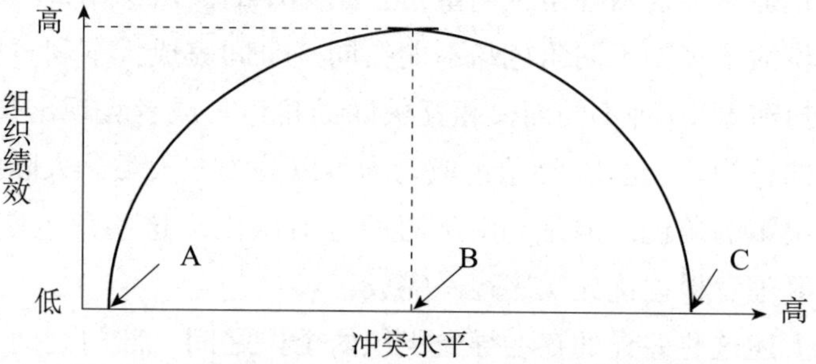

图 7-2 任务型冲突水平与组织绩效关系图

表 7-1 说明了不同冲突水平对组织绩效产生的影响。

表 7-1 冲突水平与组织绩效的关系

类型	冲突水平	冲突类型	组织内部特征	绩效水平
A	低或无	功能失调	冷漠、迟钝、对变化反应慢、缺乏创新	低
B	适中	功能正常	有活力、自我批评、创新、接受新事物	高
C	高	功能失调	分裂、混乱、对抗、不合作、设置障碍	低

7.2 冲突管理

7.2.1 冲突管理概述

冲突的发生在任何组织都不可避免，但冲突是可以管理的。如何解决冲突是管理者必须面对的问题。冲突的出现可能使组织内隐藏的问题提早得到重视，将冲突引向积极正面的结果以使组织绩效得到提升。因此，称职的管理者不应该仅仅以保守的消除冲突为己任，而需要以更积极的态度来疏导冲突，使其转变为提升组织绩效的契机。行为科学研究专家将冲突管理称为“将热转化为光的管理”。

冲突管理是以组织目标为准绳，借助机制和策略，有效调节和控制情绪，客观看待、分析和处理不同意见，理解不同的观点，充分利用双向沟通探讨、商定和解决问题的一系列方法的总和。

优秀的管理者要善于理性地剖析冲突发生的原因，正确判断冲突的性质和类型，公正地对待冲突双方，采取恰当的冲突管理策略和技巧。这样就能有效运用冲突来获得机会，帮助员工提高解决问题的能力，提高效率。

管理者可以采用激发冲突和解决冲突两种方法来焕发组织活力。当一个组织过于和谐，缺乏必要的张力和冲突的时候，管理者可以采用激发冲突的方法使组织内部产生适当的冲突。具体的方法有：运用沟通策略，管理者有时可以利用模棱两可或具有威胁性的信息，在组织内部提高冲突水平；引进外人，根据组织目标和组织发展的阶段性需求，可以适当引进在知识结构、能力组合方面优秀的人才或者“另类”的人才，来激发活力，获得鲇鱼效应；重新建构组织，组织设计和组织结构的优化很容易打破平衡，调整工作流程、优化规章制度也能激发冲突；任命追求完美的人担任管理者，在组织中如果安排一名批评者有意识地和群体提出不一样的想法，也能引发冲突。

在组织内部张力较大、存在冲突的时候，管理者应当掌握必要的解决冲突的方法来增强凝聚力。具体而言，解决冲突的方法有以下几种。比如就事论事，解决问题，即要了解冲突双方的矛盾，找到解决矛盾的杠杆和方法。如果矛盾在同一个层面很难找到解决办法，则要采用目标升级的方法，即通过找到更大范围的目标来使冲突各方有不同的视野。当然，也可以通过资源利用和二次分配的方式来化解冲突。在解决冲突的时候，还可以采用搁置和回避的方式，即将矛盾先放一放，随着时间的流逝，有的矛盾和冲突能够自然化解。

除上述方法以外，管理者可以利用自身的权威，通过命令的方式来缓解冲突；也可以从员工培训入手，通过干预和训练改变员工的态度和行为模式，使得他们能够有更可行的方法来应对冲突；还可以与员工进行面对面交流，通过坦率真诚的讨论来确定问题并解决问题。

7.2.2　托马斯冲突处理模型

美国行为科学家托马斯提出的冲突处理模型对管理冲突也很有帮助。在这个模型中，托马斯根据两个维度，即合作性和自我肯定性提出五种处理冲突的方式。图 7-3 展示了这五种方式：强制（自我肯定性高，不合作）；回避（自我肯定性低，不合作）；迁就（自我肯定性低，合作性高）；合作（自我肯定性高，合作）；折中（合作性和自我肯定性均处于中等水平）。

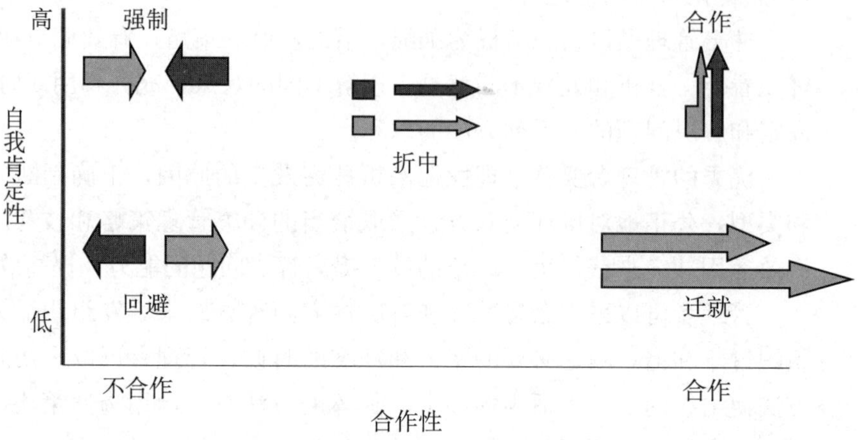

图 7-3 冲突处理的行为意向纬度

下面我们来详细分析这五种处理冲突的方式。

（1）强制。在处理冲突的过程中，一方会寻求自我利益的满足，并自认为占据有利的位置，不考虑对方的要求，而试图说服对方服从自己的观点和利益，或者迫使对方让步。有时候还会采用权威、恐吓、权术活动等手段，或者长期忽略对方的要求。这一方式在特殊时期或者紧急状态下可以借鉴。在组织中，如果长期使用强制这一冲突解决方式，很容易带来更多矛盾。

（2）回避。这是一种逃避。即个体或者群体意识到了冲突的存在，但是并不想应对目前的冲突，因此采取转移或回避的方式，使自己跳出冲突。对冲突置之不理或拖延，忽视了双方的利益。这一方式的弊端是：反复使用这种方法将导致其他人强烈的挫败感，因为问题似乎永远得不到解决，真正麻烦的问题由于隐含的冲突而总是被搁置。

（3）迁就。这是一种退让的态度。即个体或群体在发生冲突时愿意放弃自己的利益和立场来满足对方的利益。通常是为了维护双方之间的关系或在某种权势之下不得已而为之。这一方法的弊端有：过分重视维持友好关系，但可能会丧失个人利益；容易被人利用。尤其严重的是，当自己发现被他人利用，成为实现他人目标的工具时，沟通主体会在冲突中失去自信和威望。

（4）折中。这是一种妥协的态度。当冲突的双方各自以牺牲部分利益为代价而得到有限的利益时，则会带来折中的结果。折中的明显特点是双方都必须做出妥协和让步，没有明显的输和赢。也可以把折中理解为一种交换。

（5）合作。这是一种积极的态度。冲突双方既考虑自己的要求维护自己的利益，又充分考虑和维护对方的利益，能消除冲突。冲突双方相互尊重，相互信任，坦率沟通，澄清差异，努力寻找双赢的解决办法。

以上五种处理冲突的行为意向为人们处理冲突提供了总体的指导原则。人们处理冲突的行为意向不是一成不变的，冲突过程是一个互动的过程。人们在这个过程中会由于认识、情境或对方行为的改变使行为意向发生变化。人们在考虑采取何种方式处理冲突时总会有一种基本的倾向，而且有自己处理问题的偏好，这种偏好是稳定而一致的。如果把个体的智力特点和人格特点结合起来，则可以很有效地预测人们的行为意向。当我们能够准确地判断人们的行为意向时，就有可能找到解决冲突的最佳办法。

7.2.3　冲突的过程管理

在组织中，围绕组织目标，管理者要按照以下过程对冲突进行有意识、有步骤的管理。

首先，要基于场景来判断和分析冲突的性质，比如是与工作相关的还是与人际相关的，是个人的还是人与人之间的，是涉及目标的还是涉及流程的，是偶发的还是常态的，等等。对问题或冲突性质的判断、洞察以及诊断，是冲突管理的第一步。

其次，要探寻冲突发生的原因。在这个环节，管理者要注意区分现象和原因，不能将表面的现象看作原因，而是要调查研究，听取各方意见，找到表象背后真正的原因。在这个环节，管理者的立场及其在业务规范、群体规范等方面的专门知识和经验对原因的找寻都有很大的影响。

再次，研判冲突发展的阶段。管理者切忌采用“刺激-反应”模式对待冲突。如果冲突还在行为意向阶段，管理者可能要采取“习得性耳聋”的策略；如果冲突已经显现，管理者要另辟蹊径，不能就事论事，而是要到更高的层面去寻找方法；如果已经有了结果，管理者要善于借力打力。

最后，选择解决冲突的办法并落地实施，形成过程管理闭环。在这个闭环的基础上再进行复盘和盘点，进行冲突管理机制的优化和能力的提升。

7.3　冲突和沟通

在冲突管理中，沟通尤其是管理沟通起着非常重要的作用。沟通既能够激发冲突，也能解决冲突。管理者必须掌握和运用必要的沟通策略和技巧。

7.3.1 冲突沟通的影响因素

在组织中，管理者要做好冲突管理和冲突沟通工作，必须了解在冲突沟通过程中影响沟通效果的因素。总体而言，有个体层面的因素、团体层面的因素和情境层面的因素。

（1）个体层面的因素。这里包括个体所处的社会文化环境、性别和个性等。霍夫施泰德（Hofstede）认为社会文化是“集体思维加工过程”[①]。他从五个维度来考察社会文化和民族文化，分别是个人主义和群体主义、权力距离、不确定性规避、男性和女性特质、长期和短期导向。在群体主义偏好的社会，如果权力距离大，个人对冲突倾向于采用回避和折中的方式。相比较而言，在个人主义偏好的社会，如果权力距离小，个体在进行冲突沟通时倾向于采用强制的方法。所以，不同文化来源的个体在进行沟通时，冲突在所难免，因此沟通时策略选择、理性对待就变得尤其重要。这部分内容将在本书第 10 章中讲述。

性别对冲突沟通有一定的影响。按照霍夫施泰德的研究，女性倾向于选择重视质量、过程、折中和遵守规则等，她们对规范也更敏感。相比较而言，男性则对数量、结果、英雄主义情结和对规则的打破更感兴趣。他们一般偏好强制的方式来处理冲突。这种性别差异正是管理者在解决这类冲突中要加以重视的。如果以整合的视野来管理性别差异，就会产生合成的效果。但是，如果以一种黑白思维的方式来看待男女差异，则会使冲突升级，产生破坏性后果。

个体层面的第三个影响因素是个性。尽管研究表明个性不直接引起员工的绩效差异，但个性差异在工作场所容易引发矛盾和冲突。按照马斯克的研究，人的个性分五种类型。一种是控制型个性，比较强势和果断，对情感和关系不敏感。在有这种个性的人眼中，规则就是用来被打破的。一种是关系型个性，对人际关系敏感，愿意关心别人，但可能效率不高。一种是对规则有好感的个性，有这种个性的人认为规则就是用来遵守的，很稳妥但较保守。一种是冷静型个性，有这种个性的人看重系统、事实、论据和细节，对关系型个性的人并不欣赏。这种类型的人还容易互相看不起，正所谓“文人相轻”。最后一种综合以上四种个性，这种类型的人被比喻成变色龙。他们的个

---

① Lonner W J，Berry J W，Hofstede G H. Culture's consequences：international differences in work-related values. Social Science Electronic Publishing，1981，36（1）：129－130.

性灵活多变，遇到上述四种不同类型的人时，就能表现出令对方青睐的模样。这五种个性类型的人在一起互动和沟通的时候，会产生很多差异和冲突。了解差异以及不同个性的特点，对管理者处理人际冲突会很有帮助。

（2）团体层面的因素。在团体层面，影响冲突沟通的因素是群体规范。群体规范是指群体约定俗成和共同接受的约束成员的行为标准。从个体的角度看，它指的是在某些情境或条件下，群体对个人的角色期望，比如如何说话、行事才能为群体所接受。而哪些行为和言语不被群体接受或者接受惩罚的标准也是约定俗成的。从群体的角度看，它以默示的方式规定或者控制了成员的言行。群体规范的类型有以下几种。第一种是和工作绩效相关的规范。这里指的是群体乃至组织所约定的工作水平、工作方式、工作质量和数量以及与工作有关的行为标准。在任务依存度比较高的群体中，绩效约定的方式和标准对群体成员的动机水平有很大影响。在本章末的案例中，我们可以看到职场新人对群体绩效规范造成了冲击，引发了她和老员工之间的沟通障碍。第二种群体规范和资源分配相关，这涉及群体中人、财、物、信息等的分配，如资金、工具、材料的分配和使用，以及什么样的人应分配什么样的任务等。这一方面的规范对成员感知到的公平有很大影响，而感知到的公平对人际沟通、冲突沟通会产生影响，因为感知到的公平标准、人与人之间和部门之间的比较都可能是冲突的来源。第三种群体规范和群体形象及社会交往有关，比如群体成员的着装、群体的精神面貌和待人接物的行为举止等。在银行、保险、宾馆等组织中，这些规范对成员有很大的限定或引导作用。

群体规范的作用在于标准化和去个性化。一旦群体产生有共识的规范，就能对成员提供行动和评价的标准。它对成员的凝聚有价值，但对创新和突破形成阻力。如果有成员不按照默示的方式去做，则会引发冲突和争议。

（3）情境层面的因素。在组织内的冲突沟通中，以下方面对冲突管理和沟通的影响较大。首先是时间。不同利益相关方对时间长短的感知、认定以及判断有差异。其次是博弈过程中的权力和势能。如果交往各方的权力对等，没有正式或非正式的权威在其中起作用，冲突水平会较高，由此引发的沟通问题也会较多。

7.3.2 冲突沟通的策略

在组织中，管理者在进行冲突沟通时可以参考下列策略来提高激发冲突和解决冲突的能力。

第一，明确有效解决冲突的基本原则和指导思想。比如建立组织部门和个人的长远目标。通过转念、换框、“误同”或者对立认同等手段来找到不同利益相关方之间进行有效沟通的交集。第二，如果冲突情境中出现明显的强势与弱势之分，弱势一方容易出现受迫害妄想症或者牺牲者心理。在这种情境下，强势一方要坚持“宽恕”之道，洞察事实，在态度上示弱，让弱势一方找到“台阶”，从而找到沟通的契机，使事情朝着有利于整体目标实现的方向发展。第三，管理者要注意适当区分人和问题（事情）。弄清冲突的性质，区分任务型冲突、过程型冲突和关系型冲突，从系统角度找到解决冲突的办法，从语言技巧和他人反应的角度找到合理的表达。第四，在组织场景中，对于部门之间的冲突，要从共同利益的角度出发来寻求中途解决之道。对一味纠缠于你错我对的观点之争则要保持警觉。第五，要学习为不同相关方争取利益，为“做大蛋糕”创造机会，做高难度谈话真正的引路人。第六，用客观标准来评估备选方案，从更大的视角来建立认同。其中包括准备多种解决方案。各方基于共赢这个原则参与寻找解决方案的过程，有利于建立起合作的共识。设计出几种方案供选择，也可以顾及各方的“面子”，降低彼此的让步成本，避免因过度坚持立场而搞僵了关系。在此过程中，管理者还要坚持用实际的行动和成果而不是假想的损失来评判现实。第七，善于运用幽默感。在冲突情境出现时，卷入冲突的各方都会感到紧张、压抑、烦躁，如果不能有效缓解，过度焦虑常常容易造成情绪对立。而幽默可以缓解紧张情绪，缓和气氛。但要注意幽默的使用是需要高超智慧的。

7.3.3 冲突沟通技巧

在对冲突沟通的影响因素有了理解和判别，并掌握了冲突沟通的策略以后，还要注意学习冲突沟通的技巧。行为科学家汤普森（Tompson）总结了其担任警官数十年的丰富经验，归纳出有效沟通的技巧。汤普森认为沟通就是能够使对方欣然合作的说服技巧，具体内容有：以倾听的态度进行背景询问、告知来龙去脉；让对方知道自己的处境、立场；针对对方的需要，提出双方都可以接受的要求；提供两种务实方案供对方选择，以便双方当机立断，进退适宜地采取行动。

他还提出了“LEAPS”要诀。LEAPS 即倾听（listen）、同理心（empathize）、询问（ask）、逐句重述（paraphrase）、总结（summarize）。LEAPS 的重点在于倾听。如果要通过有效沟通来说服对方接受合作的建议或方案，首先要让对方感受到你的诚意，表达诚意则要倾听对方的意见。倾听并不是与生俱来的，而是刻意训练、后天习得的。同理心是在倾听的过程中对对方表示理解，设身处地地为对方考虑。询问、逐句重述和总结都是倾听的技巧，能让人感觉到你对他的重视。但是，很多人认为，在冲突情境中对方听不进去你的意见。这是自我设限的不正确的成见。作为信息的传递者，要使对方能够静下心来倾听，必须以正确的态度、语言的魅力和肢体语言的协助来吸引对方，缓和对方的情绪。在打破双方之间的无形之墙后，交流就变得容易。

在汤普森看来，从听者的角度来看，在面对面的人际沟通中，信息内容对沟通效果的影响约占 10%；声音质量的影响占 30%～40%；非语言因素，如肢体语言的影响达到 50%～60%。因此，在与人沟通时，观点和事实固然重要，但声音和肢体语言的影响也非常重要。在人际沟通中，既涉及信息，也涉及情绪、认同和自尊。

对方凭借声音、语调、表情等来寻找认同。肯尼思·伯克认为，沟通过程中，认同先于说服。① 这些非语言因素作为沟通线索，引发对方对态度和情感的感应，并成为认同的基础。假如管理者在沟通的时候声调过高，对方可能会将其解读为高高在上的姿态。如果是这样，那么不管管理者想传递的信息内容多么丰富，对方可能会囿于自身的认同，不接受信息本身，导致沟通失效。至于肢体语言，包括脸部表情、手势和举止等，要和声音配合，即“声色合一”，这是表达能力的范畴。普通的内容如果表达恰当的话，别人会欣然接受；反之，很好的内容如果表达不好，恐怕话还没说完便已宣告沟通失败。

7.4　整合思维和冲突沟通

玛丽·福列特认为整合是管理的核心部分，它是以连贯的视野、统一的组织和整合的系统把事情组合在一起。② 这正是管理如此困难，也是其趣味盎然的地方所在。加拿大多伦多大学罗特曼管理学院院长罗杰·马丁认为管理者制胜的关键在于整合思维，即头脑中同时处理两种相互对立的观点，并从中得出汇集两方优势的解决方案的能力。③ 这样的思维对处理冲突以及进行冲突沟通是大有裨益的。

整合思维是指面对冲突甚至对立的模式时不是简单地进行选择，而是能够进行建设性思考，创造性地解决冲突，形成一个既包含已有模式的某些成分又优于已有模式的新模式。

整合思维中有四个要素，分别是表征、因果关系、架构和决策。表征指的是管理者对冲突情境中主要矛盾的捕捉，即能够有效确定重要因素，即什

① 邓志勇．伯克修辞学思想研究述评．当代修辞学，2008（6）：15－23.

② 玛丽·福列特．福列特论管理．北京：机械工业出版社，2007.

③ 罗杰·马丁．整合思维．北京：商务印书馆，2010.

么问题是重要问题？真的是重要的吗？是相对于什么而言产生的重要性？一般来说，和组织目标的相关性是判断问题的一个重要依据。因果关系和系统思考有关。如果有长远目标，管理者就不会被表面的、线性的所谓因果羁绊，而是善于透过现象看本质，将真正的因果因素和彼此之间的联系找到。上述两个要素又和架构有关。如果管理者不能从组织目标中汲取认知资源，则很难把握主要的要点和事物间的内在联系。最后是决策，涉及问题解决方案的多样性、可行性和开放性等。

相比较而言，传统思维在这四个要素上的表现有很大不同。比如，管理者如果倾向于线性思维，则只关注明显的相关因素或者表层的因果关联。他们倾向于认为更多的 A 会带来更多的 B，只是因为 A 出现得比 B 早。在解决问题的时候，将问题分成若干部分，分头决策，并按照先后次序决策。最后在方案设计的时候，还是进行二选一决策，并满足于眼前的决策。

在进行冲突管理和冲突场景中的管理沟通时，以下几点能够帮助管理者培育整合思维来更好地应对冲突。

首先要明确现有的想法和现实是不一样的。现实和情境中的客观规律需要管理者不断地去探究、寻求、倾听和调查，不能将自己的主观判断和客观事实混为一谈。

其次要善于借力打力，不惧怕矛盾。冲突的发生总是令人不安的，管理者的世界一定是充满矛盾和冲突的。如果能够充分认识冲突的本质，管理者就能利用矛盾、解决矛盾，妥善处理冲突。

再次要学习思维升级。卡尔·维克认为，如果没有语言能力和抽象能力，管理者无法将（发生的）形势转化为（管理的）情势，无法建构意义，也无法传递意义，这样的管理无疑是令人窒息、不能给人以希望的。①

最后是反思。管理者要定期总结经验，将自身经验和未来的探索相结合。只有重构经验，才能获得对待经验的新的态度和立场，这对于处理系统复杂性以及不确定性是很有价值的。

□ 思考题

1. 什么是冲突？它有哪些类型？
2. 什么是冲突管理？

---

① 卡尔·维克．组织社会心理学．北京：中国人民大学出版社，2009.

3. 冲突有几个发展过程？
4. 影响冲突沟通的因素有哪些？
5. 托马斯模型的主要内涵是什么？
6. 冲突沟通的技巧有哪些？
7. 整合思维有哪些特点？

□ 案例

华南有色金属研究院工序设计小组的冲突

背景

华南有色金属研究院组建于 1971 年，是华南地区最大的从事新材料研究开发的综合性科研机构。该院先后直属于原冶金工业部、中国有色金属工业总公司、国家有色金属工业局。1999 年 7 月开始实行属地化管理，划归省人民政府领导，是省政府直属的正厅级科研事业单位。该研究院技术力量雄厚，具有开展应用基础理论研究和应用技术开发的多学科综合攻关能力和工程化技术优势，它设有 7 个研究所、4 个研究开发中心和 7 个联营公司，现有员工 1 216 人，其中中级职称以上有 656 人，高级工程师有 271 人，教授级高级工程师有 45 人，享受国务院政府特殊津贴的专家有 42 人，具有硕士学位、博士学位的员工共 175 人。

该院的重点开发领域包括矿产资源综合开发利用技术、材料表面工程技术、稀有稀散金属提取冶金技术、粉末冶金材料、新型焊接材料、稀土功能材料、耐磨合金材料、材料分析与测试技术以及甘蔗制糖和生物能源技术等。

精细化工研究开发中心是研究院 4 个研究开发中心之一，从事有机精细化学品的应用研究。该中心以市场为导向，积极开发了农用（增效）助剂、冷却液、助焊剂、清洗剂、絮凝剂等五大类别精细化工产品。该中心技术力量雄厚，具有多年的精细化工产品研发经验，研发能力强。该中心具有高级工程师职称的员工占总人数的 60%以上，建有面积达 1 000 平方米的实验楼和 1 700 平方米的中试生产车间，已成为知识密集、具有研发和生产能力的化工部门。精细化工研究开发中心内设工序设计小组，专门负责研究生产工序的改进和研发工作。

新人调入

工序设计小组由八位男性工程师与组长兼项目经理黎德明组成。小组成员已经在一起工作多年，成员之间关系十分融洽。由于小组工作量增加，黎德明又招聘了一位新的设计工程师——程欣。她刚刚从国内一所著名的大学获得硕士学位就被研究院录用。程欣被分配到负责扩大中试生产车间现有设备能力的项目中，该项目小组有三位设计工程师：丁正毅（38 岁，在公司任职 15 年）、曲晓荣（40 岁，在公司任职 10 年）和高峰（32 岁，在公司任职 8 年）。

作为新员工，程欣对项目小组的工作充满热情。她非常喜欢自己的工作，因为工作具有挑战性，给她提供了一个应用所学知识的机会。在工作中，程欣对自己要求严格，她和项目小组成员的工作关系也很友好，但她从不与他们进行非正式交谈。

程欣是一位勤奋的员工，对待工作非常认真。偶尔碰到难题时，她会花几个小时去解决。由于她的执著和刻苦钻研以及对工作的热情，在项目的不同阶段程欣总是能比同事提前几天完成任务。这对她来说有时是一件烦恼的事，因为在她的同事赶上来之前，她不得不去向项目经理黎德明要求额外的工作。起初，她也曾想帮助其他三位同事完成他们的工作，但每次都遭到拒绝。每当项目小组成员讨论设计问题时，程欣总是直率地提出自己的看法和意见。可是，只要程欣发言，其他工程师都保持沉默。

与丁正毅的对话

程欣进入项目小组六个月后，丁正毅就小组中的问题找到了组长黎德明。以下是两人的对话。

黎德明：丁正毅，我知道你想和我讨论什么问题。

丁正毅：是的，组长。我不想浪费你的时间，但小组内其他工程师希望我能就程欣的问题与你好好谈一谈。她自以为是，目中无人，大家都很讨厌她。

黎德明：丁正毅，你讲的情况我知道，但是我有不同看法。程欣还不错啊，她工作态度认真，很刻苦，还有钻研精神，她的设计工作总是完成得很好。她做的事情也没有偏离公司目标和方向，她很有潜力。

丁正毅：但自从她来了以后，其他人为什么变得沮丧了？原来我们的工作氛围很好，但现在大家都无精打采，这是为什么？

黎德明：是吗？我下周和程欣谈一谈，讨论一下她最近半年的绩效。放心，我会把你的意见放在心上。但是要改变她的行为方式，估计有难度。

丁正毅：我没有说要她改变什么，关键是她并没有权力对我们指手画脚。她总是那么自以为是，让别人干这个干那个的，还一副教师爷的样子，真是关公面前耍大刀。最好赶快调离她，否则我们就走人。

与程欣的对话

黎德明仔细考虑了与程欣的会谈。他知道，丁正毅是设计工程师中的非正式领导，其他工程师一般都听他的。对丁正毅的想法和感受，黎德明不得不重视。到了周四，黎德明把程欣叫到办公室，对她半年来的工作进行回顾之后，开始了下面的谈话。

黎德明：我想谈谈你工作表现的另一方面。正如我刚才所说的，你的技术工作非常优秀，但你和其他同事的关系存在一些问题。

程欣：我不明白，您所说的问题是什么？

黎德明：好吧，说具体点。有人反映你在部门有些咄咄逼人，你的直言不讳可能让他们心里不舒服。你的这个部门过去绩效一直不错，注意一下和他们相处的方式。

程欣：哦，我没有想到他们这样看我。其实，我从来没有当面说他们的问题。开始的时候，我的进度确实有点快，所以就很想去帮其他人，但他们说不需要。领导，我可是看到一些对公司不好的现象。在这半年的工作中，我发现设计小组的某些工程师在偷懒、磨洋工，本来两天就可以完成的工作非要花三四天的时间；他们并不是没有工作能力，他们的工作进度明显与他们的工作能力不相符。工作时间，他们总是在聊音乐、足球和酒吧之类的话题。我真看不下去，一个优秀的设计师怎么能这样呢？我知道，在他们眼中，我并不是合格的工程师，而只是一个破坏了他们职业规则的局外人。

黎德明听完程欣的话，认真思考着自程欣来到工序设计小组之后所发生的一切变化。他非常清楚，如果目前这种状况再继续下去，势必会影响到小组的工作绩效。他开始思考，如何妥善地解决好冲突，同时又不影响工作和绩效呢？

案例思考题

1. 在本案例中，冲突的表现和原因分别是什么？

2. 作为主管领导，黎德明处理这场冲突要秉持的原则是什么？

3. 如果你是黎德明，在听取了各方意见以后，会从哪些方面入手来解决这场冲突？具体步骤和做法是什么？

4. 作为职场新人，程欣除了做好本职工作以外，还应该提升哪些能力才能更好地在职场发展？

5. 作为老员工，丁正毅具有非正式组织领导者的影响力，黎德明应该如何恰当应对，才能妥善处理好冲突，并将积极力量保留下来服务于组织目标？

6. 从组织的角度看，该公司是否需要调整其组织结构来缓和人际冲突？

7. 本案例给你的启发是什么？

组织文化管理和沟通　第8章

本章思维导图

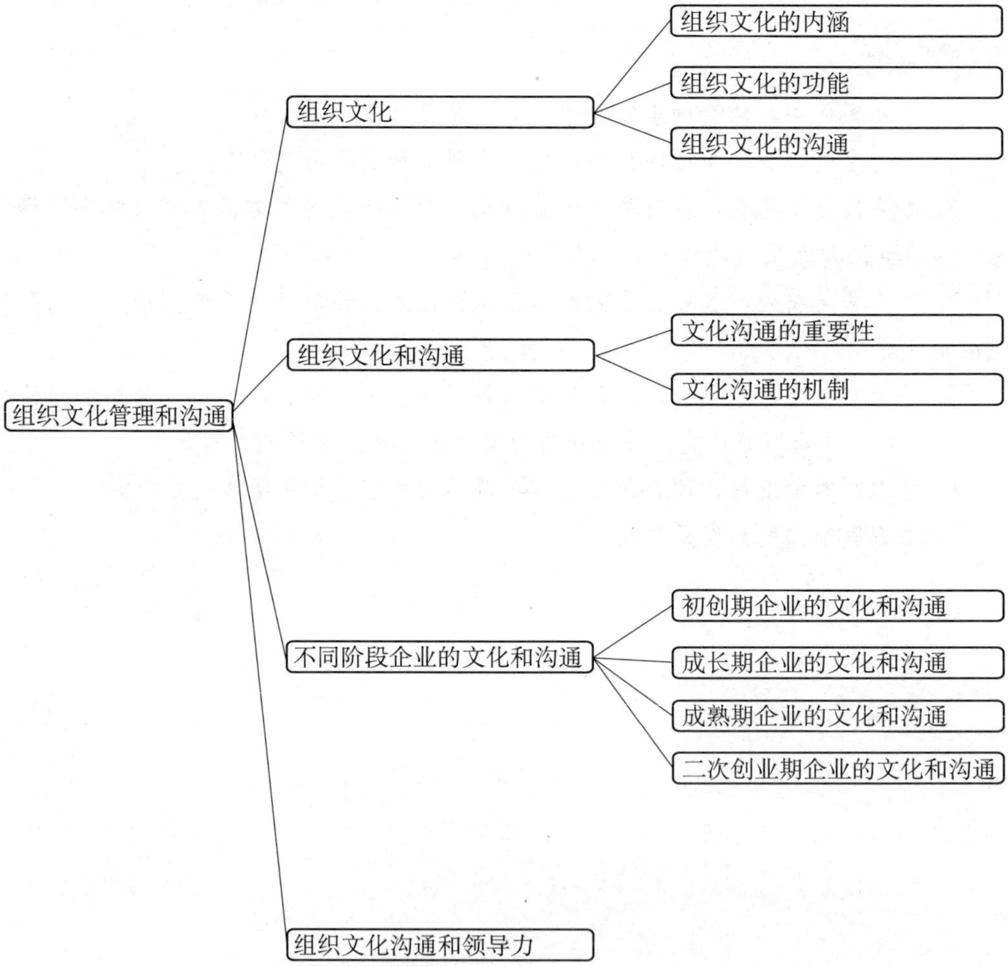

本章要点

◎ 文化
◎ 组织文化
◎ 文化的功能
◎ 符号
◎ 沟通机制
◎ 领导力

巴纳德指出，在组织目标建立以后或者建立过程中，管理者要提供生物的、物理的和说服的诱因，来引导、协调、激励或约束成员的意愿和行为，使得成员能够形成集体行动，实现组织目标。其中说服的诱因很重要，它和组织文化、价值导向、行为规范、英雄和仪式等有关。加里·约翰逊（Gary Johnson）等学者也认为，组织的运行方式和文化网关系密切。在组织文化网（cultural web）的建构过程中，管理者可以从文化的、结构的和政治的三个维度来建立组织运行机制。其中文化机制与结构的、政治的机制密切配合，共同推动组织的变革。埃德加·沙因是组织文化研究的集大成者。他认为文化是一套指导和约束组织成员行为的结构、惯例、规则和规范。组织文化有几个层次，按照由显性到隐性的顺序，依次为人工制品（artifact）、信念和价值观（espoused value）和基本假设（assumption）。文化的本质更多地和看不见的基本假设相关。组织文化对组织的生存尤其是内部整合至关重要。①本章的重点放在内部整合方面。

在组织发展过程中，组织文化是一个动态的现象。组织的发展会经历初创、成长、成熟和变革优化等几个过程。在初创企业、成长企业、成熟企业和二次创业企业中，文化的内涵、文化的丰富度、文化的传播和沟通都有所不同。当企业组织创立以后，管理者和成员就开始了文化的共创。伴随着企业的成长，管理者借助文化这一机制来对组织成员进行引导和说服。组织成员的社会化过程、在组织中的职业发展路径、获取绩效的方式等也和文化有着密切的联系。他们一方面要参与组织文化的建构和建设，另一方面要有意识地去学习、理解和践行组织文化，才能将文化和业务、文化和完成工作任务建立有机联结，和组织形成共同体。在这个过程中，组织文化和组织结构、管理制度以及管理控制等其他机制进行协同和配套，帮助打造集体战斗力，提升组织能力，为实现组织目标保驾护航。在本章中，我们集中讨论文化和企业文化的内涵、企业文化建构的过程和方法、文化传播或沟通的策略和方法等。

---

① 埃德加·沙因．组织文化与领导力．北京：中国人民大学出版社，2011.

8.1 组织文化

8.1.1 组织文化的内涵

只有在群体中才讨论文化这一概念。欧洲文化专家霍夫施泰德认为，（社会）文化是一群人集体思维加工的程序。英国人类学家爱德华·泰勒（Edward Taylor）认为文化是一种能力和习惯，包括知识、信仰、艺术、道德、法规和社会成员所获得的种种能力和习惯。本尼迪克（Benedict）认为文化是群体成员心理状态的符号化，是成员的心理投射到屏幕上，就像放电影一样，它使一个群体区分于另一个群体。一群美国人和一群中国人一定有不同的价值偏好。中国人更倾向于从情境中界定自我，美国人则更愿意从自我独特性方面去界定自我。中国人在自我介绍时习惯说“我来自××地方”；美国人则习惯说“我是××”。因此，文化是群体性的、后天习得的。文化的载体有价值观、行为规范、惯例、仪式、英雄、故事等。

从20世纪七八十年代起，随着日本经济在全球范围内崭露头角，管理学者和经济学者开始关注给企业组织带来活力和竞争力的因素。其中威廉·大内（William G. Ouchi）的《Z理论》解释了日本文化和企业管理之间的关系。[①] 日本的社会文化对企业员工的价值观、态度和行为规范影响较大；管理者的深层假设也和其所嵌入的社会文化息息相关。后来又有学者关注企业文化对企业业绩的影响。美国学者约翰·科特（John Kotter）通过实证研究发现了组织绩效和组织文化之间的强关联。[②]

在本章中，组织文化和企业文化为同义语。那么，企业文化是什么？学者对企业文化的定义主要有两个视角：功能主义视角和符号主义视角。在功能主义者眼中，组织或社会是结构化存在的，文化具有实用性功能。它的侧重点在于企业文化是什么和有什么用。符号主义者则认为文化并不存在于可直接观察到的社会结构中，而是存在于团队或社会成员的思想中，通过语言、仪式、故事等来表达。通过融入式的观察和体验，获得“当地人的观点”并对当地人的阐释进行“深描”。它的侧重点在于文化是什么。

本书从管理视角来定义组织文化。我们认为组织文化是后天习得的、人

① 威廉·大内.Z理论.北京：机械工业出版社，2007.

② 约翰·科特，詹姆斯·赫斯克特.企业文化与经营绩效.北京：华夏出版社，1997.

为建构的、有关群体意义的。它是企业决策者就组织中什么是好的、什么是不好的等问题所给出的参考性答案。组织文化还是动态演化的，是群体或团体成员在和环境互动的过程中即组织“攘外安内”的共同经验中逐步形成的。群体在面临困难时，分析问题和解决问题，并获得成功。对这些有效解决问题的方式方法加以总结，有关群体的意义系统即文化就被建立起来。文化尤其是组织文化既有看得见的部分，也有看不见的部分。它由几个不同层次的内容构成，如外显物、倡导的价值观和深层假设（见图 8－1）。

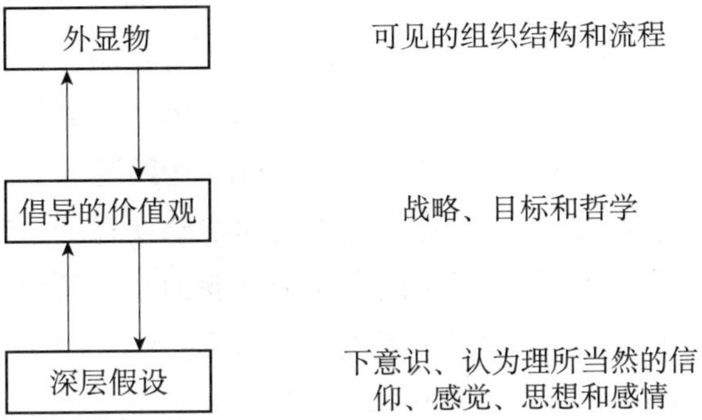

图 8－1　组织文化的三个层次

首先是外显物。它是组织文化中最显著的部分。走进一家企业时，所看到的企业标识、员工着装、企业建筑特色、企业口号等都属于文化的外显物层次。它易于感知，容易传播，也比较好创建。对外显物的辨认既容易又困难。只有和群体长时间交往，才能真正理解这些看得见的事物背后的意义和深层假设。

组织文化的第二层次是组织所倡导的价值观，如公司的理念、信念等。在华为，其价值观是以客户为中心、以奋斗者为本、长期坚持艰苦奋斗，其文化包括创业创新精神、以用户为中心、双赢等。在格力电器，其核心价值观为开拓创新、诚信经营、顾客满意、质量第一等。阿吉里斯（Argyris）等发现，价值观应该是引导成员在不同环境中有稳定行为表现的指南，但成员的实际表现未必如此。[①] 价值观的践行是多样化的。要想透彻地理解文化，则要深入到第三层次。

组织文化的第三层次是深层假设。在一个群体里，深层假设经常被看成是理所当然的和不容质疑的。它是在群体中主观构建、客观存在的社会性事实。这是组织文化最本质的层面。

基于上述分析，我们认为企业文化是企业组织在长期的发展过程中，成

① 克里斯·阿吉里斯．个性与组织．北京：中国人民大学出版社，2007.

员间逐步形成的价值观念、行为方式和道德规范的总和。在我国，企业文化中较为重要的内容有使命、愿景和价值观。使命是企业或其创始人的出发点和初心，即组织想为社会做什么。愿景是终点，就是在外部利益相关者眼中“我们是谁”，或者企业想让外界如何认可自身的身份和价值。它需要企业几代人长期追求才可能达到。价值观则是组织成员在从初心到愿景的奋斗过程中必须坚守的行为规范，或者选择不做什么的判断标准。价值观能够帮助成员在纷扰的现实中选择要坚守的原则和底线。

在实践层面，企业文化的内涵更是丰富的、动态的和演化的。在我国的社会历史条件下，企业文化受到以下因素的影响：社会文化、行业特点、发展阶段、创始基因和创始人个性、文化传播和沟通的方式以及员工的社会化过程等。改革开放 40 多年来，我国企业经历了创立、快速成长、系统成长和二次创业的发展过程，企业文化在公司战略落地的过程中有支撑、引导、调节甚至是控制的功能。纵观国内较为优秀的企业组织，其企业文化较重视价值导向、领导风格、语言和符号、组织惯例、日常程序和组织绩效等方面。另外，企业中的领导人即群体“英雄”的话语、讲话、指示等也比较重要。与此同时，由于企业要应对急剧变化的市场环境，企业文化中实用的和工具性的一面尤其受到重视。文化和制度经常配套使用，以帮助企业有效组织人群、推动进程、实现目标。

8.1.2 组织文化的功能

和组织存在的价值一样，组织文化的功能也表现为两个方面。一方面要帮助组织和其成员适应外部环境，另一方面则要注意内部整合，以便维持组织的可持续发展。即组织文化具有外部功能和内部功能。

德鲁克指出，组织尤其是企业组织所需要的资源和所要获得的成果都在组织外部。在组织和外部环境建立关系的过程中，企业选择什么样的方式和环境互动？是主动还是被动？是进攻还是保守？是开放还是封闭？是客户价值导向还是内部稳定导向？这些互动方式和组织文化有关。组织文化的外部功能表现在以下几个方面。

首先是帮助组织明确自身的使命和目标。正如上文提到，企业使命和外部利益相关者密切相关。企业满足这些相关者的预期和要求是使命的重要来源之一。按照组织社会学的原理，组织和利益相关者之间的关系关乎合法性的建构。[①] 合法性主要有三个方面：管制合法性、规范合法性和认知合法性。

---

① 于显洋．组织社会学．北京：中国人民大学出版社，2001.

在企业内部，这些都属于使命的范畴。组织文化最重要的功能之一就是帮助组织成员对自身定位和关于组织使命或关键任务的假设达成共识。这是企业集体行动的重要依据。

其次，文化有助于推动组织成员在完成关键任务的方式方法上达成共识。在应对外部环境的不确定性时，有的时候企业的目标不一定很明确。所以面对挑战，如果在如何组织资源、如何进行产品设计、如何募集资金、如何满足客户需求等问题上达成共识，有利于组织成员获得向心力，朝着特定方向不断努力。

最后，组织文化有助于企业进行二次创业时找到更合理的绩效标准和评估方法。二次创业时，由于历史原因，不少企业存在“山头文化”。这种放权模式给企业带来过辉煌，但是在企业再出发的时候，这种亚文化氛围就是把双刃剑，往往会给公司带来撕裂式的对抗。这种情况下，企业的主文化则有利于组织聚焦，集中资源来应对外部环境的挑战。

除了上述“攘外”的功能以外，企业文化还能够“安内”。企业文化的内部功能有：

（1）方向或导向性功能。组织是一个群体，群体成员对未来要有相对统一的设想和追求。文化能够帮助组织成员获得共同语言，找到归属感，从而对其行为的方向起到引领作用。另外，组织文化在企业的培训政策、奖惩政策等的设计过程中也能起到一定的引领作用。

（2）调节性功能。企业文化中的价值观是帮助组织不同群体之间进行利益分配的调节器。比如企业的价值导向是绩效文化，那么绩效管理和考核标准就会有不同的侧重点。如果企业倡导的是团队文化，那么奖励制度就要以团队为基础。如果企业文化是崇尚技术的，那么工程师或者研发人员的地位就会比较高。

（3）凝聚和激励功能。企业文化和其成员之间是互相作用的。企业主体和员工主体之间通过管理机制和文化机制得以磨合和融合，从而能够形成团队身份和边界，并营造出氛围，加强凝聚力。共享的价值观、英雄、仪式、口号等符号使得成员能够获得意义感和认同感，从而帮助员工发挥潜力，实现自我，和企业形成命运共同体。由于文化能够对员工不同层次的需求发挥作用，一方面帮助其产生归属感和安全感，另一方面能够激发成员的参与感和自我实现感，这样就能够起到激励作用。

（4）约束性功能。制度和规范是文化的重要组成部分。管理制度或企业制度是企业内部的法规，是企业的领导者和员工都必须遵守和执行的条例。正所谓“不以规矩，不能成方圆”。因此文化对成员形成一定的约束力。规范尤其是行为规范能够从伦理和习惯角度来约束企业员工的行为。在组织内部，如果有成员违背规范的要求，就会遭受群体压力和舆论的批评，其心理上会感到内疚。比如同仁堂药店长期秉承的“济世养生、精益求精、童叟无欺、一视同仁”的道德规范，就能够约束其成员严格遵守操作流程，严格进行质量管理，严格执行纪律。

8.1.3 组织文化的沟通

在企业发展的不同阶段，文化作为重要的协调机制，通过传播或沟通才能为成员所了解、熟悉和内化。企业文化的传播和沟通对引导成员行为、调节团队活动、整合集体力量起到重要的作用。企业文化的传播或沟通是组织成员或者特定部门通过运用符号、仪式、语言、故事、英雄等载体，向其他成员或团体传递信息、观念、态度和情感的动态、循环的过程；是针对组织内外部不同利益群体，就文化的内涵和组成要素进行全方位推广和扩散的过程。在传播或沟通过程中，传播主体通过事件、行为、符号、物质等载体来传递组织的核心价值观和所追求的意义，目的在于维持组织形象，形成共识，推动组织目标的实现。

实际上，在组织攘外安内的过程中，要通过组织规范、规则、语言、奖惩制度等文化机制进行传播和沟通，才能激励、引导员工行为，使集体行动成为可能，共同实现组织目标。组织文化的传播和沟通过程一般都具有重复性、扩散性、符号性、体验性等特点。

在企业发展的不同阶段，企业文化的内涵和表达、沟通形式有所不同。

8.2 组织文化和沟通

8.2.1 文化沟通的重要性

企业组织的目标确立以后，或者愿景、使命设定以后，管理者就要和组织成员之间进行互动和沟通。企业要调动员工的积极性，必须给他们传递做什么以及怎么去做等信息。只有借助沟通和协调手段，才能让员工了解企业的定位和使命等；只有营造良好的氛围，才能提升员工满意度；只有制定恰当的行为规范和程序，才能帮助员工知晓违反的后果。

在前面一节，我们提到文化是由三个层次构成的。通过传播和沟通，企业能够在文化的三个层次之间建立关联和一致性。企业倡导的使命、愿景和价值观能够在外显层面得到彰显，以符号的方式来进行表达。通过沟通主体的努力、渠道的建立、制度的强化等，促进企业成员对价值观和深层假设的认同和共享，从而达到“内化于心，外化于行”的效果。

8.2.2　文化沟通的机制

在组织文化沟通过程中，符号（symbol）是必不可少的。格尔茨（Geertz）认为文化和符号关系密切。[①] 符号是社会性的，它蕴含着组织中的集体指向，具有连接性和地位性作用。文化的表现形式主要是象征、意义和符号等。在企业组织中，符号有语言类符号、服装类符号、人物类符号和制度类符号等。通过符号的建立、传递和沟通，组织和其成员之间建立起共鸣点和认同点，这样能够激发集体行动，有助于组织目标的实现。

符号在组织文化建设和沟通过程中作用很大。（1）语言类符号。它能够反映组织文化并将组织文化外显化。比如 logo 就是企业文化的折射：我们看到菊花图案，自然就想到华为；看到企鹅，就联想到腾讯；看到三个人的图标，就会联想到中国人民大学；看到有缺口的苹果，自然想到苹果公司；等等。组织的口号也传递文化的本质。比如中国人民大学的“实事求是”，清华大学的“自强不息，厚德载物”，海底捞的“用双手改变命运”等。（2）服装类符号。它在社会生活和企业中的运用也很普遍。比如穿上护士服，护士就扮演起白衣天使的角色；穿上警察服装，警察则要注意自己的言语和行为规范；穿上宇航员的服装，则代表国家形象。（3）人物类符号。尤其是企业中的“英雄”折射出企业的形象。比如华为的任正非、阿里的马云、腾讯的马化腾等人，已经和其所创立的企业融为一体。他们的品格、事迹、话语在组织中和社会上广泛流传，对宣扬本企业的文化起到不可替代的作用。当然，也有反面人物成为鞭挞的对象，对全体成员起到警示作用。（4）制度类符号。比如培训制度和组织倡导的价值观有关。许多企业有专门的预算用于后备干部的培训。培训的内容既和能力有关，也和组织文化有关。绩效评估制度和企业所重视的事情有关。比如在阿里巴巴，为了践行“六脉神剑”的价值观，企业在设计干部绩效评估制度时，将价值观和行为规范作为考核的标准，并给予很高的权重。这样做就是为了使干部的行为和组织倡导的价值观保持一致。薪酬制度的设计更是要考虑企业文化的偏好。企业倡导什么，就应该奖励什么；反对什么，就应该和惩罚制度有关。通过制度，组织能够传递重要

---

① 克利福德·格尔茨．文化的解释．南京：译林出版社，1999．

的文化导向，起到调节员工行为方向、动力水平的作用。图 8-2 是企业文化沟通过程中常见的符号载体。

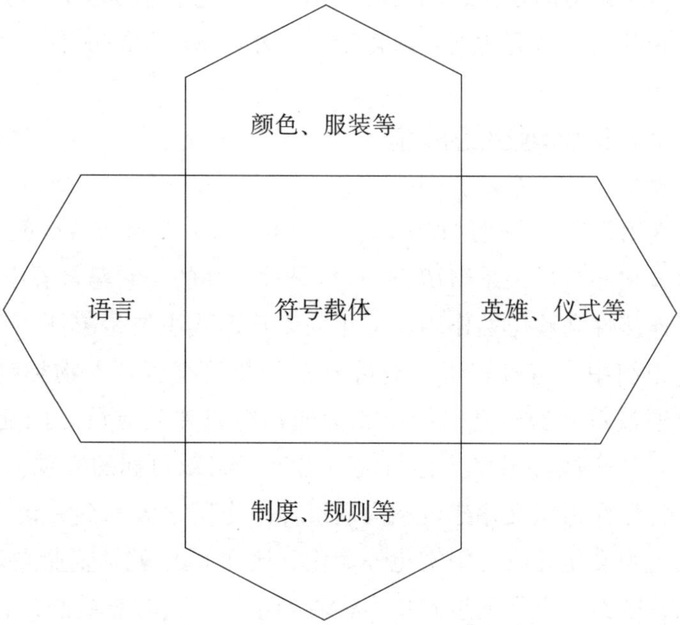

图 8-2 企业文化沟通中的符号载体

总体而言，企业在和其成员进行沟通的时候，常用的沟通机制有两类。一类是在初创型企业中较为常见的沟通机制，涉及领导者（英雄）经常关注、评价和控制的事情，领导者对重大事情、危机事件的反应方式，领导者配置资源的偏好，领导者所倡导的榜样，领导者倡导的奖惩标准以及雇佣、选拔、提拔、惩罚人和行为的标准等。在初创型企业中，文化沟通机制较为人格化。相对而言，另外一类沟通机制较为非人格化。这类沟通机制常用于规模较大的成长型公司，涉及组织设计方式和结构安排逻辑，组织制度和流程设计的原则，组织中的仪式、物理空间的布置和设计，组织中故事、传说以及价值观与信条等。

下一节我们介绍不同发展阶段的企业组织的文化沟通。

8.3 不同阶段企业的文化和沟通

8.3.1 初创期企业的文化和沟通

在创立之初，企业属于简单组织，比较注重的目标是生存和市场。在这个阶段，企业的商业模式尚未成型，一切都处在摸索阶段。按照伊查克・爱迪思（Ichak Adizes）的观察，对于这个阶段的企业来说，企业家精神或者冒险精神是最重要的。[①]

在初创期，企业创始人的个性、抱负、对人性及客户价值等的理解和深层假设是组织未来发展的价值基因。施炜等人认为，这个阶段的文化有以下几个特征。[②]

（1）创始人和团队在处理企业问题时遵循一定的规则。比如谷歌前 CEO 埃里克・施密特（Evic Schmidt）这样描述公司的使命：既然谷歌的使命是整合全球信息，使人人皆可使用并从中受益，那么糟糕（也就是无益）的广告自然就是个问题。谷歌将“聚焦用户”奉为自己的信条，如果把这个信条改为“以广告商或发行商为重”，那么管理人员的收件箱非要爆炸不可，而恼羞成怒的工程师一定会在每周五的 TGIF[③] 大会上慷慨陈词一番……如果你歪曲事实，无异于玩火自焚。基于这样的初心，谷歌将“不作恶”作为其公司的价值原则。

（2）公司在创始之初处理人际关系、人和事情的关系、公司和客户关系的原则和规范，会给公司文化留下烙印。比如阿里巴巴的创始人马云一开始就和创业伙伴达成共识：阿里巴巴不谈生意，只为商人提供商业机会；阿里巴巴不拉生意，只为商人聚合公司；阿里巴巴不做生意，只为商人搭建“样板房”；阿里巴巴不只有生意，更是以商会友。在此基础上，公司孕育出“让天下没有难做的生意”的使命。

（3）公司创始之初形成独特的氛围。深圳市汇川技术股份有限公司由一些懂技术、以振兴民族产业为己任的工程师创立。工程师对于客观事实的青睐、对于扁平化组织和权力类型的偏好、对“极客文化”的喜爱，都影响了公司的氛围。公司后来的招聘和用人标准也和这些文化偏好有关。新成员加入公司以后，很快被此氛围所同化，并形成对公司的认同感和归属感。

初创企业的文化沟通或价值观植入的机制较为初级，主要表现如下。

首先，创始人或者创始团队“言传身教”。成员较为关注领导者行为和他们所做的事情。言行一致对初创企业文化的沟通是很重要的。

其次，领导者平时喜欢奖励什么、惩罚什么，能够有效地向员工传递其价值观。比如在华为，任正非总是强调客户价值，并且对能够有效定义、满足和交付客户价值的人、部门总是予以奖励。这样就逐渐在公司形成以客户价值为先的氛围。

---

① 伊查克・爱迪思．企业生命周期．北京：中国人民大学出版社，2017.

② 施炜，苗兆光．企业成长导航．北京：机械工业出版社，2019.

③ Thank god it's Friday 的简称，很多美国公司在周五会开展一些活动来庆祝一周即将结束。

再次，领导者对关键事件或者危机事件的反应也是传递组织文化最好的机制。比如，公司极力留住关键人才，让员工能够看到公司可靠的、可预测的机制，从而坚信作为奋斗者留在公司的价值。这对稳定人心、留住人才起到重要的作用。

最后，企业在招聘、选拔、培训、提拔和辞退员工的时候所依据的标准和逻辑，也是帮助初创企业进行文化传播的机制。

总之，在初创企业中，企业文化的重点是帮助企业在竞争中寻找到和其他企业的不同之处。因为规模小，这类企业会偏爱特定的业务职能。但是创始人的个性和所倡导的理念会帮助企业定位，为企业的发展脉络提供基因性支持。一旦企业取得物质上、规模上、速度上的成功，个体的信念就会被总结和升华到群体层面，变成组织文化，促进或阻碍组织在下一阶段的发展。图 8-3 为初创企业组织文化形成的过程图示。

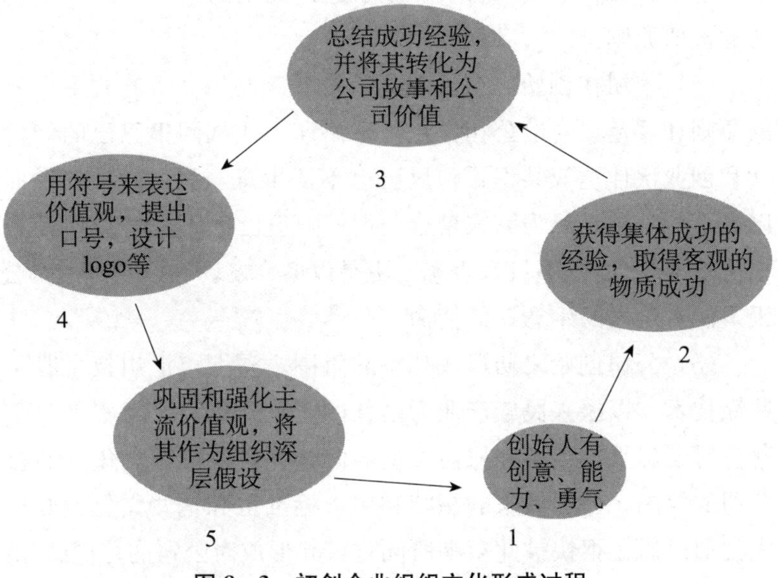

图 8-3　初创企业组织文化形成过程

8.3.2　成长期企业的文化和沟通

如果顺利渡过初创期，企业就开始进入成长期。在这个阶段，企业必须善于捕捉外部的机遇，同时开始打磨自己的团队和组织。企业的目标是将机会转化为可以复制的经营模式，做大规模，取得业绩。在伊查克·爱迪思看来，这个阶段企业的运营能力和营销能力尤其重要。

在这一阶段，企业的组织和文化特征表现为：强势领导者或组织英雄是企业经营和管理决策的关键力量。他的深层假设在企业中起主导作用。由于人的力量强大，组织的流程化、规范化程度并不高。由于追求规模以及市场效益，这类企业的资源配置方式向市场端倾斜。因此组织薪酬制度的特征和经营重点是一致的："狼性文化"较为重要。这样的文化价值比较看重速度、强度和英雄情结。比如，华为在快速发展过程中，通过提拔干部、设置压力、提倡以奋斗者为本的理念，使其文化机制能够很好地服务于组织在这个阶段的战略目标。

在这一发展阶段，组织文化的沟通具有以下特点：

（1）组织中的英雄较为强势，他们以身作则，将主要精力和时间花在顾客和市场方面，苦苦思考和定义企业的商业模式，探索企业可以复制的关键业务活动。这样就能够有效带动企业的业务人员和研发人员将有限的资源聚焦在组织目标即企业快速成长上。

（2）企业开始重视建章立制，尤其是绩效考核和薪酬制度。通过制度设计，员工能够按照规则和规范开展工作，尤其是绩效考核制度对员工的行为有很大的引导作用。由于市场开拓是这个阶段的战略性任务，因此绩效考核要和市场要求直接挂钩，与此配套的则是激励制度。组织文化中的英雄往往是业绩高的成员。

（3）在初创期所形成的文化基因的基础上，开始增添新阶段企业发展所需要的新元素和新符号。比如口号的内涵有延展，logo 的设计会提上议事日程。华为在这一发展阶段就开始邀请外国设计公司对其在龙岗的工厂进行设计。1995 年 12 月，任正非在公司年度总结大会上提出"失败不属于华为人"，大力推动公司的品牌和形象工程，并成立专门的部门来研究企业不同阶段的形象管理，从而促进公司和客户的相互信任。与此同时，组织成员也以自己公司在新阶段的新形象为荣。

（4）初创期的老文化和发展期的新文化在要求上会有冲突。企业创始阶段奉行的"人治"模式，随着规模的扩大、任务复杂性的提高、边界范围的变大等开始遭遇挑战。实际上，创始人或创始团队的学习速度、境界提升、对企业问题能否客观认知，都会成为组织文化能否扬弃的关键。

（5）组织常规、组织规范和新组织所要求的规则会产生矛盾。此时，企业负责人在文化变革、心态调整、矛盾处理上的水平就显得尤其重要。

总之，在成长期企业组织中，企业文化是黏合剂，它们会植入到企业管理制度和流程中。企业日益清晰的信条、价值观、口号、章程等成为文化沟通的重点。在这个阶段，组织的职能部门崭露头角，企业开始使用参谋人员。成员资格的获得和成员对仪式、规矩以及英雄人物的理解有关。公司开始为迈入成熟期做准备。

8.3.3 成熟期企业的文化和沟通

如果平稳渡过了初创期和成长期，企业组织就开始步入成熟阶段。在这个阶段，企业的主要业务已经稳定，业绩保持稳定增长，品牌形象得以创立。企业管理较注重制度化建设，讲究正规化、专业化和规范化。

在这一阶段，管理者和其他成员之间的层级变得明显，更加正式。企业中的大多数管理工作由经理人来负责。在经理人眼中，务实、专业力量较为重要。如果说在创业之初是领导者创立组织文化，那么在成熟阶段的组织中，则是组织文化成就领导者。只有那些和企业现有文化模式相匹配的管理者，才可能被提拔到更高的管理岗位上去。总之，成熟阶段的组织文化开始弱化个人英雄，流程和系统平台变得越发重要，建立一致性以便形成集体战斗力。

与此同时，由于体量和规模的扩大以及跨区域的扩张，企业内部开始出现各种亚文化。管理者对于亚文化的处理方式对企业的未来发展有很大影响。如果允许某些亚文化发展，公司是否会走向分裂？如果干预亚文化的发展，是否会丧失活力？领导者应该如何平衡，建设既有活力又统一的文化？

在成熟阶段，组织文化的沟通要关注以下几点。

（1）领导者一方面要关注和管理好已经在实际环境中发挥功能的各种亚文化，另一方面要注意进行控制，强化和重复现有文化中能够适应环境要求的因素，淘汰和改变不再有效发挥作用的失常文化因素。确定沟通的内容要考虑到上述矛盾的性质。

（2）为了保证上述文化演化过程中的矛盾得以有效解决，企业最好推出变革项目，并找出重点进行试验。一方面要有意识地和不合时宜的文化因素拉开距离，另一方面要注意保护更符合形势要求的新思维、新原则、新规则。在沟通的时候，要把握好舆论导向，有计划地引导组织文化的演化和升级。

（3）安排特定角色或者创立职能来促进文化的演化。文化专员或者文化项目组的设立能够促进和管理文化的变革。文化专员可以潜心研究文化在不同阶段的内涵和外延，把握时机，将文化变革和业务发展进行有机结合。

（4）借助亚文化有意识地推进文化的管理。在成熟阶段，企业的地理位置分散、市场类型增多、产品布局丰富等都会催生出二级单元。为了适应市场环境的变化，这些二级单元的群体思维中，有的和企业已有的文化一致，有的则会自行发展出不同的信念和价值导向，这就是亚文化。与此同时，企业内部的职业群体也会发展出各自的文化特征，如研发人员、生产人员、财务人员等都会有基于各自专业特点的亚文化。领导者要对呈现多样化特征的亚文化有所了解，对彼此的冲突有所干预和引导。在沟通的时候，要关注亚文化对于组织整体目标的价值所在，努力按照企业的整体“乐谱”对其加以调适，使其协调一致，最终服务于组织目标。

总之，在成熟期的企业组织中，企业文化的特点是较为正式、专业。领导者的文化管理和沟通重点是帮助企业在主流文化和亚文化之间找到平衡点。组织内部可以设置文化专员这样的角色来促进文化的演化。与此同时，领导者还要扬弃组织文化中原有的不适应环境需求的文化要素。借助面向未来的亚文化，组织会进行二次创业。在二次创业阶段，文化的演化又会出现新的内涵和方向。

8.3.4　二次创业期企业的文化和沟通

经过了初创期、成长期和成熟期，企业组织要进行二次创业。在这个阶段，企业的挑战既来自外部，也来自内部，内部的亚群体之间的冲突也会影响企业发展。在二次创业阶段，企业必须开发新业务，这在组织和文化方面存在不少风险。

首先，在这一阶段，组织采用事业部结构以后，已有的战略、文化的中心性会被削弱，关键资源如数据、财务、人力等可能难以共享。组织“去中心化”的势力抬头，如果处理不当，则会出现分裂倾向。其次，由于体量和规模大，组织层级多，职能和专业人员的意志强，组织会出现大企业病。官僚病、各部门间扯皮会增加企业运行成本，降低效率。再次，组织领导者或核心团队的学习能力、领导力水平可能会成为瓶颈或障碍。这时他们所具有的视野、素质、能力等都应远远超过企业规模小的时候。最后，组织中各种亚文化并存，如果难以包容和统一，很容易产生对立和敌意。这样组织内部的内耗现象会抬头。组织的目标和价值如果没有深入人心，为成员所认同，文化管理和沟通就很容易流于形式，起不到应有的作用。

在二次创业的企业进行组织文化沟通的过程中，要关注以下几个方面。

（1）领导者要注意文化的重塑。对于企业组织而言，文化重塑一定要以客户价值为中心。

（2）重塑过程要顺应人性发展的基本规律。当新生代员工尤其是 90 后员工成为员工主体的时候，要考虑他们合理的需求。他们一般希望企业组织的反馈要及时、信息要对称、要有发展空间等，组织文化建设的方向就要更加注重平等、赋能。领导者在沟通时要更多地采用咨询或指导的方式。

（3）提升文化的多样化和包容度。随着组织多样化程度的提高和组织扁平化程度的加强，要在组织文化的元素中融入不同的类型，比如校园文化中的学习氛围，军队文化中的自律和服从，专业文化中的严谨和理性等。组织本身应该敏捷和包容，让不同成员能够找到归属感和认同感。

（4）随着移动互联网经济的发展、区块链等技术的成熟，组织内部文化要和生态、合作以及协同等要素建立关联。比如在华为，企业在进行二次创业时推出了时间单元计划，即奖励期权计划：公司每年根据员工岗位、级别、绩效、配股饱和权以及部门绩效，给予员工一定数量的期权。通过这样的奖励制度，提升优秀员工对组织的忠诚度，从而提高组织效能。

总之，在二次创业企业组织中，领导者要注意重塑文化，要以顾客价值的发现和满足作为企业文化设计和传播的原点，否则企业很容易陷入大企业病的泥潭。在进行文化重构的过程中，满足客户价值应该是组织内部不同利益相关方的共识。另外，随着新生代员工逐步加入劳动大军，要注意设计出符合其需求特点的文化氛围，如知情、赋能和平等。更重要的是，企业组织要以薪酬制度为杠杆来激发奋斗者的活力和潜力，为公司的二次腾飞积累人才、积淀文化。

8.4 组织文化沟通和领导力

关于领导力的定义有很多。在这里，我们认为领导者带领团队扬弃不符合新环境的旧文化元素，同时创立新形势所需要的新文化，这种行为就是领导力的关键行为。在埃德加·沙因看来，一方面洞察旧文化中的局限性和合理性，另一方面带领团队创立适应性和开放性的新文化，这种整合能力、并存思维才是领导力的本质。

在企业组织中，领导者可以通过以下机制来培育和建设组织文化。

第一是领导者注意力分配的方向和强度。在初创企业中，领导者的注意力大多和市场、合同、订单、产品等有关。比如雷军在创业初期就提出要生产出令人尖叫的产品，来满足消费者对性价比的追求。因此，该公司的文化有浓厚的工程师色彩。在华为，任正非明确要求“头脑朝着客户，屁股对着领导”，员工就逐渐形成客户至上的价值定位。事实上，组织成员总会密切关注领导者分配时间和精力的方式，并根据经验和领导者言行一致的程度来确信什么才是公司真正看重的。这样，公司就会形成特定的文化氛围和成员默默遵守的行为规范。

第二是领导者如何应对组织中的危机事件，以及对关键事件的态度。事实上，危机事件常常有助于组织文化的建设。在面临外患的时候，公司内部成员容易形成对立认同，情感也较强烈。为了降低焦虑，组织在这个时候要善于接受新的东西，并形成集体记忆，从而增添新的文化元素。比如当美国将华为列为实体清单的危机事件发生后，任正非接受媒体采访，不断阐明公司的立场、态度、策略等，这些应对方式无疑会对公司氛围产生很大影响，从而引发员工对公司的极大认同。

第三是领导者分配资源、设置岗位的方式方法。公司的预算制度在这中间起到很大的象征性作用，并影响到组织内部不同群体的权威指数，从而对组织秩序和效率产生影响。比如公司强调研发的重要性，那么有了配套的财务预算，员工才会坚信自己的公司是研发驱动的。

第四是领导者对于职位、职称、荣誉、头衔这些荣誉性象征物的分配和配置方式。如果组织要让所倡导的价值观为成员所接受，就必须确立配套的奖励政策、晋升方式、职位体系。比如在大学中，如果倡导的价值观是教书育人，但奖励制度中将发表论文的篇数作为主要标准，那么其价值观就不容易被成员接受，也就难以转化为成员认同的个人价值观。久而久之，组织的价值观会被淡忘，成员之间会产生冲突和不协同的行为。

除了这些和领导者行为直接相关的文化培育机制以外，组织中还有其他机制来强化或者削弱组织文化，比如组织结构、组织流程、组织仪式、物理空间、组织故事等。领导人要有意识地借助这些间接机制来传递组织的中心工作，帮助成员将组织目标和个人目标有机结合。在企业组织中，这些机制之间都是相互联系、相互依赖的。领导者在推动变革的时候，要格外关注这些机制之间的配套，系统地推进各项工作，使组织文化成为企业前进的动力而不是阻力。

□ 思考题

1. 文化是什么？它具有什么特点？
2. 组织文化是什么？它包含哪三个层次？
3. 文化的功能是什么？
4. 什么是符号？它和组织文化的关系是什么？
5. 组织文化沟通的机制有哪些？
6. 初创企业中，文化传播的要点是什么？
7. 组织文化沟通和领导力有何关系？

□ 案例

YH集团公司二次创业过程中的文化管理和沟通

2018年，位于北京郊区的YH集团公司里，每个人脸上都洋溢着自豪的喜悦：公司主打产品的年产能已位居全国前三，年销售收入达到近300亿元，公司员工近4万人。与此同时，公司还成功收购了产业链上下游的十几家公司。是什么让这家深陷亏损泥潭的企业起死回生，并完成如此漂亮的蜕变的？

公司董事长姜骅正是这次二次创业的亲历者与设计者。2000年，姜骅研究生毕业后进入了这家公司。他从车间技术员做起，一步步成长。2011年，他临危受命，被任命为这家已经连续亏损四年的企业的董事长。刚接手YH时，姜骅遇到的挑战是前所未有的，可谓内忧外患：银行已经停止向企业提供贷款，员工每月只能拿到基本生活费，企业经营停滞不前。更糟的是，基层员工长期沉浸在抱怨和抵触的情绪中；干部也是萎靡不振，官僚习气重，岗位和权力的关系密切。公司里子虚乌有、扰乱人心的小道消息满天飞。总之，公司在创业期与发展期留下的优良文化传统已经消失殆尽，要在公司实施改革真是步履维艰。

姜骅深谙行业政策，对企业内部的结构调整路径也较为熟悉，所以他一上任就抓住时机拿到优惠政策。同时，他大胆任用一批受过良好教育的年轻干部，奉行“老人给待遇，新人给舞台”的政策，在短期内让员工看到了新风气和新方向。更重要的是，他令公司上下围绕“新阶段、新任务、新希望”展开全员讨论。以文化为抓手的变革就这样拉开了序幕。

首先，他提出了“管事必先管人，管人必先管思想”的管理指导思想，明确提出企业文化是企业发展的核心动力。在全体员工大会上，姜骅明确指出：企业文化是企业在长期经营实践中凝结而成的，最核心、最根本的是以人为本，统一价值观。可以说，这种文化体现在管理制度中，体现在物质产品中，体现在员工行为中。在过去，企业精神深入人心，口号是“实事求是，从严治厂，艰苦奋斗，争创一流”。在此基础上，姜骅又提出文化的“中西合璧”。中就是坚持信仰和理想，西就是强调以人为本。经过连续七年的积累，公司在企业文化实践中提炼出161条观点，分为人本理念、思想之光、管理艺术、人才观念、安全意识和领导智慧六个主题。其出发点和落脚点都是围绕人本理念，建构对员工有意义的价值系统。姜骅善于将个人意志、组织发展和集体意识融合在一起，并通过其他制度等进行沟通和协调，促进企业员工统一思想和行动，为组织目标的实现而努力。

其次，公司还精心设计制度，强化文化价值观的落地。

一是充分发挥群团干部的作用。姜骅发现，公司管理层级之间的信息损耗很严重，信息传递到基层的时候可能被过滤掉60%，只剩下40%，公司发布的信息和命令经常被扭曲或者屏蔽。与此同时，姜骅发现公司存在20：60：20的现象，即20%的人热情似火、充满激情，对公司目标和价值高度认同。60%的人像煤火，需要周围的人去调动其热情。他们的热情一旦被调动起来，会焕发出惊人的能量。还有20%的人似乎天生就对组织中的事情不感兴趣。基于这样的观察，姜骅在组织中运用已有的群团干部制度。群团干部是没有级别的，比如班组长、女工委员、党小组长、团小组长等。他们对公司的文化、价值观和领导者很认同，属于第一个20%。通过自我推荐、激情演讲、民主评议等渠道，一些人成为公司的群团干部。为了支持他们的工作，公司给他们每月发放津贴，而且津贴金额会随着公司的发展不断提高。另外，公司还保证他们在组织中的政治地位，他们能够参加公司的高层会议。通过这些群团干部，公司高层的意图、导向、指示能够得到贯彻，基层员工能够听到集团高层的真实声音，同时也能及时反映基层的呼声。

二是做好会议纪要，用好微信朋友圈。这是企业传递信息、价值观和经营指令的重要渠道。通过会议纪要和微信，基层员工当天就能了解总部的办公会精神，知晓公司发生的大事要事，掌握公司的经营情况，也能看到公司弘扬什么、批评什么。公司小道消息横生、人心浮动的情形得到有效遏制。

三是建立较为合理的干部薪酬制度和激励制度。在过去，企业员工的薪酬结构不尽合理，公司人才流失较严重。姜骅上任以后，明确提出报酬差异化的激励方式，即围绕组织目标对企业的人才进行合理分类。其中，核心骨干的薪酬水平在同行业中处于中上水平；一般骨干的薪酬水平也颇有竞争力；员工的薪酬水平则处在劳动力市场的平均水平。与此同时，公司开始在集团领导层和骨干层推行年薪制。公司一开始在季戊四醇车间进行试点。他为此召开员工大会，并在会上提问："如果公司每多赚1 500元，让管理人员多拿5元，大家答应不答应?"员工异口同声地回答：坚决答应。会后，季戊四醇车间当年的产量就从原来的3 000吨提高到9 000吨。正所谓水涨船高，公司和个人的收入都得到了提升。姜骅接着又展开全员讨论：这样做到底好不好?公司要求每个人都发表意见并刊登在《公司简讯》上。结果是人人赞同。之后，姜骅又在造气车间展开薪酬改革试点，将节省的成本和骨干员工、基层员工的收入挂钩。这样一来，该车间的效率提升、士气大振。

四是营造新的组织氛围，倡导敬业与感恩价值观。姜骅认为敬业与感恩是职业经理人的基本操守，一级对一级负责、一级对一级感恩有利于公司良好风气的形成。姜骅在批评干部时，只是在大会这样的公共场合批评。"我从不把干部叫到办公室私下批评，那样没有效果。但我批评以后，会在私下做他们的思想工作，推荐好书给他们读，让他们理解为什么受批评。"姜骅还推动公司举办各种形式的生日会，员工为自己的领导庆祝生日，领导也为自己的部下庆祝生日，干部员工还会举办集体生日会，在这些生日会上，上下级之间的距离、部门间的隔阂、新生代与老员工的代沟都得以消释。一种宽严相济的文化氛围逐渐形成。

在姜骅眼中，文化有引导功能、润滑功能和共创功能。他认为：文化就是公司内部员工共享的并有效影响人与人之间关系的正式和非正式的价值观和规范。

案例思考题

1. 二次创业期，本案例主人公决定以文化为抓手对公司进行变革。他引入了哪些文化机制来进行组织变革？

2. 在企业中，群团干部制度对文化的落地起到什么作用？请举例说明。

3. 在本案例中，姜骅使用了正式制度，也运用了非正式组织的方式来进行文化沟通。请问这些制度和方式的结合对文化内化于心有哪些帮助？

4. 有人认为企业中不应谈感恩文化。员工和企业本质上是一种契约和经济交换关系，即员工付出劳动，企业给予报酬，可能存在不对等，但属于价值交换。对此你是如何理解的？

5. 作为公司的“英雄”，姜骅在企业文化变革和沟通中起到什么作用？请举例说明。

6. 本案例对你有什么启发？

第9章 危机管理和沟通

本章思维导图

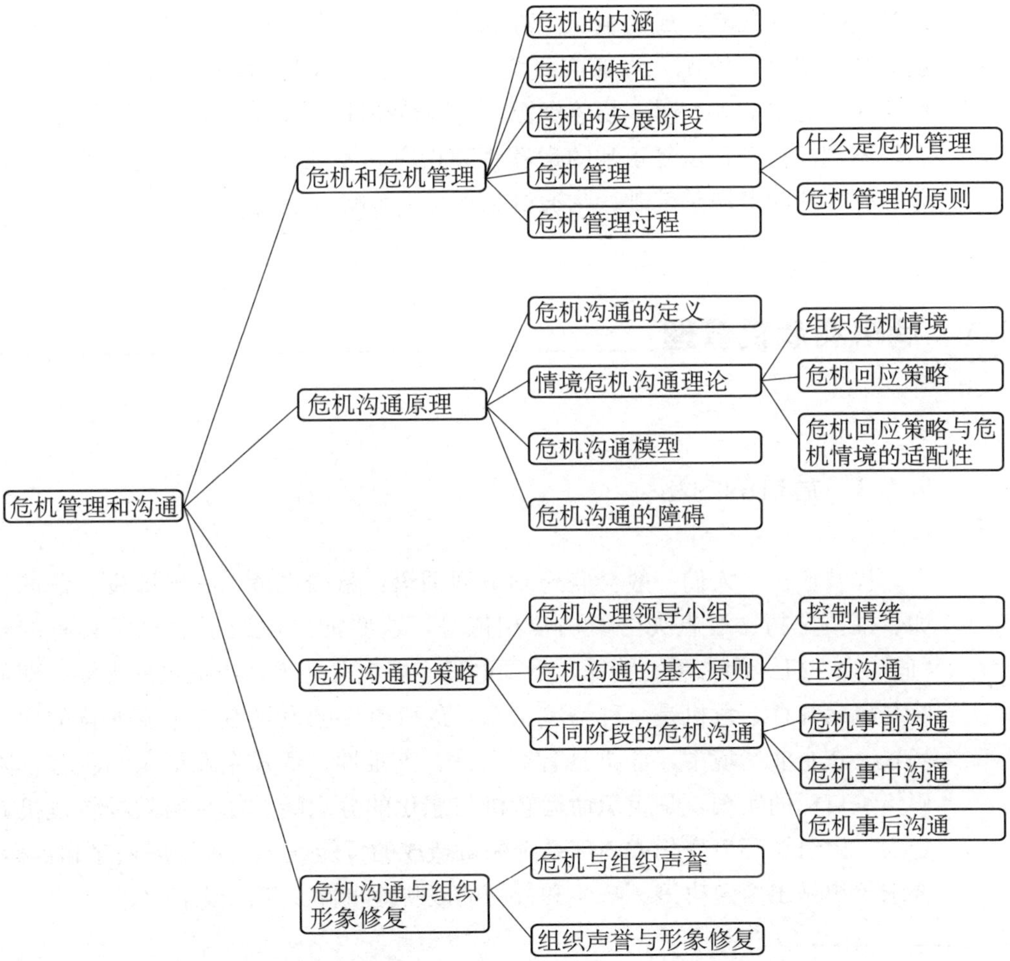

本章要点

◎ 危机
◎ 危机管理
◎ 情境危机沟通理论
◎ 危机沟通的策略
◎ 组织声誉

伴随着经济全球化的发展以及国际竞争的日趋激烈，特别是移动互联网、大数据、自媒体时代的来临，企业和环境的边界越来越模糊。《财富》500强企业中，89%的CEO都承认商业危机难以避免，企业应随时做好应对危机事件的准备。

面对这种经济环境，如何对危机管理做出正确的价值判断，对企业而言至关重要。企业危机管理成为企业战略管理的重要组成部分。危机管理并不仅仅是一种挽救企业于水火的应急措施，它将危机防范与应对的精髓注入组织的整体发展战略，成为组织生存和发展的一项基本能力。具体而言，这一能力是对情境、资源、沟通与行为的管理能力，即在紧迫的情境中，整合、配置相对有限的人、财、物等资源，理顺被扭曲的沟通系统，果断采取行动，扭转不利的情境，恢复正常的运营管理秩序和发展状态。可以说，改变情境是目标，调配资源是基础，沟通机制和行为策略是手段。

9.1 危机和危机管理

9.1.1 危机的内涵

提及危机，人们一般会联想到下列词语：萧墙之危、一触即发、危如累卵、摧枯拉朽、后患无穷、祸福相依等，这些词语说明了危机所具有的转“危”为“机”的二重性特征。中国的汉字能充分地表达出危机的内涵，即危险与机遇并存。危机是一种情境状态，危机事件的发生有着千变万化的现实场景。在企业情境中，危机具有突发性、灾难性，危及企业形象与生存，阻碍组织目标的实现，是组织命运转机与恶化的分水岭。胡百精教授将危机界定为：由组织环境变化或内部系统失常造成的可能破坏正常发展秩序和目标，要求组织做出紧急决策、响应和行动的威胁性事件、状态或结构。①

① 胡百精．危机传播管理．3版．北京：中国人民大学出版社，2014.

9.1.2　危机的特征

组织所面临的危机多种多样，总体上具有以下特点：多样性、突发性、难以预测性、危害性、紧迫性、舆论的关注性以及二重性。

1. 多样性

组织在发展的过程中会遇到各种各样的危机，如市场劳动力缺乏、商业机密泄露、主要设备损坏、管理层丑闻、地震、火灾等。这些危机可归纳为经济、信息、物质因素、人力资源、声誉、行为和自然灾害七个主要方面。由此可见，危机在组织中的表现形式多种多样，不尽相同。

2. 突发性

危机的发生往往具有突发性。即使许多危机在发生之前有一些征兆，由于人们常常无法做出科学准确的判断，甚至忽视这些现象，许多危机的发生仍出乎人们的意料，防不胜防。

3. 难以预测性

危机的难以预测体现在很多方面：危机发生的事件、事件的发展趋势、影响范围、最终结果等。由于危机发展是一个动态的过程，与危机相关的大部分事件具有不确定性，管理者一旦出现误判，会造成一系列的连锁反应，对危机的走向造成重大影响。

4. 危害性

危机的发生对组织具有一定的危害性。危机发生后，不仅会对企业日常的经营造成影响，还可能对企业声誉及战略造成影响，甚至可能影响企业的生存。2018 年，滴滴公司频频曝出司机性骚扰乘客的事件，企业估值大幅下跌，这正体现了危机的危害性。

5. 紧迫性

危机爆发后留给人们反应、决策和处理的时间极其有限，这就是危机的紧迫性。危机一旦发生，组织必须立即采取行动以减小危机带来的不良影响并缩小影响的范围。若放任事件发展，不及时采取措施，可能使危机失控，对组织的声誉带来更大的负面影响。

6. 舆论的关注性

组织中危机的发生往往受到社会的关注。当一个组织面临危机时，事件的发生和发展会通过现代传播媒介迅速公开，并成为热议话题。此时公众不仅会关注危机本身，还会关注组织对危机事件的态度及采取的行动。媒体的报道及态度也会影响公众对危机事件及对组织的态度与看法。

7. 二重性

危机的二重性是指：一方面，危机具有破坏性，危机事件的爆发可能对组织造成恶劣的影响，带来危害；另一方面，倘若组织能够及时采取必要的措施弥补不足，也能够从危机中发现转机，在公众面前重新树立更好的形象，从这一角度看，危机对组织而言具有建设性。

9.1.3 危机的发展阶段

从孕育到消亡，危机如生命体一般，有着自我演化的动态过程与阶段。无论危机属于何种类型，都要经历潜伏期、爆发期、持续期与消退期。

1. 潜伏期

危机总是消遁于无形或只露一鳞半爪，但实际上暗藏汹涌。比尔·盖茨曾认为：微软离破产永远只有 18 个月。IBM 前 CEO 郭士纳（Gerstner）也承认：长期的成功，只是在我们时时心怀恐惧的时候才有可能。任正非在《北国之春》一文中指出："创业难，守成难，知难不难。高科技企业以往的成功，往往是失败之母，在这瞬息万变的信息社会，唯有惶恐者才能生存。"

2. 爆发期

量变积累导致质变，使得危机犹如大厦崩塌般瞬间释放出巨大的破坏能量，给组织及其利益相关者带来巨大的压力和恐慌。如事先无危机处理预案，又未能立即采取有效措施，在现代社交媒体的推波助澜下，危机会被放大，甚至对组织生存造成威胁。

3. 持续期

在这一阶段，组织能够应对危机，各项功能得到恢复，开始从对危机的反应、处理，向危机的恢复、危机影响的分析、危机传播管理过渡。

4. 消退期

在这个阶段危机逐渐平息，但次生灾害的威胁依然需要引起组织的重视，除了做好危机管理的经验总结，提出有针对性的改进措施，还要学会从危机中获利，弥补损失并降低危机再次发生的概率，甚至为组织创造转危为机的可能。"海尔砸冰箱"的故事人尽皆知，而事件的起因是一封抱怨产品质量的用户来信，海尔抓住了消费者投诉的"危"，迎来了企业脱胎换骨的"机"。

9.1.4　危机管理

1. 什么是危机管理

通过以上对危机构成的情境的分析，我们可以将危机管理定义为：为了挽救企业形象，减小或消除危机所带来的威胁或损失，企业对危机事前、事中、事后全过程的计划、组织、领导和控制的一系列活动。良好的危机管理有助于增强企业的危机防范意识，有助于挽救和维护企业形象与声誉，避免由此带来的企业盈利水平下降、员工忠诚度降低等不良影响，并通过完善企业内部的组织、机制与流程，最终确保和促进企业战略目标的达成。

2. 危机管理的原则

危机管理专家和企业家从众多的危机管理案例中总结出成功处理和化解危机的原则。

(1) 预防第一原则。凡事预则立，不预则废。对于企业而言，危机预防是一项具有战略性、前瞻性的重要管理工作。防患于未然付出的代价绝对要比大厦将倾之际力挽狂澜小得多。

(2) 系统保障原则。危机管理是一项战略性系统工程。它既强调危机来临时的统一指挥、全员参与、各司其职、协调一致、共同对外；更注重在企业日常经营管理工作中，加强危机知识的学习、经验的积累以及技能的培训，以一套完善的组织机制、系统流程、策略技巧等系统模式应对危机。

(3) 全局利益原则。面对危机，局部利益要服从全局利益。首先，企业应以最大限度降低整体发展目标的受损程度为中心，避免组织核心价值、根本利益受到严重破坏；其次，企业应关注长远的发展利益，而非眼前的短期利益。更重要的是，公众利益应放在企业自身利益之前，对于人的生命与尊严的珍视与捍卫，应永远放在第一位。

(4) 真诚负责原则。危机来临时企业的态度十分重要。主动面对、开诚布公、坦诚相告，不回避、不掩盖、不辩解、不推卸责任，才是企业应有的态度。有的时候，勇敢地承认错误，真诚地道歉也可以为危机的缓和带来曙光。企业应立即采取行动，查找危机原因，补救对利益相关者造成的损失。

(5) 一致性原则。企业在应对危机时要求各部门协调一致，统一口径。在危机发生的初期，容易出现信息混乱、众说纷纭的现象。企业在应对危机时所发布的信息应该具有一定的权威性、可信度和说服力。企业内部传出不一样的声音，是危机管理之大忌，不仅会令原本简单的事态越来越复杂，而且会暴露出企业内部的矛盾，使人们产生更多的猜疑，甚至引发新的危机。

9.1.5 危机管理过程

危机管理大师诺曼·奥古斯丁（Norman Augustine）将危机管理过程划分为六个阶段，即危机的预防、危机管理的准备、危机的识别与确认、危机的控制、危机的处理和从危机中获利。[①] 危机管理的关键就是要根据每个阶段的特征采取相应的措施。

1. 危机的预防

居安思危，思则有备，有备无患。危机预防的目的在于：首先，从战略层面增强企业组织的危机意识；其次，在制度流程方面建立一套完善且行之有效的危机防范制度，以部门职能化运作对潜在危机隐患与征兆进行检测和预控，从而将危机消灭在萌芽阶段或降低危机对企业造成的损失。在这一阶段，管理者需根据组织内部管理的进程及组织外部环境的变化，提前评估危机发生的可能性，分析企业可能面临的各种风险，并对可能发生的危机事件做出判断，采取措施降低危机事件发生的可能性。管理者要重视危机的预防，由于危机的发生往往有一定的征兆，良好的预防措施可以降低危机发生的可能性，避免组织受到危机事件所带来的连锁反应的危害。例如，海尔的 OEC 管理模式便要求企业在日常经营管理中做到“总账不漏项”“事事有人管，人人都管事”“管事凭效果，管人凭考核”，保证了企业“日事日毕，日清日高”，有效地防范了风险。

危机预警系统由以下三部分构成：危机监测、危机预评估与危机预报。

（1）危机监测。危机监测的职能包括可嵌入组织的整个战略体系的议题监测和利益相关者监测，还包括对危机的相关知识的储备与管理。例如，行业或企业自身应对各种类型危机的历史资料；与危机相关的产品、技术和服务说明，合约、政策和司法解释，能够证明组织一贯优良的业务表现、市场表现、社会表现和政治表现的数据、报告和文件；第三方权威机构的资质证明；可能需要向政府主管部门、行业监管或自律部门、组织内部利益相关者、上下游利益相关者、传统媒体、新媒体、一般公众、非政府组织、社区以及竞争对手等提交和发送的声明和背景资料等。

（2）危机预评估。其职能包括：建立一套多维度的危机预评估指标，例如时间指标、效益指标、财务指标、人力资源指标、声誉指标及公共关系指

---

① Augustine N R. Managing the crisis you tried to prevent. Harvard Business Review，1995，73（6）：147 - 158.

标等；邀请企业内外部专家对企业短板和潜在危机进行预估与评价；将专家意见整理汇总后，使用危机晴雨表将可能发生的各类危机按发生概率大小及危害程度高低分别纳入红色区（危险）、灰色区（中间）、琥珀色区（注意）以及绿色区（安全）。

（3）危机预报。在日常经营中，可定期发布企业运营情况预警报告，通过与行业均值、竞争对手的数据相对比，得知企业的外部环境、企业自身的经营状况是否正常。如果发现有重大危机爆发的征兆，需启动紧急预警报告系统。

2. 危机管理的准备

做好危机管理的准备是为了在危机预防工作不奏效时，针对危机发生后可能引发的不良后果采取必要的应对措施和行动计划。危机管理的准备工作主要包括提前建立一个危机处理中心，制定应急计划，提供完备、充足、性能良好的通信设施，储备必要的应急物质，组织应急管理宣传、培训和开展必要的应急反应演练等。这些工作能够加强组织成员应对和管理危机的能力，从而避免在危机事件发生时组织内部发生混乱或由于准备不够充分而无法及时应对。在危机预防和危机管理准备方面，许多公司都制定了危机预防措施流程图，如图 9－1 所示。

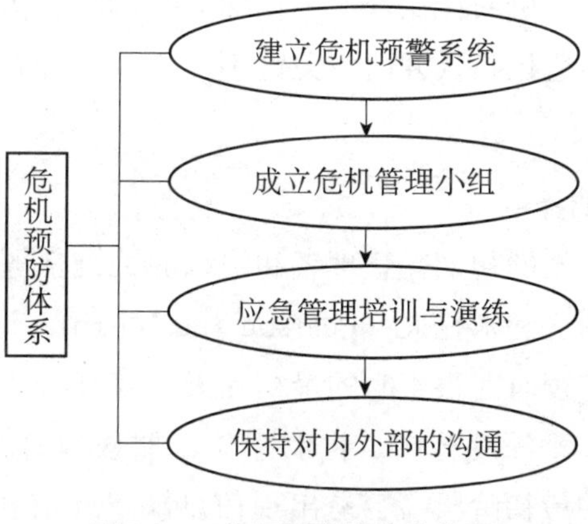

图 9－1　危机预防措施流程图

在危机预防与危机管理准备阶段，《国家突发公共事件总体应急预案》为我们提供了很好的范本，可以参考其基本内容来制定适合自己组织的应急预案计划。一般来讲，应急预案的基本内容应该包括以下几个方面。

（1）确定应急管理的性质、范围、类型及管理原则。

（2）确定参与应急管理的组织机构，包括领导机构、工作机构和办事机构。

（3）确定应急管理的运作机制，针对危机管理过程的六个阶段分别制定相应的应急措施和实施步骤。

（4）确定应急保障机制，包括人力、财力、物资、交通、通信、基本生活、医疗卫生、社会治安、公共设施、科技支持等方面的保障。

（5）监督管理包括督促检查各项应急准备和保障工作的落实情况，组织各项应急培训和演练，开展危机管理宣传教育，制定应急管理的责任和奖惩制度等。

3. 危机的识别与确认

在这个阶段，管理者的主要任务是对潜在的危机进行识别和确认。公司有时会将问题错误地归类，将注意力集中在技术方面，而忽视了一些感觉上的问题。可是，公众的感觉往往是危机的根源。1994 年年底发生的英特尔公司奔腾芯片危机事件就是一个例证。事实上，引发这场危机的根本原因就是英特尔公司将一个公共关系问题当成了一个技术问题来处理。此事件导致英特尔公司的损失高达 4.75 亿美元。

我国有些危机事件的引发也是由于企业在危机爆发前夕没有意识到危机，没有采取任何防范措施，未加强危机管理。例如，1997—1999 年的三株口服液事件导致三株集团陷入困境，一个主要原因就是三株集团将事件作为一场官司来应对，而忽视了官司背后潜在的危机。公司的高层领导都没有充分意识到或识别出危机的存在，加上错综复杂的综合因素，使得公司没有力量来挽救自己。在危机确认方面，关键不在于管理者自己的感觉，而是其对公众感觉的敏感性。

4. 危机的控制

在危机爆发的初期，管理者和组织的关键任务就是迅速采取行动，控制住危机。皮尔逊和米托夫（Pearson and Mitriff）认为，危机发生的最初几小时（或危机持续时间很长时的最初几天），管理者应同步采取一系列关键的行动：甄别事实、深度分析、控制损失、加强沟通。由于危机发生的突发性，在危机爆发的最初阶段，容易出现信息缺乏或信息混杂、情况不明、摸不着头绪等情况，因此，加强危机控制需要根据不同的情况确定工作的优先次序。

第一步，启动危机管理应急预案。危机一旦发生，应立刻启动危机管理应急预案，危机管理领导小组、各工作小组以及专家小组等应急机构应立即到位，履行职责，采取必要的应急措施。

第二步，收集、分析信息，甄别事实。要立刻组织人员进行调查，必要时求助于专业机构，尽快收集信息，进行深入调查，查找并分析原因，甄别事情真相，迅速确认危机的性质，制定危机处理的战略和步骤。

第三步，信息发布。按照突发事件报告与信息发布制度，企业应该指定专人负责信息控制工作，防止多个声音，做到对内对外口径一致，避免信息混乱给企业带来更大的麻烦。

第四步，保持企业的正常运作。危机一旦发生，最容易引发企业内部员工的不安，令员工焦虑，因此，企业必须加强沟通、信息通报，采取必要的安抚措施，稳定员工情绪，增强其应对危机的信心。

第五步，保持与政府、媒体、公众、行业协会及相关利益团体的沟通。企业在陷入危机时，相关的利益团体以及消费者和公众对事件都会十分关注，赢得他们的理解和支持是公司控制和处理危机的关键。

第六步，快速反应，果断行动。发生危机并不可怕，可怕的是组织对危机无动于衷，或反应迟钝、行动缓慢。在这个阶段，果断做出决定是最重要的。正如约吉·贝拉（Yogi Berra）建议的那样，采取一些合理的、果断的行动总是比完全没有行动强。

5. 危机的处理

在前一个阶段即危机的控制阶段，实际上就开始了危机的解决和处理。危机控制是危机解决和处理的基础。如果我们不能有效地控制危机，那么危机的解决和处理就无从谈起。在危机处理阶段，主要是在查明事实原因、了解事情真相、确定危机性质的基础上，迅速制定应对策略和措施，采取果断行动，化解危机，将损失降到最低程度。

6. 从危机中获利

危机管理的最后一个阶段是总结经验教训。如果一家企业在危机管理过程的前五个阶段都能处理得比较好的话，在第六个阶段就可以实施恢复管理，寻找机会来弥补部分损失和纠正引发危机的错误。同时，管理者还需要对组织的危机预防、准备和应对过程进行评估，与组织成员共同进行经验总结，吸取教训，加以改进，以提高危机管理的水平。通过这一步骤，组织能够在危机之后迅速恢复管理，重新回到危机前的状态，甚至比危机前还要好。

例如，强生公司的泰诺中毒危机事件爆发后，时任首席执行官吉姆·伯克认为，公司必须采取强有力的措施保证公众的安全和恢复公司最畅销产品的信誉。其中一项措施就是公司立即将3 100万件产品从全美各商店的货架上和家庭药柜中全部召回。同时，强生公司以美国政府发布新的包装规定为契机，为泰诺止痛药设计防污染新式包装，在3个月内该产品的市场份额就恢复到危机前的95%。这个奇迹的取得不是没有代价的，但与不采取这样的措施而引起的名誉受损相比，这个代价就显得微不足道了。在恢复管理阶段，把握好这样的时机特别重要。

9.2 危机沟通原理

9.2.1 危机沟通的定义

危机沟通是指组织为解决危机，以沟通为主要手段所进行的化解危机与避免危机的行为及过程。危机沟通是危机管理的重要组成部分，高效的危机沟通有助于有效地减小危机给组织带来的不良后果，还可能将潜在的危机转化为转机甚至商机。正如美国危机管理大师罗伯特·希斯（Robert Heath）所言，在危机管理中，沟通是最重要的工具。[①] 库姆斯（Coombs）认为，危机更多的是人们对不可预测事件产生的一种负面感知，这种感知会影响利益相关者对未来的预期，并可能对组织的绩效造成严重影响，从而带来不好的结果。[②] 因此，危机沟通的核心任务就是把恰当的信息传递给相关的目标人群，通过有效的沟通策略成功消除公众的种种负面认知，重建组织声誉。

9.2.2 情境危机沟通理论

库姆斯和霍拉迪（Holladay）在归因理论等前期研究的基础上，提出了情境危机沟通理论（situational crisis communication theory，SCCT）。[③] SCCT 理论认为，危机是一种负面事件，会引发利益相关者去评估危机责任。如果利益相关者认为危机是组织可以控制的，他们就会将危机责任归咎于组织，责任归因越大，危机对组织的影响也就越大。组织应该基于具体的危机情境来决定采用哪些相应的危机沟通策略。情境危机沟通理论提出后，由于其强大的解释力和系统化的分析框架，很快成为分析和指导危机管理的重要理论。SCCT 沟通模型由三个基本部分组成：组织危机情境、危机回应策略以及危机情境与回应策略的适配性。其中，危机情境与回应策略的适配性及其动态关系，会直接影响媒体构建的方式及内容，并对组织声誉产生影响，

---

① Heath R. Dealing with the complete crisis-the crisis management shell structure. Safety Science，1998，30（1-2）：139-150.

② Coombs W T. Ongoing crisis communication：planning，managing，and responding. Sage Publications，2014.

③ Coombs W T，Holladay S J. Helping crisis managers protect reputational assets：initial tests of the situational crisis communication theory. Management Communication Quarterly，2002，16（2）：165-186.

如图 9－2 所示。①

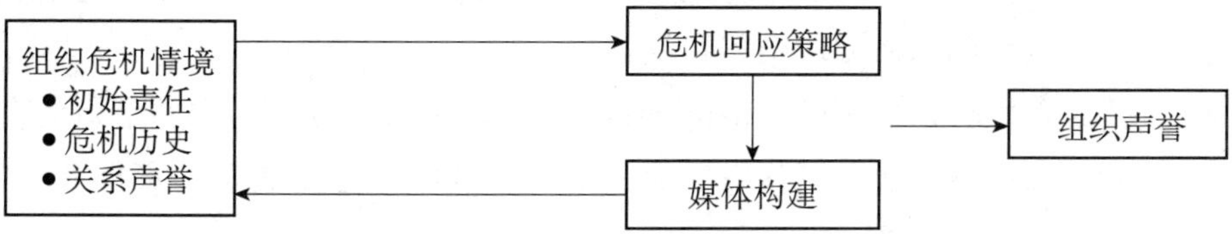

图 9－2　SCCT 沟通模型

1. 组织危机情境

组织危机情境是指危机发生后组织必须搞清楚一件事情，即危机的产生到底在多大程度上是组织自身的责任，这是有效进行危机沟通的前提和基础。这种责任并不是指组织实际应该承担的责任，而是指被认为应该承担的责任。根据 SCCT 理论，人们对组织机构应当承担责任大小的判断通常由三个因素决定。

（1）初始责任。这是从危机的发生角度来分析，组织在多大程度上被认为是危机发生的原因，即人们对危机进行的归因。库姆斯和霍拉迪列出了 13 种危机，依照不同的归因类型把这些危机划分为三个群集：受害者群集、意外群集和故意群集。在受害者群集中，组织同样被认为是受害者，如天灾、谣言等所引起的危机；意外群集是指这类危机是由意外的因素所引起的，组织自身难以控制，如技术错误等引发的危机；故意群集则是指组织自身人为因素导致的危机，如违法或故意将利益关系人置于风险之中等，在这类危机中，组织无疑要承担核心责任。

（2）危机历史。这是指组织以前是否有过相似的危机经历或危机处理经历。相似的危机经历会使受众认为引发危机的原因稳定，原因越稳定，利益相关者越可能把危机发生的原因归咎于组织。

（3）关系声誉。这是指组织与主要利益相关者之间互动的质量，如果组织有过危机经历，并且与利益相关者有过关系冲突，利益相关者就可能会把危机责任归因于组织，加深责任的归因，影响组织的声誉。

2. 危机回应策略

危机回应策略是指危机发生后组织所采取的应对策略。根据危机情境制定危机回应策略是组织减少负面影响、修复声誉、应对外界质疑的重要方式。SCCT 理论强调，首先要从组织道德责任角度来制定危机回应策略，其次才是组织声誉角度。因此，在危机发生后，组织可以采用两种方法来达到这一

① 钟伟军，黄怡梦．社交媒体与危机沟通理论的转型：从 SCCT 到 SMCC. 电子科技大学学报（社会科学版），2016，18（5）：12－16.

目的：(1) 提供指导类信息，指导公众如何让自己免受伤害；(2) 提供修正类信息，包括心理、精神调适方面的信息以及避免发生类似问题的相关信息。

具体的危机回应策略包括：

(1) 否认性策略 (deny crisis response strategy)。主要是指为自己辩护，否认自己是危机的责任者，而其他的人或组织才是真正的责任者，坚持没有发生危机的立场。

(2) 淡化型危机策略 (diminish crisis response strategy)。即让公众相信没有故意伤害的意图，或者为危机的发生提供合理的解释，降低人们所感知的危机程度。

(3) 声誉重建策略 (rebuild crisis response strategy)。主要采用两种形式，即以物质或金钱的形式补偿受害者，承认自身责任并坦诚道歉以取得受害者或公众的谅解。

(4) 声誉强化策略 (reinforce crisis response strategy)。主要是通过各种方式强化自身的正面形象，包括提醒公众关于企业过去的良好经历，或者传递自身也是受害者的信息，或者重点突出对自己有利的第三方信息。

3. 危机回应策略与危机情境的适配性

危机回应策略与危机情境的适配性是 SCCT 理论的核心，组织到底采用哪种应对策略取决于组织所承担的危机责任大小。根据不同的危机情境，一般可以采取以下四种策略：

(1) 不承担责任。当危机导致的信誉损害不大时，只要提供客观的信息就够了，不需要采取进一步的应对方式。

(2) 承担部分责任。当责任被部分归因于组织的时候，组织可以采用借口或者合理化解释等方式。

(3) 过度承担责任。如本应承担部分危机责任的组织采取“完全道歉”的策略，有可能会适得其反，可能增加利益相关者将危机责任归因于组织的程度。

(4) 承担全部责任。在利益相关者将危机责任完全归因于组织的时候，组织声誉受到严重影响，此时组织就应该采用“修正行动”或者“完全道歉”等承担完全危机责任的反应策略。当然，有时表达清晰的道歉可能让组织惹上官司，造成经济上的损失。补偿和同情与道歉一样，同样可以让受害者产生组织应该对危机负责的感觉，因为这种应对主要关注受害者的实际需求。及时自我揭露危机也是一种有效的选择，同样可以有效减小危机带来的影响。

9.2.3 危机沟通模型

随着微信、脸书等社交媒体的快速发展，新媒介在危机沟通中扮演着越来越重要的角色。与其他媒体相比，社交媒体的突出优势是在信息分享、交换及传递等方面具有卓越的功能，它是一种包含了不同沟通模式和不同内容的聚合性媒体，允许不同组织和个人之间进行直接对话和其他多种形式的沟通，不管是自上而下还是自下而上的方式。社交媒体创造了一种全新的组织和个人互动机制，从根本上改变了危机信息沟通过程中内容创建者与内容消费者之间的权力结构，并最终可能影响到组织应对危机的具体策略和结果。

奥斯汀（Austin）等研究者在情境危机沟通理论的基础上提出了基于社交媒体的危机沟通理论（social-mediated crisis communication，SMCC）[①]，该理论逐渐成为当前危机沟通的重要分析框架。SMCC 模型如图 9－3 所示。[②]

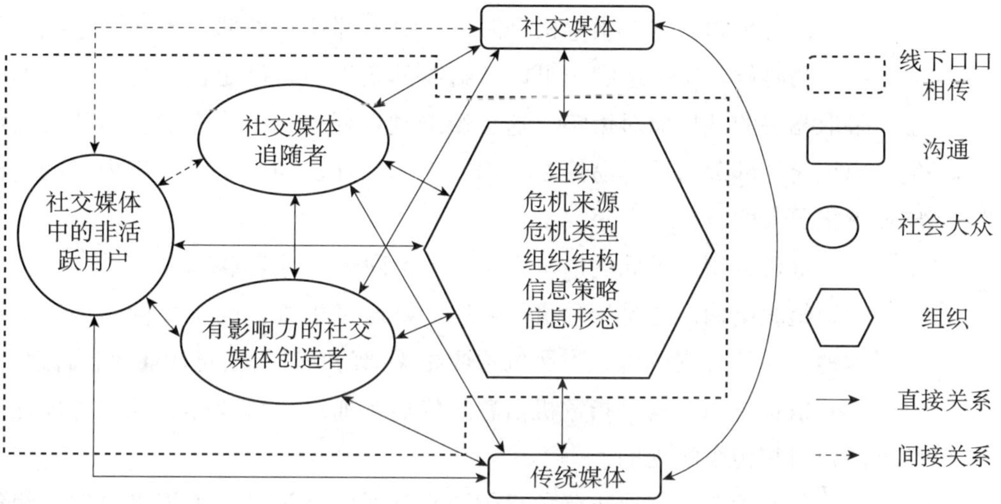

图 9－3　SMCC 沟通模型

1. 社交媒体用户群

依照危机过程中人们在社交媒体信息表现方面的差异性，研究者把社交媒体用户群分为三类：（1）有影响力的社交媒体创造者（influential social media creator），指那些专门为其他人创造新社交媒体信息的人；（2）社交媒体追随者（social media follower），他们只是直接消费第一类群体所创造的信息；（3）社交媒体中的非活跃用户（social media inactive），指那些不直接消费第一类人所创造的信息的人，他们往往只关注那些经过很多次修改或转发的信息。危机管理者应该学会运用 SMCC 模型鉴别危机中使用社交媒体信息

① Austin L，Fisher L B，Jin Y. How audiences seek out crisis information：exploring the social-mediated crisis communication model. Journal of Applied Communication Research，2012，40（2）：188－207.

② 钟伟军，黄怡梦．社交媒体与危机沟通理论的转型：从 SCCT 到 SMCC. 电子科技大学学报（社会科学版），2016，18（5）：12－16.

的不同群体，通过检测社交媒体来了解如何以及何时做出网络回应。

2. 沟通媒介

SMCC模型把沟通媒介分为三类：社交媒体、传统媒体和线下口口相传方式，为了更好地呈现线上线下之间融合和交互的特征，新模型更加清晰地反映了危机事件中组织结构、有影响力的社交媒体创造者、社交媒体追随者以及社交媒体的非活跃用户之间的口口相传等传统的沟通形式。

3. 组织危机

为了更好地呈现组织如何通过传统媒体、社交媒体和线下口口相传等方式进行危机应对，SMCC模型从危机来源、危机类型、组织结构、信息形态和信息策略等五个方面对组织的危机应对策略进行分析。

（1）危机来源。这是指危机是源于组织内部还是外部，当某一危机涉及多个组织的时候，每个组织都可以从自身的角度把自己定位为这一模型的中心，采取相关的危机应对策略。这会影响到责任的归因，人们普遍认为内部危机应该比外部危机更容易控制，因此人们往往认为组织对源于内部的危机应该承担更大的责任。

（2）危机类型。不同的危机类型需要不同的应对策略。

（3）组织结构。这是指危机产生后，是通过集权化的中央性组织结构还是通过地方性的分支机构、附属机构或相关部门来进行信息沟通比较合适。

（4）信息形态。这是指危机信息的传播是通过传统媒体、社交媒体还是线下的口口相传来实现的。

（5）信息策略。这取决于危机的源头。通常来说，多个因素决定了组织在危机前、危机中和危机后的信息沟通方式。不同来源的危机信息需要通过恰当的媒介来传播。例如，当危机是内源性的时候，如果危机信息是通过第三方社交媒体来传播，那么公众的情绪如愤怒、轻蔑和厌恶就会被强化。当公众把危机视为外源性的，如果危机信息是通过组织的渠道发布，公众更可能接受组织的逃避性危机应对方式。逃避性的信息通过组织自身的社交媒体工具比通过第三方社交媒体传播更加有效。因此，当危机发生后，如果自身不是导致危机的原因，组织应该积极主动地利用官方的社交媒体来建立信息权威。

9.2.4 危机沟通的障碍

在现实中，企业的危机沟通往往并不是一个理想的有效沟通过程，由于危机爆发的突然性、企业内部人员的认知差异和企业外部的社会影响等因素，危机沟通可能是不顺畅的、低效的，难以达到预期的效果。企业危机沟通过程中出现的障碍一般可以分为内部因素和外部因素两类。

1. 内部因素

危机沟通障碍中的内部因素指来自企业内部的对沟通过程造成影响和构成阻碍的因素，例如，企业自身缺乏危机沟通意识、企业内部封闭的文化以及企业薄弱的沟通管理等。危机沟通中的内部障碍不仅大大影响内部沟通过程，还会对企业与外界的沟通效率造成极大的负面影响。

（1）淡薄的危机沟通意识。在危机爆发前，一些企业及其管理者由于过分自信或对环境判断失误，认为危机不会降临到自己头上，没能及时觉察危机的发生，未能及时做出有效应对危机的预案，缺乏前期的沟通准备。在危机发生时，无法快速反应，不知应该与谁沟通，怎么沟通，沟通哪些内容。

（2）封闭式的组织文化。组织文化是组织在长期的发展中形成的，是可以影响组织成员价值观和行为准则的一套理念。在一个封闭式的组织文化中，组织成员之间会缺乏及时有效的沟通。例如，当一线员工或基层管理者感知到危机时，他们的意见和信息不能在第一时间传递给高层管理团队，有时即使信息传递到了，由于高层管理人员受到封闭式组织文化的影响，不善于倾听下属的意见，未能及时做出积极回应，降低了危机沟通的效率和效果。此外，在封闭式组织文化中，企业不能积极主动地收集外部信息，难以在危机沟通过程中对外界的反应做出及时有效的回应。

（3）低效的沟通管理。有些企业没有设立专门的部门来开展与沟通相关的一系列管理工作，企业内部缺乏与沟通相关的规章制度和专职管理人员，沟通工作的展开往往显得较为随意，无章可循。在这样的企业中，一旦危机发生，危机沟通的过程就很低效：信息难以被高效地收集与整理，信息沟通渠道缺乏专人负责，部门之间的关系难以协调，负责沟通管理的队伍缺乏团队精神，领导缺乏号召力和亲和力。这些问题都会成为危机沟通的障碍，使组织难以在危机前后进行高效的沟通来应对危机。

2. 外部因素

危机沟通过程中的外部障碍是影响危机沟通效率的另一大因素，它往往会降低外部沟通的效果和效率。一般而言，外部因素包括媒体对公众态度的引导，以及信息的及时性和准确性。

（1）媒体对公众态度的引导。企业发生的危机具有舆论关注性，公众和社交网络等媒体平台对此会高度重视。媒体对危机事件的描述、观点和态度通过网络等途径迅速传播，公众往往通过媒体获取企业危机事件的信息，了解危机处理进展。由于媒体的影响力，公众的态度在一定程度上受到舆论的左右，有一些消费者甚至完全接受媒体的评判意见。面对这一情况，企业在危机沟通过程中，如果不能及时将舆论引导到对自己有利的方向，将难以达到预期的沟通效果。

（2）信息的及时性和准确性。企业高效的危机沟通离不开外部利益相关者的信任和支持。对于处在企业外部的消费者、投资者等群体，获得关于危机事件及时准确的信息则是信任产生的基础。倘若无法及时获得有效信息，外部公众就会对危机产生猜测，传播虚假信息，给企业带来辟谣成本，增加沟通过程中的工作量。信息的缺乏还可能导致公众丧失对企业的好感，令企业失去支持，对企业后期的声誉修复带来不利影响。

9.3 危机沟通的策略

危机沟通策略需要解决谁来负责和管理危机沟通工作，沟通对象是谁，针对不同的沟通对象需要怎样沟通、沟通什么内容等具体问题。只有解决了这些问题，危机沟通工作才能有的放矢、高效展开。

9.3.1 危机处理领导小组

危机发生后，企业首先要对危机的性质、类型以及企业自身所处状态进行情境分析，并根据事先制定的危机管理计划，第一时间成立危机处理领导小组，其中包括企业高管、相关职能部门负责人以及企业外部专家，并明确各个成员的职责分工、权限及沟通渠道。

危机处理领导小组成立后，应首先确定负责人，即首席危机官（chief crisis official，CCO）以及新闻发言人（可由 CCO 兼任，也可由其他人担任）；其次，由领导小组各成员分别牵头，根据目标管理的目标分解成立多个危机应对职能模块，其中大致包括四类职能模块：战略决策模块，即首席危机官；信息沟通模块，包括新闻发言人、媒体沟通小组、内部沟通小组、政府公关小组、重要客户沟通小组、其他利益相关者沟通小组；研究咨询模块，包括危机调查小组和危机调查结果评估委员会；操作执行模块，包括危机事中处理行动小组和危机事后补救小组。各模块的职能、作用途径及任务如下。

1. 首席危机官

- 负责各模块的组织协调与资源调配。
- 在与危机处理领导小组集体协商后，负责重大处理事项的最终决策。

● 代表企业对受害者表示关切并提供救助。

● 最大可能消除危机的影响，确保企业持续营运，恢复正常的组织行为。

2. 新闻发言人

● 通过公开信息，对公众关心的、怀疑的事件内容进行阐述和解释，以满足公众与媒体的认知需求，并通过澄清事实遏制流言对企业形象的破坏。

● 通过议程设置引导社会舆论，使其朝着有利于企业的方向发展，进而塑造、维护企业形象。

● 通过媒体问答，表达己方观点与立场，在配合媒体报道的基础上引导舆论，建立与媒体的良性互动关系。

3. 媒体沟通小组

● 通过召开新闻发布会，迅速澄清事实真相，满足企业与媒体之间双向沟通的需要。

● 通过撰写与发布新闻稿，为企业与媒体沟通提供重要的书面文件。

● 通过主动安排与接待媒体采访，帮助媒体尽快了解事实真相、协助媒体对危机及其处理过程进行深度报道，展现企业良好的合作态度和力求解决问题的实际行动，从而赢得媒体的理解与支持。

4. 内部沟通小组

● 关心员工切身利益，提出具体举措，消除员工的后顾之忧。

● 提醒员工应该注意的事项，比如，如何防范危机事件的危害，做好自我保护，如何与企业配合处理危机事件，如何应对他人对事件的询问，关注国家法律法规、企业有关政策等。

● 适时向员工通报危机处理进展情况，让员工及时了解企业在处理危机过程中的困难和处境、取得的成绩、需要的支持与援助，争取员工的支持和配合。

● 如果员工在危机发生时受到伤害，企业应尽快制定针对员工的精神和物质补偿计划，并尽快落实。

● 开通多种沟通反馈渠道，认真听取员工意见和建议，增强员工对处理危机的参与意识。相关渠道包括员工大会与部门会议，企业简报、公告牌或企业内部刊物，单独会见、专项座谈会、专家咨询会，电话与电话会议，互联网、企业网站，非正式沟通渠道，等等。

5. 政府公关小组

● 第一时间与政府取得联系，向政府反映危机事件的真实情况。

● 请求政府对企业危机事件开展调查，借助政府的公信力以及政府发布的文件或声明帮助企业澄清事实，说服公众及媒体改变对企业的看法。

● 争取政府对危机企业的支持及援助，以帮助企业尽快脱离困境、恢复正常秩序。

● 向政府提交危机事件处理的全面总结、整改方案，帮助企业取得政府的信任与理解。

6. 重要客户沟通小组

● 与客户主动进行联系，表达企业对其的重视。

● 分析客户的信息需求，确定客户关注的问题，及时给予解答，消除客户顾虑。

● 有意识地维护对方对企业的信任，避免对方因流言而减少甚至终止与企业的合作。

● 开通多种信息渠道，进行有效沟通。相关渠道包括电话、信件、电子邮件等，客户服务热线，Q&A（问题与回答）文件，企业声明、公告与新闻稿件，传媒采访，面谈、座谈或专程拜访，等等。

7. 其他利益相关者沟通小组

对企业来讲，重要的利益相关者包括员工、客户、投资者、股东、贷款人、供应商、经销商等。该小组的职能如下：

● 企业高层领导要与利益相关者保持积极的联系，尽量主动提供对方需要的信息。

● 保持企业有关部门与对方的对口联络与沟通，加强业务联系，共同商讨应对方案，或及时告知对方应对危机的紧急措施和办法，以增强对方给予支持的信心。

● 强调利益相关者的重要性，诚恳表达需要帮助和支持的请求，并以强有力的措施保证对方的利益。

● 强调与利益相关者的长远利益关系，珍惜以往的友谊与合作。

● 以高度的社会责任感赢得利益相关者和社会各界的支持。

此外，针对因企业危机事件而受到影响的社区居民，该小组还有如下职能：

● 真诚道歉。对于涉及社区居民利益的危机，企业应该通过地方性媒体刊登致歉信，或派专人登门道歉。

● 与社区居民中的意见领袖协商，确定双方都能接受的赔偿金额。

● 及时向社区居民公布危机发生的原因及处理进展与最终结果。

● 向社区居民宣讲企业致力于改善社区关系的各种公益计划，以修复、增进企业与社区居民之间的情感。

8. 危机调查小组

● 通过组织专业人员深入现场，对危机发生的时间、地点、周边环境、当事人的具体反应等进行了解，查清危机事件的经过。

● 通过危机危害的调查，掌握危机的直接和间接损失，确认危机涉及的受害者、危机对他们的影响程度以及他们对企业的态度和要求。

● 通过综合运用现场勘查法、询问法、观察法、文献分析法，对危机原因进行调查与总结。

9. 危机调查结果评估委员会

● 对危机调查的结果进行可信度评估。

● 判断危机进一步恶化或扩散的可能性。

● 估测危机可能给企业带来的后续影响。

● 预测利益相关者在未来有可能对企业做出的反应。

10. 危机事中处理行动小组

● 通过实施终止策略，如停止销售、收回产品、关闭工厂等，主动承担相关损失，防止危机进一步扩大。

● 通过实施隔离策略，将危机的负面影响控制在最小范围内，避免造成更大的损失，殃及企业其他部门或原本运行良好的业务。

● 通过实施正面交锋策略，以亮剑精神主动消除由竞争对手造成的威胁与危机。

● 通过实施侧面出击策略，从其他方面重新塑造企业良好的形象，转移公众视线，以期得到更多人的谅解。例如捐助希望工程、积极参与社区扶助等活动。

● 通过实施积极利用的策略，努力为企业寻找转危为机的窗口期。

11. 危机事后补救小组

● 恢复声誉和形象，比如，以企业或领导的名义写道歉信，送交受害各方。

● 继续关注、关心、安慰危机受害者及其亲属，进一步表明企业的决心或信心，并期望对方给予支持和帮助。

● 重新开始广告宣传。危机期间可根据需要停止播放一些常规广告，进入危机善后工作阶段，要重新刊登广告，以将决心和期待传递给公众。

● 继续强化员工教育，建立危机管理意识。

● 适当开展一些公益或社区活动，获得持久的支持和认可，树立新的良好形象。

9.3.2 危机沟通的基本原则

1. 控制情绪

人是一种情感动物，在大多数时候和某些关键时刻，情感总是高于理性，在危机沟通过程中这样的情况也时常存在——沟通过程中，沟通双方有可能由于某种原因情绪失控。为了实现高效沟通并达到预期目标，危机沟通管理人员需要做好与个体之间的情绪调控工作，通过化解冲突促进沟通的完成。

（1）情绪失控三要素。在沟通过程中，引起沟通双方情绪失控的三要素如下：

1）利益冲突。企业的危机事件涉及多个利益相关群体，他们往往有不同的利益诉求，不同的危机解决方案直接影响到他们的切身利益。在沟通过程中，沟通双方会从保护自身利益的角度考虑问题，对危机事件及其处理方案提出不同看法和意见，可能会产生冲突。

2）认知偏差。在沟通过程中，信息发送者和信息接收者对于同一信息内容的理解不一定相同。当信息接收者对于信息的理解出现偏差时，误解不仅使沟通的效率大大降低，还可能引发冲突和情绪失控。

3）行为先导。沟通一般在内容层面与情绪层面展开，沟通双方基于沟通的内容和情绪产生行为意向。然而，在沟通过程中，人的情绪总是先于行为而产生，进而影响到双方的行为。

（2）情绪调适。在危机沟通过程中，由于沟通双方存在情绪失控和产生冲突的可能性，沟通人员需要进行情绪调适。

情绪调适指的是运用一定的心理学方法和技巧，通过自我或他人对情绪施加积极的影响，促使情绪从不当状态恢复到适当状态。具体包括：控制自己的情绪、稳定对方的情绪和解决问题三个部分。

1）控制自己的情绪。危机沟通中的发言人在沟通双方出现情绪失控问题时，首要任务是控制自己的情绪，快速恢复冷静。

2）稳定对方的情绪。发言人在控制住自己的情绪后，需要分析目前面临的情况以及对方情绪失控的原因，对对方的情绪和疑问做出回应，通过积极引导稳定和控制对方的情绪。

3）解决问题。沟通需要从心开始，稳定情绪是解决问题的基础，一旦沟通双方的情绪不再失控，问题的解决就更加容易，沟通的进程也会加快。

（3）控制情绪的关键。在沟通中，肢体语言既是情绪的外在表现，也是影响情绪发酵的因素。控制肢体语言不仅可以控制自己的情绪，还能够对对方的情绪造成影响。当对方情绪失控时，发言人可以运用一些策略安抚对方、控制对方情绪。例如：在沟通对象情绪激动滔滔不绝时，发言人可以暂时停止争论，而选择记录对方的观点，以此表示对对方的尊重和重视；也可以向对方微笑，安抚对方，使对方冷静下来。

2. 主动沟通

企业在危机发生后应当主动确定事件的利益相关者，与其建立必要的联系，并披露危机事件的相关信息以及企业针对危机事件采取的处理措施。在外界对企业提出疑问时，企业也需要主动回应。企业应向外界表现出积极的态度，公开必要的信息，避免出现消极躲避行为，以传递企业对待危机的态度，争取得到理解和原谅，获得公众的信任。

危机爆发后，谣言的传播或公众的猜疑对企业处理危机都是不利的。为了避免不准确信息的扩散以及利益相关者对企业产生猜疑，企业应当充分披露信息，不能为了维护自己的形象而对问题避而不谈，也不应该在沟通过程中传递虚假信息。诚恳的态度、充分的沟通和负责任的行为才能避免虚假消息的传播，为企业赢得公众的支持，增强公众对企业的信任。

危机事件一旦发生，其变化速度之快、波及范围之广难以预料，这就要求企业快速、及时地通过沟通解决危机。事件发生后，企业应当在第一时间与利益相关者取得联系，告知事件的进展。尽快沟通可以帮助企业在较短的时间内了解各方的态度，也有利于企业在危机蔓延之前为自己赢得时间，有效地控制危机。此外，快速地对危机做出反应，通过沟通表明自己的态度也有利于企业塑造负责任、有担当的形象。

9.3.3　不同阶段的危机沟通

1. 危机事前沟通

危机事前沟通指企业在危机发生前进行的沟通管理工作。这一阶段的沟通工作有利于企业觉察和监测存在的隐患，避免危机的发生，或提前制定应对危机的策略，为危机爆发后处理危机赢得时间。在危机发生前进行的沟通主要包括危机调查与危机预测两方面的内容。

（1）危机调查。开展危机调查是指通过问卷调查、形象调研以及交叉审计等方法，与组织内部和外部进行充分的沟通，了解企业的内部状况与外部环境。企业应当通过危机调查获取以下信息：

1）组织内部。

● 当前组织发展存在的主要问题是什么？什么阻碍了组织的发展？这些问题能否得到解决？

● 如果组织中存在的问题难以解决，是否会发展成危机？一旦危机发生，组织是否具有处理能力？

● 如果发生危机，组织的声誉、形象、日常运营和销售额将受到多大的影响？

● 组织成员是否具有强烈的危机意识？他们承受危机的能力如何？他们是否具备应对危机的知识和能力？

● 公司与顾客的关系如何？公众对公司有什么样的影响？

● 公司与媒体的关系如何？是否时常进行沟通？危机如果发生，公司将如何与媒体合作？

2）组织外部。

● 组织外部有哪些利益相关者？

● 供应商和销售商会有哪些反应？

● 顾客会有什么反应？

● 社会公众会如何看待这次危机？如何看待公司？

● 政府是否会加以干预？会如何干预？

● 媒体会如何对危机事件进行报道？

（2）危机预测。企业在危机调查中获得了大量的资料和信息，危机预测就是对这些信息进行整理和分析，根据分析结果预测危机爆发的可能性，同时在思想上和措施上对危机的处理做好充分的准备。

危机预测有多种方法，坐标图示法是其中一种较为直观的预测方法。企业需要先进行危机影响评估，再用坐标轴的横轴和纵轴分别表示危机发生概率和危机影响值。

坐标图示法的步骤如下：

● 对可能发生的危机进行假设，将危机具体化。例如，企业可能发生的危机包括：股价大幅下跌、商业机密泄露、管理层丑闻等。

● 对每一种可能发生的危机进行影响值估计。影响值的范围为0～10，危机的影响范围越大，影响值的分数越接近10，反之越接近0。

● 量化每一种危机可能发生的概率，将“绝对会发生”“很可能发生”“可能性较小”等情况转化为数字，管理者可以用0～10对每种危机打分，危机发生的概率越大，越接近10。

● 制作危机预测影响因素评估调研表。管理者需要将前三步分析所得的信息归纳整理，形成如表9-1所示的调研表，使数据更加直观。

表9-1 危机预测影响因素评估调研表

假设性问题	危机影响值 （0，1，2，…，10）	危机发生概率 （0，1，2，…，10）
股价大幅下跌		
商业机密泄露		
管理层丑闻		
产品伤人事件		
主要原材料供应链断裂		

● 绘制危机预测坐标图。坐标图的横轴表示危机发生概率，纵轴表示危

机影响值，管理者需要根据表 9－1 将每种可能出现的危机定位在坐标图中，如图 9－4 所示。

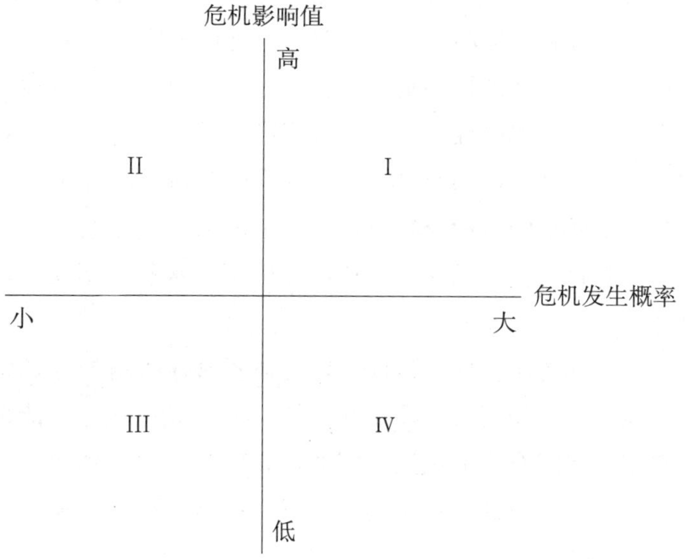

图 9－4　危机预测坐标图

其中，落在Ⅰ区域的危机属于影响范围较大同时发生概率较大的事件，落在Ⅳ区域的危机虽然发生的概率较大，但是危机影响值较小。针对不同的危机类型，管理者要采取不同的措施。

2. 危机事中沟通

危机事中沟通指企业在危机爆发初期以及危机发展过程中进行的沟通。企业在危机爆发前制定的沟通目标和计划有助于管理者在危机爆发时有所准备，为管理者赢得应对时间，从一个较高的起点开展工作。但危机爆发前的准备工作是基于预测和假设进行的，在危机真正爆发时，现实情况并不会与预测或假设完全一致，二者之间难免存在一定的差异。因此，危机爆发后直至危机发展的阶段，企业还需要根据实际情况展开工作，对危机预案进行适当的修正。这一阶段企业管理者能否有效地处理危机与管理者能否敏锐地察觉态势动向、能否及时进行有效的沟通相关。

（1）危机事中控制。无论是什么样的危机，都有蔓延的可能，如果没能及时控制局势，危机会愈演愈烈而难以控制，因此控制局势是危机爆发后的当务之急。控制局势有助于企业管理者隔离危机，在较小的范围内明确问题的症结，让组织更有序地应对危机，设定更有针对性的沟通目标，使危机沟通更高效。

（2）危机事中控制目标。彼得·德鲁克在《管理实践》中首次提出目标管理的概念。他认为：先有了目标，我们每个人的工作才能被确定。如果一个领域没有目标，这个领域的工作必然被忽略。因此，企业的使命和任务必须转化为目标。这样，管理者才能通过目标的设立和分解对下级进行有效管理，并根据分解目标的完成情况对下级进行考核与奖惩。

这一管理方法的核心是，企业目标可分为战略性目标、策略性目标以及方案、任务等；战略性目标、高级策略性目标由高层管理者制定，中级目标由中层管理者制定，初级目标由基层管理者制定，而方案、任务由员工制定，这就将自上而下的目标分解与自下而上的目标期望相结合，以目标的制定为起点，以各自目标的考核为终点，明确了权责利，调动了各级组织和员工的积极性。

除了目标的层次性，目标管理还强调目标网络的互动性。因为如果各目标不互相关联、相互协调及相互支持，组织成员就有可能采取对本部门有利而非对整个组织有利的做法。因此，在整个目标网络中，各个部门制定自己的目标时要与其他部门相协调，不仅在执行目标上要协调，在完成目标的时间上也要协调。

我们可以在危机事中控制中运用目标管理思想。企业战略性目标的达成是组织的根本目标。而危机爆发时，战略性目标受到严重威胁，最突出的表现为：外部表征方面，由于利益相关者受到影响，企业形象遭到破坏；内部机理方面，由于企业自身遭受损失，导致组织运转的正常秩序遭到破坏。因此，可以把战略性目标（一级目标）分解为两个高级策略性目标（二级目标），即挽救企业形象和减小危机损失。前者重在攘外，可以通过迅速处理与有效沟通来实现；而后者重在安内，关键在于查找原因与恢复秩序。这样，4个中级目标（三级目标）便产生了。之后，可根据原有组织规划，将这4个三级目标对应到组织原有的职能部门中，通过再分解形成更加细致的初级目标、方案和任务，从而构成危机事中控制目标网络，如图9-5所示。

（3）危机事中控制模式。美国学者罗伯特·希斯（Robert Health）介绍了三种危机事中控制模式：事故控制系统（incident command system，ICS）、标准紧急管理系统（standardized emergency management system，SEMS）以及危机管理框架结构（crisis management shell structure，CMSS）。[①]

1）ICS模式。这种模式只将危机管理团队划分为两个层次，即指挥者和在其指挥之下的操作、计划与情报、后勤、财务与行政四个独立运作部门。这种模式有利于及时做出决策、各部门间快速沟通以及内部资源统一调配。但这种模式的缺点也很明显，最明显的表现是不利于整合系统外资源。因此，

---

① Heath R L，O'Hair H D.（Eds.）. Handbook of risk and crisis communication. Routledge，2010.

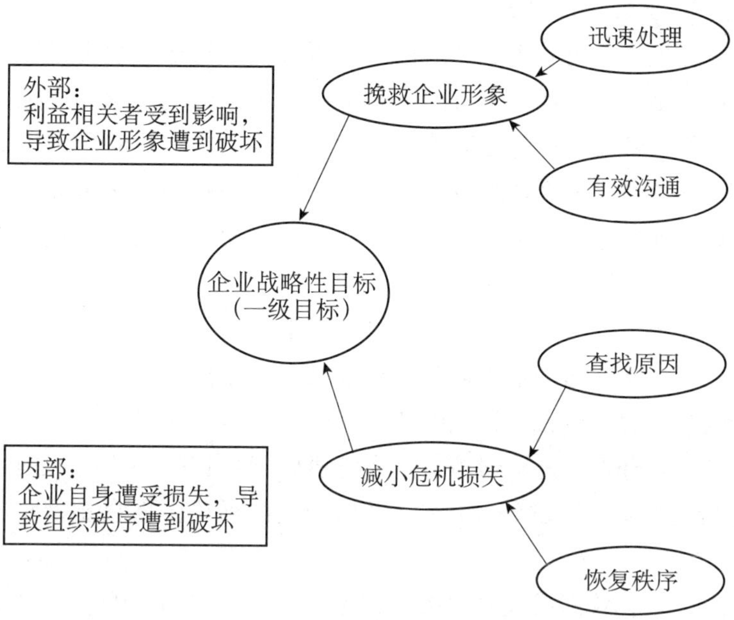

图 9－5　危机事中控制目标网络

这种模式比较适合化解发生在局部、持续时间较短的危机，如中小企业危机、企业局部危机、社会突发事件等。

2）SEMS 模式。这种模式将危机管理团队划分为五个层次：现场管理团队、危机发生地政府、执行区域、大区域、州。每个层次都执行各自的预测、计划、情报、后勤和操作作业。虽然 SEMS 模式需要投入巨大的资源去运转，也缺乏灵活性，但它能广泛动员及整合资源，用“集中力量办大事”来形容这种模式最为恰当。诸如美国“9·11”事件、日本福岛核泄漏事件以及我国“5·12”汶川大地震等特大公共危机，SEMS 模式都曾发挥巨大作用。

3）CMSS 模式。CMSS 模式融合了以上两种模式的优点，并可灵活地根据实际需要做出调整。此模式分为以下模块：负责做出战略部署的战略决策模块；负责政策咨询与行动建议的研究咨询模块；负责落实具体计划的执行模块；负责内外部信息交流的沟通模块。这四个模块要对指挥中心负责，而指挥中心还有可能受到上级主管部门的影响。

这种模式以功能、任务为导向，既可统一领导，又可各模块各司其职，协同合作，共享资源；更重要的是，它将各模块分为内外两部分，其中战略决策模块和研究咨询模块对内，执行模块与沟通模块对外。内部任务系统在外部任务系统的协助下开展研究和决策工作，提高效率，免受外界干扰；而外部任务系统在内部任务系统的支持下实施计划流程，通过统一的口径与形象协调组织与各利益相关者之间的关系。

3. 危机事后沟通

危机事后沟通指的是危机过后所进行的沟通。危机过后并不代表着沟通工作的结束，实际上大量的沟通工作才刚刚开始。由于危机爆发时及危机发展过程中各种事件都是突然发生的，企业只能在短时间内采取应急措施。然而在紧急情况下企业难以面面俱到，采取的解决措施可能存在缺陷，需要后期调整和补充。为了弥补这些不足，同时使沟通的效果更加持久，危机事后沟通不可或缺。

在事后补救中，可以采取以下措施：

（1）建立内部信息通路，在危机事后补救阶段时刻关注企业员工的情绪，为其提供表达意见、提供建议、宣泄情绪的渠道和平台。

（2）开设对外沟通窗口，在危机后相当长的一段时间内，组织要接受外部利益相关者与公众的审视，并以统一的话语体系自觉地将补救情况反馈给外部。

（3）有效利用政府权威、媒体和中介组织的影响力恢复企业声誉，进而弥补企业遭受的损失。在组织内部，要基于人事匹配原则进行人才甄选和引进，为危机事后补救提供必要的人才保障。

（4）通过对危机的反思，弥补企业文化的缺失，提升员工的认同感和凝聚力，将危机意识深深植入企业全体成员的观念意识、行为方式，重塑企业文化与企业形象。

（5）制定计划以避免危机重来，前车之覆，后车之鉴。危机来临之际，组织管理者一方面要采取应对措施，减小危机对组织造成的危害；另一方面应该汲取教训，总结经验，制定周密的计划，防止危险再次来临。假若企业抓住了机遇，在危机过后会变得更加成熟。

在危机过后的“愈合”阶段，制定更加完备的危机应对计划对企业具有重要意义，也是企业将危机化为转机的关键。例如，滴滴如果能够在顺风车出现第一次危机后从源头上采取措施，解决企业内部经营活动存在的问题，就能够有效避免此类危机再次发生。

9.4 危机沟通与组织形象修复

9.4.1 危机与组织声誉

组织声誉是企业重要的无形资产，是大众出于自身感知，对组织相对情感化的评价，是组织表现与大众认知共同作用的产物，主要体现为外界对特定组织的一种判断和精神上的认知，可以说是“大众心目中的组织形象和地位”[①]。组织声誉是利益相关者基于组织过去的行为表现对组织的行为进行的总体评价。危机沟通中表现出的负面情绪、态度与行为催生出负面评价，使组织声誉很容易受到损害。

2018 年 10 月，奢侈品牌杜嘉班纳的广告片中存在种族歧视，其设计师在社交网站上公开发表歧视中国的言论，引起中国消费者的愤怒和声讨。涉事设计师不但没有承认错误，还谎称自己的社交账号被盗取，所发表的言论非本人所为。该设计师的逃避态度非但没有使危机得到缓解，反而引起了消费者更激烈的抗议，中国电商在一天之内纷纷下架该品牌的全部商品，该品牌陷入了更大的危机。危机的爆发对企业而言是一场考验，有诚信的态度、良好的处理方法，企业才有可能在危机结束后再次站起来。杜嘉班纳在危机面前的失信和逃避给品牌带来了严重的负面影响，增加了后期品牌应对危机的难度。

企业经营面临很多不确定性，危机总会不期而遇，任何组织都要面对危机事件的挑战。企业若应对不当，不仅会造成物质财产损失，而且会损害无形的组织声誉资产。有效的危机沟通可以控制、减少财产和声誉损失；无效的危机沟通不仅不能修复组织声誉，反而使危机应对本身成为“新闻”，引发次生灾害。这不仅会让组织深陷多重危机漩涡，还会使公众和舆论的质疑加深，并扩大到危机应对者本身，从而降低整个组织的信任基础，进一步损害组织声誉。因此，要重视危机沟通，努力维持良好的组织声誉。

9.4.2　组织声誉与形象修复

形象修复理论（image restoration）是修辞学最重要的理论之一，其关注的焦点是组织的危机言说（crisis discourse）或信息选择（message option）。贝努瓦（Benoit）于 1995 年提出形象修复理论[②]，它作为危机传播中的微观理论主要针对危机爆发这一阶段，该理论的重要假设前提在于：个人或组织最重要的资产是其声誉，就像其他有价值的资产一样，声誉和公众形象应该从战略高度去维护。贝努瓦进而提出形象恢复的五大策略，分别为否认、规避责任、减少敌意、纠正行为、表达歉意。当危机事件爆发时，通过有针对性的信息收集、选择、公布来重塑组织形象，具有较强的实践操作性。

---

① Coombs W T. The value of communication during a crisis：insights from strategic communication research. Business Horizons，2015，58（2）：141 - 148.

② Benoit W L. Image repair discourse and crisis communication. Public Relations Review，1997，23（2）：177 - 186.

组织声誉修复是危机应对的核心目标。声誉是一项重要的无形资产。打造并维持良好的组织声誉是获取竞争优势、实现快速可持续发展的重要因素。声誉损失是危机的直接后果。危机发生后需要对声誉损失做出客观的评估，判断危机应对方案对修复声誉的实际效果，据此做出相应的策略调整。危机发生后组织声誉修复效果评估不同于声誉本身的评估。修复效果的评估对象是声誉恢复的变化量，而声誉评估是在某个具体时点评估组织声誉在该时刻的实际水平。

2018 年 8 月 24 日，距离空姐遇害案仅仅三个多月，滴滴又一次因为一位年轻女孩被害而被推向了舆论的风口浪尖。除了顺风车司机的素质问题，滴滴客服人员对危机的处理不当使得前后两位年轻女孩的遇害事件效应叠加，令滴滴面临一场更大的危机。此次事件发生的前期，滴滴的危机沟通没有沿用之前空姐案中回避和推卸责任的策略，而是运用危机公关原则，采取及时回复、CEO 真诚道歉、解雇部分责任人等策略，以期修复企业形象。但是，从网络的反馈来看，这些措施收效甚微，滴滴的声誉没有得到挽回。

基于危机情境沟通模型，可以解释滴滴前期危机沟通失败的原因。第一，滴滴的管理不善和拖延为案件提供了滋生环境，这就促使公众进行内部归因，即事件应该由滴滴负责，与外部宏观环境无关；第二，当公众回顾公司的历史时，空姐案造成的负面影响尚未消失；第三，社交媒体上公众的态度助推了事件的发酵。在此情形下，事件的负面影响持续扩大。此时，滴滴只能采取公众利益为先而不是组织利益为先的策略，即采取逢迎取悦、修改行动、诚意道歉等行动。在声明中，滴滴反复强调以下三点：（1）滴滴的服务体量及服务态度；（2）向受害者及其家属致歉；（3）反思公司对数据的追求。此次事件直接导致滴滴的下载量下降，滴滴面临进一步的监管压力，顺风车业务下线影响盈利能力，引发了滴滴推迟上市、D 轮融资以后投资者退出等一系列后果，对滴滴的经营造成了严重影响。

在随后的三个月中，滴滴积极采取各种安全保障措施，持续发布整改的相关进展。例如，发起公众评议会邀请公众进行探讨，征求用户意见，开展安全培训，引入新的安全保障功能等。随着时间的推移，公众的态度逐渐转变。随着滴滴整改的持续进行，此次危机事件逐渐平息，但是滴滴的声誉已经受到了不可挽回的损害。

如今网络舆情和网络环境已经对企业声誉产生重要影响。经由互联网迅速传播、发酵而成的企业危机不在少数，信息时代的危机管理对企业的反应速度、应对能力等提出了更高的要求。企业需要以创新、互动的方式，提供更加可靠的信息来源，把握舆论的动向。同时，滴滴出行发生的乘客遇害事件也提醒企业不仅要注重危机发生后的沟通，还要注重危机管理的全过程，对组织持续改进。

面对危机，准确有效的回应可以影响人们对危机的感知以及与组织的互动关系，进而减弱人们对初始责任的归因，帮助组织重建或恢复声誉。有效的危机回应要基于对危机情境的评估。组织的客观表现与大众的主观感知共同作用，形成大众心目中的组织形象。因此，组织形象既受到组织表现的影响，也与公众的认知判断有关。

海底捞曾在 2017 年 8 月被曝出门店存在卫生问题，《法制晚报》记者通过几个月的暗访调查，发表了《历时 4 个月卧底海底捞：老鼠爬进食品柜　火锅漏勺掏下水道》一文，并附上多张海底捞后厨卫生问题的照片，一时间将海底捞推向舆论的漩涡。事发不到 4 小时，海底捞就在其官方微博上做出回应，承认报道内容属实，发布了十分诚恳的致歉信，并承诺立即整改店面。第一封道歉信发出后不到 3 小时，海底捞紧接着发布了一则声明，公布了详细的整改计划和相关责任人的名单，提出了更加透明的整改方案，并表示公司将在管理层面找原因，主要责任由公司董事会承担。其后，海底捞再次发布声明，称会提出整改方案，主动接受社会的监督，承诺加强员工培训，积极落实整改措施、落实阳光餐饮工程等。从危机爆发到基本消除只花了 3 天时间，海底捞通过一系列及时有效而又诚恳的沟通成功挽回了其在公众心目中的良好形象，避免了企业声誉危机和形象危机。

危机的发生直接表明组织存在一定的问题，企业对危机的处理又直接或间接地影响了公众对组织的评价。一般而言，危机事件会影响组织的形象，如果组织不能有效地处理危机或通过危机沟通挽回声誉，组织形象也将陷于危机之中；反之，如果组织能进行有效的危机处理，就有机会通过沟通维护、修补和重塑组织的形象，保护和提升组织声誉。

企业危机管理和沟通在信息高速传播的现代社会有重大意义，无论是事前的危机预防控制，还是事中快速反应的危机沟通策略选择，乃至事后的企业信誉建设和重塑消费者信心的危机沟通，都事关企业的经营和发展。现代企业应当充分树立危机管理意识，加强危机沟通策略的部署，将危机管理和沟通贯彻到企业的战略层面，更好地应对市场变化。

□ 思考题

1. 什么是危机？危机具有哪些特征？
2. 危机的发展经历了哪些阶段？

3. 怎样理解危机管理的基本理论?
4. 如何克服危机沟通中的障碍?
5. 为什么要进行危机培训?
6. 危机沟通在事前、事中和事后的价值何在?
7. 组织应当如何提升自己应对危机的能力?
8. 在危机中为了维护组织声誉,组织可以采取哪些具体的措施?

□ 案例

美联航暴力驱逐乘客事件

2017 年 4 月 9 日,美国联合航空公司(以下简称美联航)3411 航班机组成员在乘客已登机的情况下,通知乘客因超售机票而需要 4 名乘客下机,可以给他们提供 400 美元的补偿及一晚的住宿,然而并没有乘客回应。随即乘务人员将补偿金额加到了 1 000 美元,依然无人愿意。于是美联航采用电脑抽签的方式,抽取了 4 人。一对被抽到的男女接受了,但亚裔男子陶大卫及其妻子拒绝下机,表示第二天需要到路易斯威尔医院去见病人。在僵持的情况下,3 名机场安保人员决定强行拖走乘客。根据同机乘客录制的视频,其间这名乘客的头部多次撞到飞机座椅,不断发出哀嚎,飞机上的其他乘客发出尖叫。该男子被拖下飞机时已口吐鲜血,衣衫不整,神志不清。

根据事后调查,这班飞机并没有超售,事实上是美联航的 4 名机组人员需要登机而没有座位,因此要求已登机乘客下机。在陶大卫被强行拖下飞机后不久,4 名机组成员登机。

之后,陶大卫被强行拖走的视频在网上迅速传播,“美联航”也成为 4 月 9 日脸书、推特提及最多的词。

当晚,美联航通过推特就此事发表声明,称由于 3411 航班超售,没有人自愿下机,而被抽中的陶大卫又拒绝下机,他们便请安保人员来协助工作。他们对超售感到抱歉,更多关于“被移走”的顾客的信息将向当局汇报。这篇声明中将此事定性为“机票超售”。根据美国法律,航空公司可以超售一定数量的机票并重新安置无座位的乘客。但事实上此次美联航并没有超售机票,因此无权重新安置顾客。声明只字不提对陶大卫的暴力行为以及对其造成的伤害。这种冷漠的态度引发了人们的不满,这一事件在网络上引起热议。

4 月 10 日中午,美联航 CEO 奥斯卡·穆诺兹进行了首次书面回应:他对“重新安置”乘客感到抱歉,并表示会与陶大卫直接接触并解决其问题。穆诺兹对暴力驱逐乘客事件轻描淡写,这种毫不在意的态度令人更加气愤。

当日晚间，穆诺兹给员工的一封内部邮件曝光，邮件中他对员工的做法表示支持，并指责这名被赶下飞机的乘客“提高嗓音、拒绝服从”。他认为美联航别无选择，只能要求航空警卫协助将乘客“移下”飞机。他甚至赞扬了美联航员工的做法，认为美联航员工是在“依章执法”。

这封邮件的曝光引发了全球网民的愤怒，“美联航 CEO”也迅速成为推特头条新闻。无数人在网上声讨穆诺兹，要求他辞职，要求美联航道歉。

更严重的是，此时已有人自发在白宫网站上发起签名，要求美国联邦调查局对此事进行调查，一天内就收到了1万个签名。白宫发言人称：这是一件非常不幸的事。总统特朗普也表示这个事件让人感到非常震惊。网络风潮愈演愈盛。事件发生48小时内，在脸书、推特和Instagram上，美联航被提到了近300万次，相关标签激增，出现抵制美联航以及借用美联航广告语进行嘲讽的内容。

4月11日，美联航终于认识到问题的严重性，穆诺兹的第二份声明发布。他正式道歉，称“没人应该被如此错误对待”“我们承担全部责任”，并承诺“在4月30日之前完成此事件的调查”。虽然再次致歉，但显然为时已晚。有网民指出他的道歉毫无诚意，如教科书般规范。更有人认为他仅仅是因为航空公司的股价不断下跌才发出这份道歉声明，他是向钱道歉而不是对人道歉，继续留言称会罢乘美联航航班。

4月12日，穆诺兹在接受美国广播公司采访时称，他对乘客被驱逐事件感到羞愧，面对民众的指责他表示日后类似事件不会再发生。

4月17日，美联航发表声明称，将更改员工乘机的政策：要求员工在搭乘航班出行时至少提前60分钟预订座位。

4月27日，陶大卫的代理律师通过律所发表声明称，美联航与陶大卫已达成和解协议，撤销法律诉讼。美联航也发表声明称已妥善地解决了这一事件。

同日，美联航发表了此次事件的调查报告《联航快运3411航班审查和行动报告》。报告详细介绍了美联航针对超售航班所出台的新政策，其中包括将补偿金上限提高至1万美元等。经调查显示，公司的客服、培训和内部系统的缺陷导致了这起事件，公司承诺会在当年解决这些问题。

4月28日，美联航发布了一段视频，穆诺兹再次为此事件道歉，并称公司在过去两周内一直在研究事件的起源以及未来如何避免类似事件发生。CEO道歉的内容大致如下：

> 你好，我是美国联合航空公司的CEO奥斯卡·穆诺兹。两周前，3411次航班发生了一件可耻的事。我们为所发生的事深表歉意。我很抱歉，虽然抱歉远不足以弥补乘客受到的伤害。但我们相信，千言万语比不上实际行动。
>
> 过去两周，我们的团队一直在努力回答两个问题：事件是如何发生的，以及我们如何才能尽力确保它不会再次发生。这是所有人的一个转折点，作为美联航的首席执行官，让公司所有人都从中吸取教训是我的责任，更是我的使命。

所以从今天开始，美联航要做出改变。改变我们的运营，改变我们的服务，最重要的是，尊重我们的客户。我们宣布，机上执法人员再也不会把乘客赶下飞机，乘客一旦登机，再也不会被强制要求放弃他们的座位，除非事态关乎飞机安全。对于自愿改签的乘客，我们将把补偿提高到 10 000 美元。

我们也将为员工提供新的培训，让他们能够更好地处理类似问题。这些只是美联航重新赢得乘客信任的开始。

我们将把乘客作为我们一切工作的中心。我承诺，我们将从这次失败中吸取教训，并最终成为一家更好的、更重视乘客的航空公司。

美联航暴力驱逐乘客事件到此已基本落下帷幕，然而此事件对美联航造成的长期影响不会立刻消除，还需要该公司进一步努力，通过改善对顾客的态度，提高服务质量，慢慢恢复其在消费者心目中的形象。

案例思考题

1. 美联航面临的危机是什么？

2. 当暴力驱逐乘客的视频曝光后，美联航的反应如何？试从危机管理的角度谈谈你的看法及建议。

3. 你认为美联航 CEO 的发言从危机沟通的角度看有什么样的效果？

4. 为什么公众产生了抵制美联航的心理？请根据本案例谈谈你对危机沟通与组织声誉的看法。

5. 在美联航的这次危机沟通中，你认为有关职能部门在向公众发布信息时有什么不恰当的地方？应该如何改进？

第10章 跨文化管理和沟通

本章思维导图

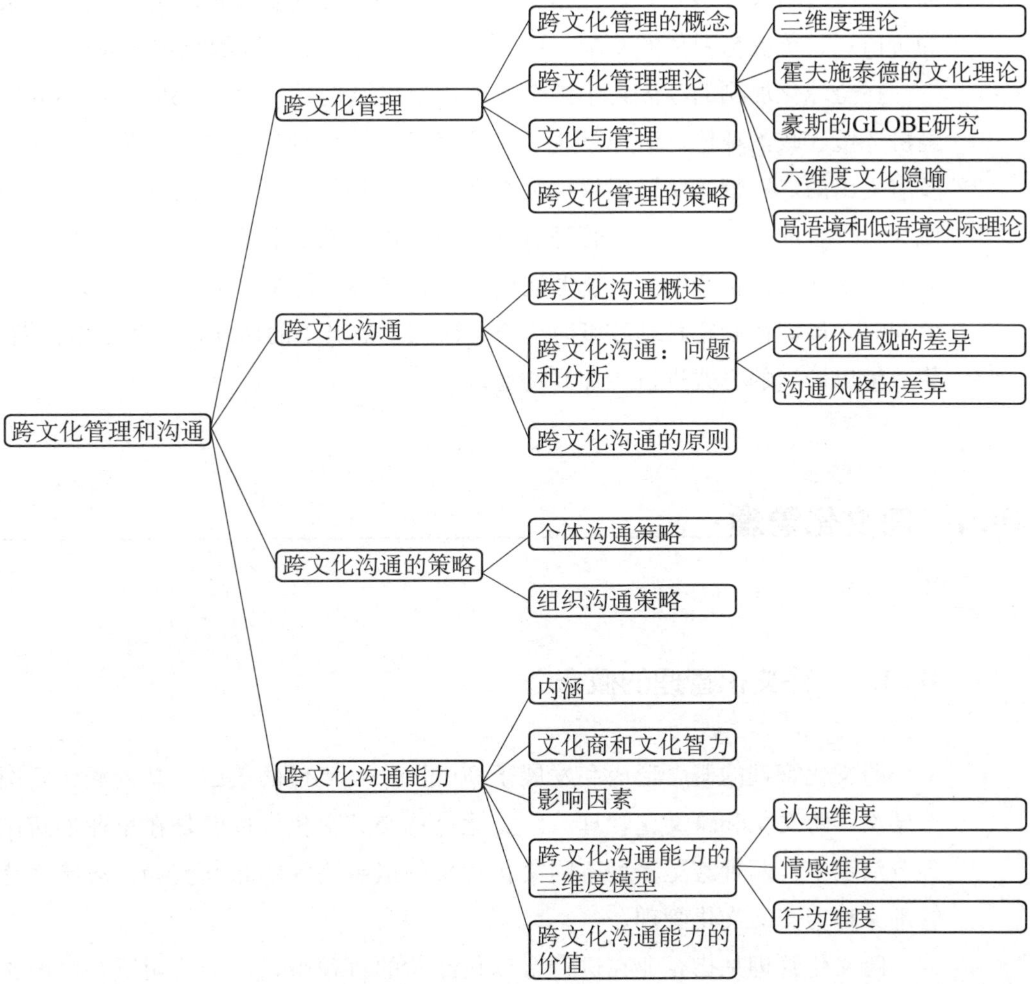

本章要点

◎ 文化维度
◎ 跨文化管理
◎ 跨文化沟通
◎ 跨文化沟通的策略
◎ 跨文化沟通能力

很多时候，企业组织在发展过程中要通过扩大经营范围和经营空间来提升竞争力，因此，跨国经营活动和全球化经营成为企业进行扩张的必然选择。在跨文化的经营活动中，企业的经营环境不再是单一的、相对稳定的、本土化的，而是不同地域、不同文化主体和多种文化背景的。这就对企业跨文化管理能力提出了新的挑战。企业管理者只有了解不同社会文化的特点、外籍员工的思维方法和价值偏好，才能进行有效沟通、管理和协同，实现组织目标。美国著名管理学家德鲁克指出：管理是以文化为转移的，并且受其社会的价值观、传统与习俗的支配。可见文化环境对企业管理的影响之大。

在全球化加剧的今天，中国企业加快走出国门的步伐，积极面对不同的经济环境、政治环境、法律环境、社会环境、文化环境等带来的挑战。我国政府提出的“一带一路”倡议也为企业走出去提供了助力。跨文化沟通日益成为管理者的一门必修课。管理者在进行跨国经营和管理的过程中，要有文化敏锐感和文化移情能力，能够运用整合思维来“美人之美，美美与共”。与此同时，他们在制定管理政策时应充分研究当地员工的认知特点和合理预期，将政策以恰当的方式进行传递和沟通。

10.1 跨文化管理

10.1.1 跨文化管理的概念

跨文化管理的概念形成和发展于 20 世纪 70 年代的美国，其内涵包括两个层次：跨文化和跨文化管理。跨文化也称交叉文化，指的是在企业的跨国经营活动中，两种甚至多种不同文化背景的组织之间的相互交融，故跨文化管理又称为交叉文化管理。

跨文化管理是指企业在进行全球化经营的过程中，对子公司所在国的文化采取包容的管理方法，在跨文化条件下通过各种方式（如文化整合等）克服异质文化的冲突，并创造出企业独特的文化，最终形成卓有成效的管理模式。其目的在于减少不同经营地区的文化矛盾，并利用东道国的经营优势形成母子公司的文化协同效应。

跨文化管理的中心任务是解决文化冲突，在管理过程中寻找超越文化冲突的公司目标，以维系来自不同文化背景的员工的共同行为准则。企业通过有效的跨文化管理，能够在东道国有效地利用当地的人才，获取不同文化背景下的不同思维模式，在文化的碰撞中为企业发展提供更好的建议和帮助，以提高企业的竞争力。同时，有效的跨文化管理也是企业跨国经营业务成功的关键，只有充分了解文化间的差异，采取有效的跨文化管理经营措施，企业才能更好地与当地企业合作，得到更好的发展。

10.1.2　跨文化管理理论

1. 三维度理论

在跨文化沟通环境下，文化主要具有三个维度，即语言维度、物理维度和心理维度（见图 10－1），三个维度之间彼此独立、协调发展。[①] 语言维度用于与拥有相似价值观和信仰的人进行沟通；物理维度可以客观测量，它与我们所处的现实环境以及所进行的文化活动有关；心理维度与我们的知识、信仰以及精神活动有关，只能进行主观测量。

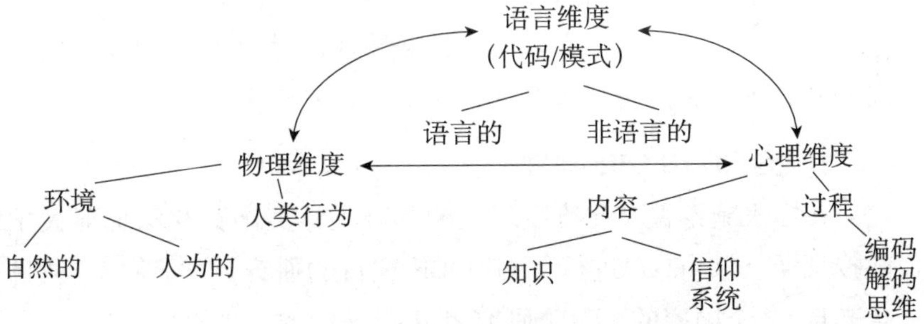

图 10－1　跨文化管理三维度模型

2. 霍夫施泰德的文化理论

霍夫施泰德认为，文化是一个环境中的人们的“共同的心理程序”[②]。文

① Borden G A. Cultural orientation: an approach to understanding intercultural communication. Englewood Cliffs, N. J.: Prentice Hall, 1991.

② Hofstede G. Dimensionalizing cultures: the Hofstede model in context. Online Readings in Psychology and Culture, 2011, 2 (1): 8.

化不是一种个体特征，而是具有相同的教育和生活经验的一群人所共有的心理程序。霍夫施泰德通过其在 IBM 的长期研究和观察，总结和归纳出社会文化的五个维度，即个体主义和群体主义、权力距离、不确定性规避、男性和女性特质、长期导向和短期导向。

（1）个人主义和群体主义。这指的是一个社会或一个群体中，人们对自我进行判断的倾向。在个人主义社会，个体更偏重以自身独有的特点来界定自我。在群体主义社会，人们则更看重通过和环境、他人的连接来界定自我。前者对个体的特征、责任、隐私等更敏感，后者则对群体特征、关系和面子更敏感。

（2）权力距离。这指的是在不同社会，人们对于不平等的态度。权力距离有大小之分。在权力距离大的社会或群体里，人们认为不平等比较正常，对垂直方向的权威很尊重和认同。在权力距离小的社会和群体中，人们不太愿意接受不平等，横向协调的活动较为普遍。

（3）不确定性规避。这指的是对风险的态度或者对不确定性的容忍程度，有强弱之分。在不确定性规避强的社会，人们对于风险的态度较为厌恶，对清晰的规则、明确的流程有好感。在不确定性规避弱的社会，人们则对风险较为偏爱，对不确定性较为包容。

（4）男性和女性特质。霍夫施泰德指出，在男性特征强的社会，人们偏好财富、地位、速度、权力等价值，推崇为工作而生活，追求独立自主、强者为王。在女性特征强的社会，人们则青睐于品质、过程、关系等价值，较强调性别平等、为生活而工作、同情弱者等价值偏好。

（5）长期导向和短期导向。长期导向的社会看重勤俭、储蓄等，短期导向的社会则青睐消费、借贷等。

3. 豪斯的 GLOBE 研究

在霍夫施泰德文化维度理论的基础上，美国宾夕法尼亚大学沃顿商学院教授豪斯（House）进行了 GLOBE 项目的研究。[①] GLOBE 项目是由豪斯集合来自 62 个国家的 170 位研究者共同进行的，拥有对 17 300 名在 951 个组织工作的管理人员的调研数据。GLOBE 项目通过对来自全球的管理者心目中的有效领导特征和行为进行问卷调查，提出了九个新的文化维度，形成了对国别文化特征的完整描述。GLOBE 项目提出的九个文化维度包括：不确定性回避、权力距离、社会对集体主义的重视、家庭凝聚力、性别平等性、冒险精神、人情导向、成就导向和未来导向。

---

① House R J，Hanges P J，Javidan M，Dorfman P W，Gupta V（Eds.）. Culture，leadership，and organizations：the GLOBE study of 62 societies. Sage publications，2004.

4. 六维度文化隐喻

描述国家间文化差异的另一种方式是六维度文化隐喻。[①] 根据社会成员对人本质的假设、对人和自然关系的假设、对人与人之间关系的假设、社会中主要的活动方式、社会对空间的定义和社会中占主导地位的时间取向六个维度，甘农（Gannon）等人将文化划分为七种类型：权威排列型文化、平等竞争型文化、市场定价型文化、劈裂的民族文化、撕裂的民族文化、同一象征意义不同的文化、主体文化及其跨国界扩散。中国和新加坡属于主体文化及其跨国界扩散，日本和印度属于权威排列型文化，美国和英国则属于市场定价型文化。

5. 高语境和低语境交际理论

除了国家间整体的文化差异，不同文化中的个体在行为习惯、思维方式方面也存在显著差异。霍尔（Hall）针对不同文化中的个体在语言交流方面的差异，提出了高语境（high context）和低语境（low context）交际理论。[②]

在高语境文化中，人们在交际时有较多的信息量或者蕴含在社会文化环境和情景中，或者内化于交际者的心中。交际中的大部分信息是由身体语言、环境语言或该人的内在素质来传递的，相对来讲，明显的语言代码负载较少的信息量。这也意味着，在高语境文化中人们对微妙的环境提示较为敏感。低语境交际则刚好相反，绝大部分信息由明确的语言来传递，只有少量的信息蕴含在隐性的环境中。这意味着，低语境文化中人们习惯用语言本身的力量来进行交际。

霍尔认为，中国文化是一种高语境文化，而美国文化则属于低语境文化，典型的低语境文化还包括加拿大、德国和澳大利亚等。当高语境文化中的人与低语境文化中的人交流时，双方若不调整原有沟通习惯，可能会出现一些沟通障碍。

10.1.3　文化与管理

根据霍夫施泰德的文化理论，权力距离和不确定性规避对企业的结构安排、权力偏好有影响。另外，崇尚个人主义与崇尚群体主义的员工所青睐的领导风格有所不同。具体而言，文化对管理或者组织的影响表现在以下几个

---

① Gannon M J，Locke E A，Gupta A，Audia P，Kristof-Brown A L. Cultural metaphors as frames of reference for nations：a six-country study. International Studies of Management & Organization，2005，35（4）：37－47.

② Hall E T. Beyond culture. New York：Anchor Books，1989.

方面。

1. 文化与企业经营战略

有研究表明，在企业发展的不同阶段，文化对企业经营的影响程度不同。当公司跨区域发展或者开拓国外市场时，应该对文化有考量。公司要从“只有一个最好的方法”的导向逐渐向“美美与共”的状态演化。随之而来的则是对产品、服务和价格的差异化管理。在全球化公司，要根据不同国家和地区的特色，选择不同的竞争策略、产品特色和营销模式。

2. 文化与组织结构设置

在欧洲尤其是北欧，其组织结构的设置原则和中国企业有所不同。比如在丹麦，权力距离小，个人主义权重高，扁平式或者网络式组织结构较为流行。但是在中国，权力距离大，群体主义或者圈子的思想较受欢迎，层级组织较为普遍。另外，在决策程序上，不同文化背景的组织会因文化偏好不同而不同。比如，在中国企业中，大多是自上而下来决策，沟通信息多为单向的。近年来，中国企业不断学习西方先进管理经验，取得明显成效。

3. 文化与人力资源管理政策

企业人力资源管理政策是根据企业战略，对企业员工在选、用、育、留方面所采取的政策和做法。在中国企业，选拔人才的标准经常和“德”有关，这与传统文化中青睐以德服人的价值偏好有关。在培训新人的时候，企业也比较倾向于采用教化的方式，这和传统文化中强调耳濡目染关系密切。再比如，公司薪酬制度既强调物质方面的激励，也重视对人的态度、对公司的忠诚。

4. 文化与员工行为

霍夫施泰德认为员工的价值和态度一般会受所处社会文化的影响。群体思维加工过程在员工社会化过程中是润物细无声的。图 10－2 表明了社会文化和组织行为之间的关系。

比如在中国社会，大家对关系较为重视。在关系中，有情感、理性和规范几种要素。中国员工在领导风格的偏好上，一般遵循动之以情、晓之以理、绳之以法这样的顺序。而在一个以盎格鲁-萨克逊文化为主的社会，员工偏好的管理风格在顺序上有差异：一般是先看法律和契约，接着看道理，最后才是情感元素。

由于文化对企业的经营战略、组织结构、人力资源管理和员工行为都会产生显著影响，因此跨国公司在经营过程中面对子公司所在国家不同类型、不同种族、不同发展阶段的文化，内部的跨文化冲突难以避免。按照发展阶段的顺序，可以将跨文化冲突过程分为三个阶段。

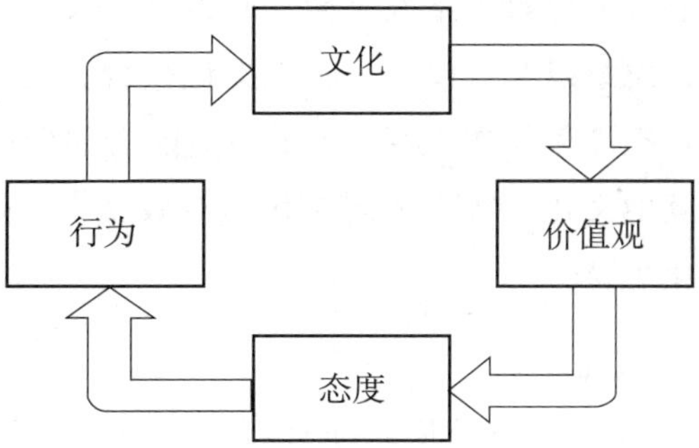

图 10－2　社会文化对组织行为的影响

（1）输入阶段。主要指的是跨文化冲突的产生，有微观、中观和宏观三个层面。其中，宏观层面主要是指员工所在母国或民族的文化差异；中观层面指的是跨国公司股东自身特有的企业文化风格差异；微观层面主要指的是个体文化差异，如年长者与年轻人之间、不同性别之间、领导者与员工之间以及不同部门员工之间的差异，等等，即任何不同的个体与个体之间都可能存在跨文化差异。

（2）冲突处理阶段。即如何使用科学的手段，恰当地处理冲突的过程。

（3）输出阶段。主要是指跨文化冲突处理的结果。如果跨文化有效管理目标实现、跨国公司组织绩效增加、公司经营管理稳定，即为有效的跨文化沟通管理。但是，如果这一阶段采用的跨文化冲突处理手段不恰当，没有正确处理跨文化冲突，就极易导致不理想的结果，即跨国公司组织绩效降低、经营管理矛盾频出、经营业绩下滑等，即跨文化管理失衡。

10.1.4　跨文化管理的策略

1. 克服狭隘主义

跨国经营的企业必须承认并理解文化差异的客观存在，克服狭隘主义思想，跨国公司的管理人员到具有不同文化的国家工作时，会遇到很多与本国不同的情况，面临很多新的挑战。各国语言、文化、经济、法律等的不同反映了特有文化的价值观念和思维方式，可能会造成很多误解或矛盾，这就需要管理者理解文化差异，理解东道国文化如何影响当地员工的行为，理解母国文化如何影响公司派去的管理人员的行为。在理解这些文化差异之后可以采用不同的措施，把握不同类型的文化差异，通过相互学习和理解减少冲突。

2. 进行文化整合

跨文化管理的目的就是整合来自母国、东道国的不同文化，形成一种适合本公司发展、充分重视不同民族文化的新型文化，建立能被全体员工接受的公司使命、愿景以及价值观，实现文化整合。同时，跨国公司的管理者应当坚持学习，提高多元文化背景下的适应能力和行动能力，尊重每一种文化，学习和接纳其他文化，实现不同文化的有效整合，做到文化相容、文化创新和必要的文化规避。

3. 实施跨文化培训

在跨国经营过程中，企业的管理准则是"全球化思维，本土化行动"。"全球化思维"即要通过对所有员工的跨文化培训，在实现母公司文化和子公司文化的有效整合时，帮助员工更好地学习和适应企业文化；"本土化行动"指在制定人才培养目标时，应选拔当地的跨文化管理人才，坚持以人为本的管理理念，实现有效的跨文化管理。

4. 完善绩效评估制度

在绩效评估上，应使跨文化团队合作中团队绩效与个人业绩挂钩，长期的跨文化团队合作能否保持高效率，取决于跨文化团队合作能否让个人达成自己的目标，让跨文化团队的效率指标成为评价个人绩效的重要条件之一。

5. 制定有效的激励措施

首先需要了解并识别跨文化方面有何需求，然后根据不同文化背景下员工的不同需求的类型和特点来制定相应的激励措施，要根据不同的工作、不同的人、不同的情况制定不同的制度，管理团队提出的奖励机制应当做到完全符合或基本符合员工的价值观。

6. 营造和谐的沟通氛围

管理层应当努力在企业中营造一种鼓励性的沟通氛围，提高员工主动交流的意愿，同时优化组织结构，建立合理有效的沟通渠道，保证公司内部沟通的顺畅，积极采纳一线员工和管理人员的意见和建议。

10.2 跨文化沟通

10.2.1 跨文化沟通概述

1. 定义

跨文化沟通指国家间具有不同文化背景的人之间发生的沟通行为。具体表现为不同文化的人通过一定的途径和方式，如经商、婚姻、遣使、求学、传教等方式，在一定的时间和空间发生碰撞、相互接触，互相学习、彼此融合，从而不断发展的一种文化现象。

在本书中，跨文化沟通指的是跨文化组织中拥有不同文化背景的人就信息、知识和情感进行传递、交流和理解的过程。跨文化沟通的目的在于求同存异，统一行动，在保持自身独立性的同时理解对方的文化，树立双方的文化包容观，将由异质文化带来的冲突降到最低，并产生文化协同效应。

2. 层次

（1）跨文化人际沟通。跨文化人际沟通是指不同文化背景的个人之间的沟通，沟通双方可以是不同国家和种族的人，也可以是某个亚文化的人与另一个亚文化的人。

（2）跨文化组织沟通。跨文化组织沟通是指不同文化背景的两个组织之间的沟通，也包括组织内部不同文化背景的成员之间的沟通。跨国经营中的跨文化沟通问题大多发生在这一层面。

（3）国家间的跨文化沟通。国家间的跨文化沟通是指不同国家之间利用各种方式进行的信息沟通。这种沟通不一定是与外国人直接进行沟通，日常接触到的外国音乐、电影、新闻等多种形式也属于跨文化沟通。

10.2.2　跨文化沟通：问题和分析

1. 文化价值观的差异

沟通过程与文化紧密联系，霍尔认为文化就是沟通。[①] 不同的文化背景导致沟通双方表达思想的方式和对信息的理解存在差异，从而造成了跨文化沟通的障碍。霍夫施泰德形象地把人的物理性大脑比喻为一台电脑的硬件，而驱动大脑的软件就是个人的文化价值观。在沟通的时候，个体的大脑软件在不停地编码和解码信息，而其编码和解码的依据就是沟通者个人的文化价值观、思维方式和行为规范。

在不同文化背景下成长的个体具有不同的信息编码和解码方式。信息的解码过程实质上是接收者对语言或非语言信号感知并赋予一定意义的过程，而接收者对信号的感知能力和赋予的含义取决于其在特定文化背景下不断积累的经验、知识与理解能力。这就使沟通时每个人的编码和解码方式不一致。跨文化沟通中，接收者对发送者的文化背景的理解不准确，会导致接收者不能感知或错误地理解发送者的信号，从而造成误解。

---

① Hall E T. Context and meaning. Intercultural communication：a reader，2000（9）：34－43.

2. 沟通风格的差异

跨文化沟通的障碍体现在不同文化具有不同的沟通风格。在非语言交流中，不同文化有各自习惯的肢体语言，比如日本人、英国人和北欧人习惯在交流过程中避免身体接触，来自拉丁美洲、意大利和西班牙的人则习惯在交流中进行身体接触，作为欢迎和友好的表示。在语言交流中，低语境和个人主义的国家习惯直接清楚的语言风格，高语境和集体主义国家则偏好间接委婉的表达方式。因此，不同文化背景的个体在语言交流和非语言沟通风格方面的差异也会为跨文化沟通带来障碍。

语言学家海姆斯（Hymes）用 SPEAKING 框架概括了文化差异对沟通的各个方面产生的影响。[①] 其中：S（setting）即沟通的环境和场合；P（participant）即参与者，指参与者的年龄、性别、种族、职业、社会地位和出身背景对沟通过程的影响；E（end）即目的，指参与者沟通的目的，包括按照惯例所期待的结果和参与者的个人目的；A（act sequence）即行为顺序，包括信息的内容和信息的表述方式与形式；K（key）即基调，包括说话的语气、表情，姿态是认真的、夸张的或嘲讽的等；I（instrumentality）即媒介和渠道，指信息传递使用的语言和沟通方式（口头的还是书面的）；N（norm）即规则，指人们沟通时言语行为需要遵守的各种规范；G（genre）即体裁，指交际活动中交流的类型，如演讲、书信、公告等。

10.2.3 跨文化沟通的原则

1. 尊重原则

尊重是进行有效的跨文化沟通的基础。不同文化背景的人有各自不同的风俗习惯、思维方式和宗教信仰。

2. 平等原则

跨文化沟通应当在平等的基础上进行。平等原则就是在跨文化沟通的过程中，沟通主体要注意克服文化的优越感或自卑感。管理者要注意各美其美、美人之美、美美与共的基本原则，要了解文化是没有优劣之分的。

3. 属地原则

即入乡随俗，在沟通的时候要和企业所在地的文化习惯保持一致。在进行跨文化沟通时，从有利于沟通的角度出发，可以有选择地在饮食、着装、礼仪等方面考虑迎合属地文化。属地文化的选择要使对方产生亲切感，以利

① Hymes D. Foundations in socio-linguistics：an ethnographic approach. Routledge，2013.

于建立友谊与合作关系。

4. 适度原则

在跨文化沟通中，要做到既不完全固守又不完全放弃本土文化，力求在本土文化和对方文化之间找到平衡点，要掌握度，过或不及都会给跨文化沟通造成障碍。

10.3　跨文化沟通的策略

10.3.1　个体沟通策略

了解文化差异，管理文化差异，寻求合作基础是进行有效的跨文化沟通的根本所在。具体而言，个体为了进行有效的跨文化沟通，需要做到以下几点。

1. 认清自我

了解自己说起来容易做起来难。首先我们要了解自己的认知，其次要了解我们基于这些认知该如何行动。在认识自身的时候，可以从态度、偏见、见解等角度入手。通过行动，我们得以观察别人对我们的看法，并因此反观自身。在跨文化沟通的过程中，可以去观察自身的沟通风格。表 10－1 提供了沟通风格一览表，可帮助沟通者提高自我意识。

表 10－1　沟通风格一览表

人的特征	沟通特点
强势的	不断想去掌控对话
戏剧性的	语言较为夸张
鄙视的	争议性的，甚至是敌意的
有活力的	精力充沛、有绅士风度、表情生动等
印象深刻的	用一种让人难忘的方式表达想法和感情
放松的	镇定的、舒服的，很少引发别人的紧张感
专注的	注意倾听，而且会向说话的人提供语言或非语言反馈
开放的	披露个人信息，富有感情
友好的	提供积极反馈，加以鼓励

2. 了解文化差异

（1）尊重对方的社会习俗和禁忌。为了保证沟通的顺利进行，首先要了解对方的社会习俗与禁忌，从而减少误会的产生，避免因为不知道某些特殊禁忌和礼节使对方不快。以见面礼节为例，在东南亚，信仰佛教的人见面时应当行双手合十礼；在日本，人们不习惯肢体接触而行鞠躬礼；在波兰，男女之间见面时，男性应当对女性行吻手礼。

（2）了解对方的非语言沟通风格。非语言交流是指不通过语言而表达出自己的意思的交流方式。了解不同文化背景的非语言沟通风格有助于提升沟通效率，确保沟通顺畅。比如，在与泰国人的谈判中，双腿交叉、鞋底对准对方是对对方的侮辱；在商务场合与德国人、荷兰人、瑞典人握手时，要紧紧地同对方握一下手，正视对方，以示尊重和友好。非语言沟通也包括何时应当保持沉默。比如，在欧美人看来，沉默预示着麻烦、隐瞒或拒绝，所以在交谈中出现间断和停顿时应当马上提及新的话题，以防对方感到不安和窘迫。

3. 培养移情能力

在跨文化沟通中应当保持中立，学会宽容对待不同的文化，并且努力做到不同文化视角间的转换。跨文化沟通并不意味着简单地去适应对方，或者把他方文化的形式和方法照搬过来，关键是要学会用他人的眼光来看问题，即培养移情能力。

以自我为中心是阻碍移情能力发展的首要因素。偏见和刻板印象也会产生阻碍，刻板印象会妨碍我们进行有效的跨文化沟通。莫名的优越感或者教条主义也会妨碍我们站在他人的角度思考，与他人产生共情。

4. 考察沟通情境

在沟通的时候，沟通主体对时机、物理环境、社会氛围等加以关注能促进沟通效果的提升。

时机在跨文化沟通中起到重要作用。老练的沟通者深谙在合适的时机讨论合适议题的策略。比如，在美国，人们倾向于很快就将正事谈完。但在一些国家，常常在谈正事前花很多时间进行社交活动，正事在最后几分钟敲定。

物理环境也会影响沟通效果。有的国家，人们经常坐在地板上谈事情；有的国家，人们会在桑拿房里谈事情。沟通者事先弄清楚谈话的场所将对沟通效果有积极的影响。

社会氛围指的是无论在什么关系格局中，总是有一种特定的氛围和感情。事实上，在沟通过程中，如果我们被误导，则会带来很多麻烦。比如在中国，真正的权威者往往在最后出场。在谈判的过程中，打前锋的经常是业务人员和专家，最后做决定的人不会轻易出场。再比如，荷花在中国有很多美好的寓意，但是在日本用于葬礼。所以在互动时了解这种差异很重要。

5. 寻求反馈

反馈是沟通的重要环节。通过反馈，沟通者能够了解正在发生什么、沟通效果如何，其功效在于学习、适应和施加影响力。非语言行为对鼓励对方及时反馈非常重要，比如微笑、点头、身体前倾、大笑等大多表明积极的态度。这些非语言因素和语言因素共同作用，能够营造一种氛围，鼓励对方以开放的心态参与沟通。

积极的语言行为在鼓励反馈的过程中更是必不可少。比如提出问题：您认为我们该如何开始？我们互相介绍一下自己，好吗？您清楚这个说法吗？这些都会起到较好的作用。在寻求反馈的过程中，可以将自己的设定有意识地搁置一下，不要急于下结论。

6. 提升沟通的灵活性

跨文化沟通需要进行合理定位，并采用多种沟通手段，达到求同存异、统一行动的效果。莎士比亚曾说，一个行动主体在社会这个舞台上要学习扮演多重角色。

在沟通过程中，要学习灵活地选择自己的词语和行动。根据情境、和对方的关系、时机等要素，对他人的反应进行策略性应答。作为管理者和沟通者，要注意自己本能的反应经常是不恰当的。相反，系统思考、多元角色在跨文化沟通中极其重要。正如谚语所说的那样，沟通就是要“看人下菜，顺势而为”。

总体来说，跨文化沟通中，管理者的自我意识、跨文化知识的储备和沟通能力都是做好跨文化沟通的关键因素。

10.3.2　组织沟通策略

除了个体，跨国企业在跨文化沟通中同样需要采取恰当的策略，减弱或消除跨文化冲突对企业绩效的影响。企业可以采取以下策略进行有效的跨文化沟通。

1. 本土化策略

跨国公司可以实施本土化策略，进行跨文化培训，最大限度实现与本土文化的融合。要想实现有效的跨文化沟通，跨国企业应将本国文化与东道国文化的特征进行比较。针对文化差异，尤其是容易引起冲突的文化差异，培养跨文化认同，在对自身文化保持自信和独立的同时，站在其他文化的立场上，感受其他文化的价值观和思维方式，重视求同存异，建立起对东道国文化的理解和认同。具体而言，主要是提高企业员工对当地文化特征的分析能力，通过学习语言、了解历史等方式促进不同文化之间的沟通和理解，让企业员工能够与来自不同文化背景的人和谐相处，通过交流获取应对其他文化的技能。

2. 文化相融策略

根据不同文化相容的程度，可分为文化的平行相容策略和隐去两者主体文化的和平相容策略。

文化的平行相容策略是文化相容的最高形式，也称为文化互补，即在国外的子公司中不以母国文化或者东道国文化作为主体文化。母国文化和东道国文化之间虽然存在很大的差异，但并不互相排斥，反而互相补充，同时融入公司，形成跨文化的优势。

隐去两者主体文化的和平相容策略指管理者在经营活动中刻意模糊文化差异，隐去两者文化中最容易导致冲突的主体，保存两者中比较平淡和微不足道的部分，使得不同文化背景的人均可在同一企业中和睦共处，即使出现意见分歧，也容易通过双方的努力得以协调。以希尔顿酒店集团为例，其创始人康拉德·希尔顿（Conrad Hilton）将他的每一个酒店描述为一个“小美国”，在那里，各个国家怀有美好愿望的人们都能畅所欲言。酒店从建筑设计、广告和公共关系等各个方面体现出民主、友好的文化氛围。

3. 文化创新策略

文化创新策略指将母公司的企业文化与国外子公司当地的文化进行有效整合，通过各种渠道促进不同的文化相互了解、相互适应、相互融合，在母公司文化和当地文化的基础之上构建一种新型的企业文化，以这种新型文化作为国外子公司的管理基础。这种新型文化既保留着母公司企业文化的特点，又与当地的文化环境相适应；既不同于母公司的企业文化，又不同于当地的文化，而是两种文化的有机结合。这样不仅使全球化企业能适应不同国家的文化环境，而且能大大增强竞争优势。

4. 文化规避策略

当母国的文化与东道国的文化之间存在很大的不同，母国的文化虽然在整个公司的运作中占主体地位，可无法忽视东道国文化的存在时，由母公司派到子公司的管理人员就应特别注意规避双方文化的巨大差异，不要在这些敏感地带造成文化冲突。特别是在宗教势力强大的国家，要特别注意尊重当地的信仰。

5. 第三方策略

当母国文化和东道国文化之间存在很大的差异，跨国公司无法在短时间内适应完全不同于母国的经营环境时，跨国公司所采用的管理策略通常是借助比较中立的、与母国文化已达成一定共识的第三方文化对设在东道国的子公司进行控制管理。使用这种策略可以避免母国文化与东道国文化发生直接冲突。

例如，欧洲的跨国公司想要在美洲设立子公司，就可以先把子公司的海外总部设在经营理念和管理比较国际化的美国，然后通过美国总部对美洲的所有子公司实行统一管理。如果美国的跨国公司想在南美洲设立子公司，就可以先把子公司的海外总部设在经营理念和经营模式较为接近的巴西，然后通过巴西的子公司对南美洲其他的子公司实行统一管理。这种借助第三方文化对母国管理人员所不了解的东道国子公司进行管理的方式可以避免资金和时间的浪费，使子公司在东道国的经营活动迅速取得成果。

10.4 跨文化沟通能力

10.4.1 内涵

不同于单一文化情境下的沟通能力，跨文化沟通能力要求沟通者掌握跨文化沟通的基本技能，在跨文化情境中了解沟通中文化的含义，并通过得体的沟通行为进行有效的沟通。这里的“得体”主要指的是：在具体文化情境下能用合适的方式沟通，知道如何反馈、如何提问；在跨文化情境中能够回避不适宜的沟通反应，如不礼貌、破坏沟通氛围的言行举止；能够形成良好的沟通氛围，控制沟通进程。“有效”指的是既能正确解码携带着文化密码的编码，又能用对方理解的方式准确地传递自己想要表达的信息。

综合来看，跨文化沟通能力要求沟通者既要了解自己的母文化，又要了解对方文化，同时还要具有良好的文化共感性，即能体会到对方因文化沟通障碍产生的感受和情绪，并且运用一定的沟通技巧进行有效沟通。

10.4.2 文化商和文化智力

与跨文化沟通能力联系密切的两个概念是文化商和文化智力。文化商指的是沟通主体或者从事跨文化管理工作的人在面对不同的假设、价值和沟通系统时有效应对的能力。这种能力和四个方面有关。一是相关策略，包括对不同文化情境进行意义给赋（sense-making）；在跨文化交往之前进行计划；在交往以后进行复盘等。二是相关知识，包括有意识地学习不同的文化中价值、信仰、历史、风俗、政治、经济以及社会等各个不同层面的内容。三是动力。四是行为。动力和行为方面则表现为对跨文化情境充满兴趣，对自己在不同文化氛围中的表现有信心。与此同时，还能在新文化环境下灵活应对语言和非语言的挑战。

文化智力是指人们在新的文化情境下，收集和处理信息、做出判断并采取相应的有效措施以适应新文化的能力。厄利和昂（Earley and Ang）提出了由认知性（cognitive）、动机性（motivational）、行为性（behavioral）构成的三维度文化智力模型。① 认知性包括宣告式、程序性、类推性、模式认知、外部扫描、自我觉醒；动机性包括效能感、坚持、目标、增强价值质疑与综合能力；行为性包括技能、惯例和规则、习惯、获取新知识的能力。文化智力的三维结构也被形象地概括为三个要素：头脑、心和身体。头脑指的是思考，即是否理解正在发生的事情，有没有应对新文化的策略，相当于认知性；心指有没有采取行动的动机，以及对自身能力的信心和勇气，相当于动机性；身体指能不能做出得体、有效的反应，相当于行为性。

彼得森（Peterson）则认为文化智力包括语言智力、空间智力、内在智力和交际智力等四个要素。② 语言智力指的是跨文化沟通中的语言交流能力；空间智力是文化智力的重要方面，表现为寒暄、介绍、会议等多种情况下的空间使用方式；内在智力表现为在国际交流环境中对自身文化风格的认知；交际智力则是理解沟通对方及其动机的能力。文化智力比较高的人遇到新情况时往往能够应对自如，能理解不同文化中的细微之处，并很快化解冲突。

10.4.3 影响因素

具体而言，跨文化沟通能力的影响因素有：意识、知识、态度和技能。

1. 跨文化沟通意识

意识即在跨文化沟通中能够认识到文化差异的存在。了解文化差异的存在不等于沟通中能够认识到文化差异的存在。了解文化差异更多地停留在表面，但在沟通中认识到这一点并没有那么简单。在跨文化沟通中，很多人会凭直觉和日常沟通的经验来进行沟通，常常导致沟通的低效和误会；只有在沟通的过程中考虑到文化差异，从而有意识地在语言、思维模式、非语言沟通（如眼神接触、面部表情、姿势姿态、沉默）和书面沟通等方面做出相应

---

① Earley P C，Ang S，Tan J S. CQ：developing cultural intelligence at work. Stanford University Press，2006.

② Peterson R A. Revitalizing the culture concept. Annual Review of Sociology，1979，5（1）：137－166.

的适当的调整，才有可能达成高效的跨文化沟通。而树立这种意识需要足够的文化敏感性和文化共感性，即对母文化和异文化的异同及其影响的敏锐性，在沟通中能够体会到对方的感受，察觉到文化差异引起的情绪变化，并分析根源进行自我情绪管理。如果说知识是硬实力，那么这种意识就是软实力的代表，它是知识在沟通中发挥作用的基础和保障，比知识更重要。

2. 跨文化沟通知识

知识即对不同文化的认识和了解。有人把世界文化分为几种较为典型的文化类型，如北美洲文化、南美洲文化、欧洲文化、亚洲文化、大洋洲文化、非洲文化和中东文化。众所周知，不同地区有不同的文化。但除此之外，我们还需要认识到企业也有自己的文化，即在企业运行过程中形成的，并为全体成员普遍接受和共同奉行的思想、价值观念和行为规范的总和，如华为的“狼性文化”、联想的“联想之道”等。这些文化和国家、地区、民族之间的文化一样，有相同的地方，也有很多不同之处。就像一个民族、地区的文化会影响置身其中的人的行为、语言和价值观一样，企业文化也会影响企业的经营战略、结构设置、制度的建立与执行、领导和员工的行为，具有凝聚、教化、导向、协调和约束功能。或许有人会觉得企业文化的差异并不重要，相比于民族或地区的文化差异来说几乎可以忽略，但实际上，企业中跨文化沟通的质量对并购、合作的质量和效率同样起到决定性作用。

3. 跨文化沟通态度

态度即在跨文化沟通中能够保持一个平和、包容、积极的心态。在跨文化沟通中能够保持非判断性态度，即不受先入为主的偏见和刻板印象的影响，放弃民族中心主义，恰当控制自我概念，保持开放的思维、放松的社交状态、充分的耐心等，这些态度都能够帮助营造一个和谐有效的沟通氛围。积极的沟通态度不仅仅指沟通时传递出一种乐于沟通、积极沟通的意愿，还意味着根据跨文化沟通的实时效果调整自己，如沟通风格的变化、节奏的控制、文化共感性的应用，等等。

4. 跨文化沟通技能

技能即跨文化沟通用到的沟通技巧。技能的范围比较广泛，从语言的掌握、谈话的技巧，到心理的揣测、沟通的引导。我们必须承认，沟通是有技巧的，被我们掌握的技巧即成为自身的技能，而这些技能的应用能帮助我们进行成功的、高效的沟通。

10.4.4　跨文化沟通能力的三维度模型

施皮茨贝格和库帕克（Spitzberg and Cupach）在 1984 年提出了由认知、

情感、行为等三维度构成的跨文化沟通能力模型①，贝莱（Belay）在1993年对该模型进行细化，在每一个维度下增加了子维度②。

1. 认知维度

认知维度的跨文化沟通能力包括自我意识（self-awareness）和文化意识（cultural awareness），主要通过理解母文化与其他文化的异同来改变个体对环境的认知，减少跨文化沟通中的不确定性和模糊性，也称为跨文化沟通意识。（1）自我意识会让人们明确身份，察觉自己的表述会对沟通环境造成怎样的影响，并根据情境线索及时调整自己的沟通策略。（2）文化意识会让人们理解文化的特点，处于不同文化中时可以理解对方行为的意义，调整自己的行为以适应特殊的文化环境。那些拥有较强自我意识和文化意识的个体往往拥有更强的跨文化沟通能力。

2. 情感维度

情感维度的跨文化沟通能力主要关注环境、人和情境引起的个体情感或感受方面发生的变化。具有这方面能力的人在跨文化沟通过程中能够更多地体验到敏感的情感，因此也称为跨文化敏感性。具体包含四个子维度：（1）自我概念（self-concept），关乎个体在沟通中如何看待自己，自尊是其重要组成部分；（2）开放思维（open-mindedness），主要指开放地表达自己的观点和开放地接受他人的观点，从而构建一个开放的信息交流平台，可以全面地看待事物；（3）非判断性态度（non-judgmental attitude），指不以先入为主的思维定式对待其他文化，而是非常专注地倾听以获取完整的信息；（4）社交放松（social relaxation），指沟通过程中不紧张、放松的沟通状态。在新的文化环境中，如果沟通者能够降低焦虑程度，则可以将注意力集中在沟通的关键方面。

3. 行为维度

行为维度的跨文化沟通能力旨在让人们在跨文化互动中完成工作目标、达到沟通目的，即跨文化沟通的机敏性。它包括五种行为：传递信息的技巧、适宜的自我提示、行为的灵活性、互动管理和社交技巧。传递信息的技巧指能运用东道国语言，并能理解对方非语言信号的含义。适宜的自我提示指愿意开放而适宜地提示和自我有关的信息。在一些文化中，自我提示是建立信任关系的重要手段，可使关系从表层演进到深层；而在另一些文化中，长时间的关系比沟通方式更重要。行为的灵活性指根据不同情况来选择得体的沟

---

① Spitzberg B H，Cupach W R. Interpersonal communication competence（Vol. 4）. SAGE Publications，Incorporated，1984.

② Belay G. Toward a paradigm shift for intercultural and international communication：new research directions. Annals of the International Communication Association，1993，16（1）：437－457.

通方式。互动管理指在沟通中轮流发表意见，得体地提出和终止话题。在大多数文化中，同一时间往往只有一人在讲话。社交技巧强调文化共感和保持身份感。

10.4.5 跨文化沟通能力的价值

全球化的浪潮加速了世界各国在经济、技术和文化方面的融合，管理者必须具备成为世界公民的素质，才能在全球化的市场中运筹帷幄，因此，跨文化沟通能力在未来的商务世界中将扮演越来越重要的角色。积极的跨文化沟通能够促进不同文化的融合，使不同文化的精髓相结合。低质量的跨文化沟通则会导致不同文化之间出现文化边缘化、文化同化甚至是文化分隔的现象。具体而言，跨文化沟通能力的价值主要体现在以下三个方面。

1. 经济层面

跨文化沟通能力是全球化背景下参与经济活动的必备素质。随着信息技术的发展和国家对跨境交易的政策支持，国际贸易已经成为世界经济的重要组成部分。世界进出口贸易总额持续高速增长，2018 年达到 39.3 万亿美元。我国在加入世界贸易组织后加快了全球化进程，2019 年外贸进出口总额达到 31.54 万亿元人民币。在国际贸易日益普遍的背景下，越来越多的人选择在外资企业工作，国内企业也更加频繁地与外资企业合作与竞争。因此，管理人员必须具备在跨文化情境下进行有效沟通、合作和谈判的能力，以推动经济活动的顺利开展。缺乏跨文化沟通能力可能导致组织内部的效率低下与组织外部的合作破裂。

2. 文化融合层面

全球化带动了人们在地理空间上的迁徙与融合，国家内部多种文化共存更加普遍。联合国国际移民统计数据显示：截至 2015 年全球的国际移民达 2.44 亿，而在 1990 年、2000 年和 2010 年该数据分别是 1.55 亿、1.78 亿、2.14 亿，可见移民数量逐年增长。移民数量的增长增加了国家内部的文化多样性，个体对不同文化的了解、尊重、包容和换位思考有助于多种文化的和平共处，减小了文化冲突带来不稳定的可能性。近年来，美国境内因种族矛盾诱发的暴力事件以及德国难民问题造成的社会撕裂都是文化对立带来的反面教材。因此，跨文化沟通能力在文化融合的背景下显得尤为重要。

3. 个体层面

信息技术和通信工具的发展使世界各国的联系更加密切，地球真正成为了一个紧密联结的“地球村”。身处这样的时代，每个人都有更多的机会与多种文化发生互动，无论是通过求学、旅游、工作还是移民，都能参与到不同文化的交流中。中国旅游研究院、携程旅游大数据联合实验室联合发布的《2018年中国游客出境游大数据报告》显示，2018年我国公民出境旅游人数突破1.5亿人次，成为世界第一大出境旅游客源国。

在外旅游或求学的过程中，跨文化沟通能力能够帮助我们更好地融入当地文化，尽可能减少误解和矛盾。不同文化背景的个体的不同思维方式以及表达方式，一方面会影响人们自身观点的表达，另一方面也会影响人们对所接收观点的理解。在跨文化情境下，如果不能根据不同的文化情境对自身的思维方式和解决问题的模式做出调整，极易出现“文化休克”现象。因此，在全球化背景下，有效的跨文化沟通能力是我们迈向世界、成为世界公民的第一步。

□ 思考题

1. 什么是跨文化管理？
2. 阐述跨文化管理的基本理论及适用情境。
3. 社会文化对组织管理的影响体现在哪些方面？
4. 跨文化管理的主要策略有哪些？
5. 什么是跨文化沟通？在跨文化沟通中存在哪些障碍？试举例说明。
6. 跨文化沟通的策略是什么？
7. 价值观是如何形成的？在什么条件下更容易改变？试举例说明。
8. 跨文化沟通能力由哪些要素构成？

□ 案例

迷失在南京

35岁的艾伦·琼斯是美国一家跨国数据系统公司的销售代表。该公司的主要业务在欧洲和日本。近年来，随着中国经济的快速发展，公司计划进军中国市场。

艾伦是生长在美国的典型职业女性。她能力强，也很有抱负。她在一所著名的美国大学获得MBA学位和博士学位。因为出色的业绩，她最近被调到公司的国际销售部，主管远东地区的业务。近一年来，艾伦已是第三次到南京会见当地一个很大的分销商，该分销商的业务和艾伦公司的产品很匹配。

她第一次到南京的感觉还不错，双方几乎没有谈生意。尽管之前她预料到会这样，却不知为何觉得不安。在来南京前，一些有经验的同事告诉她，中国人会花很多时间建立关系，会带她参观旅游，了解当地文化，提供娱乐活动以表示对她及公司的尊重。事实的确如此。虽然艾伦很享受在中山陵的参观经历，但她对这种慢节奏的做生意的方式感到很沮丧。艾伦很确定，她回到美国后公司会要求她汇报合同进展情况。

艾伦第二次出差的感觉与她所期待的目标有些一致了。她认为可能是由于自己在谈判中采取了强势的风格。一周内她和主要联络人——对方公司派出的陈武平经理及他的同事一直在开会。会议期间，中方代表似乎很热情，对艾伦公司的优势及双方相匹配的实力感到很兴奋。陈武平经理很健谈，他期待能与艾伦的公司维持长久的业务关系。他表示对艾伦再次光临南京进行谈判感到荣幸。此外，艾伦感觉中方代表似乎很了解其公司产品的优势，他们盛赞该公司的信誉和产品质量。谈到自己公司时，他们则很谦虚。这让艾伦有点诧异，因为她知道这家分销商在该地区位居前列。但艾伦并没有深究对方为什么这么谦逊，她觉得对方的态度对她有利。在回国的前一天，艾伦认为她已就合同的主要条件和中方达成高度一致，可她离开南京时没能签订合同。艾伦知道中国人做决策的时间可能比美国人长，她坚信自己的做法最终能获得成功，因为陈武平说过“很快会有消息（有事情发生）”。她告诉公司管理层，该合同预计在第三季度末就能签订。

后来，艾伦第三次出差来南京。她这次来的目的主要是和对方签合同，并将签好的合同带回美国。然而，这次发生的事情却让艾伦感到困惑：中方代表似乎不打算和她签合同。他们重新开始谈论合同中的要点，说需要更多的时间来讨论合同的细则，同时又称赞艾伦的公司。这些反应让艾伦更加无措。她不明白为什么对方一直在回避签订合同这件事情。与此同时，艾伦还发现这位陈经理似乎并没有签订合同的权力。她本以为陈武平能够拍板，但事实并不是这样，其他几个看起来较为年长的中国人也不能做决定。

在会议上，艾伦急切地想扭转局势，想弄明白陈武平和他的同事是否会遵守之前达成的约定。简单的寒暄之后，艾伦清晰地阐述了公司产品的竞争优势，并告诉中方代表这将有助于他们超越其他分销商。中方代表问了许多关于产品的细节问题，这让艾伦感到很吃惊。因为很早以前她就给中方寄来公司产品的书面材料，其中有相关产品的详细说明。艾伦明显感到达成这笔交易的可能性越来越小，她变得越来越焦虑。

在会议过程中，中方代表一直避免跟她进行眼神接触，尤其是在艾伦向他们直接提问的时候。艾伦指出这笔交易的价格对中方是很优惠的，签订合同会给他们带来好处，并且强调公司的管理水平高，经常为生意伙伴节约成本。同时，她还指出欧洲许多有名的公司都使用过公司的产品。但对方对此没有反应，令她感觉很不舒服。

在会议快结束的时候，中方代表表示他们会进一步研究艾伦的提案，但艾伦认为他们不应该这样做。显然，她给他们提供的是现有的最好的产品。艾伦觉得，中方代表没有意识到他们正在失去一个节省时间和金钱的好机会，这全是他们自己的错。

回到纽约几个星期后，艾伦得到消息，南京的分销商已经决定放弃签约。

案例思考题

1. 艾伦的背景、性别、受教育程度对其跨文化沟通有什么影响?
2. 艾伦的角色认知会如何影响她在亚洲文化情境中的沟通定位及行为?
3. 随着艾伦来到南京的次数增多，她的态度和行为对双方的沟通行为产生了怎样的影响?
4. 艾伦的公司在跨文化沟通方面应该做些什么?
5. 本案例对你有什么启发?

图书在版编目（CIP）数据

管理沟通/冯云霞，朱春玲，沈远平主编．--北京：中国人民大学出版社，2020.3
高等学校经济管理类核心课程教材
ISBN 978-7-300-27918-3

Ⅰ.①管… Ⅱ.①冯… ②朱… ③沈… Ⅲ.①管理学—高等学校—教材 Ⅳ.①C93

中国版本图书馆 CIP 数据核字（2020）第 205926 号

高等学校经济管理类核心课程教材
管理沟通
主　编　冯云霞　朱春玲　沈远平
副主编　武守强　徐一凡
Guanli Goutong

出版发行	中国人民大学出版社		
社　　址	北京中关村大街 31 号	**邮政编码**	100080
电　　话	010－62511242（总编室）		010－62511770（质管部）
	010－82501766（邮购部）		010－62514148（门市部）
	010－62515195（发行公司）		010－62515275（盗版举报）
网　　址	http://www.crup.com.cn		
经　　销	新华书店		
印　　刷	北京七色印务有限公司		
开　　本	787 mm×1092 mm　1/16	**版　　次**	2020 年 3 月第 1 版
印　　张	13.25 插页 1	**印　　次**	2024 年 5 月第 5 次印刷
字　　数	262 000	**定　　价**	42.00 元

中国人民大学出版社　管理分社

教师教学服务说明

中国人民大学出版社管理分社以出版工商管理和公共管理类精品图书为宗旨。为更好地服务一线教师，我们着力建设了一批数字化、立体化的网络教学资源。教师可以通过以下方式获得免费下载教学资源的权限：

★ 在中国人民大学出版社网站 www.crup.com.cn 进行注册，注册后进入“会员中心”，在左侧点击“我的教师认证”，填写相关信息，提交后等待审核。我们将在一个工作日内为您开通相关资源的下载权限。

★ 如您急需教学资源或需要其他帮助，请加入教师 QQ 群或在工作时间与我们联络。

中国人民大学出版社　管理分社

教师 QQ 群： 648333426(工商管理)　114970332(财会)　648117133(公共管理)
教师群仅限教师加入，入群请备注(学校+姓名)

联系电话： 010-62515735，62515987，62515782，82501048，62514760

电子邮箱： glcbfs@crup.com.cn

通讯地址： 北京市海淀区中关村大街甲 59 号文化大厦 1501 室（100872）

管理书社　　人大社财会　　公共管理与政治学悦读坊